开在手心里的花

——一位优秀教师的教育情怀

詹雪莲◎著

江蘇鳳凰教育出版社
Phoenix Education Publishing, Ltd

图书在版编目（CIP）数据

开在手心里的花：一位优秀教师的教育情怀/詹雪莲著．—南京：江苏凤凰教育出版社，2017.4

ISBN 978-7-5499-6392-8

Ⅰ.①开…　Ⅱ.①詹…　Ⅲ.①小学语文课—教学研究　Ⅳ.①G623.202

中国版本图书馆 CIP 数据核字（2017）第 091999 号

书　　名　开在手心里的花——一位优秀教师的教育情怀
作　　者　詹雪莲
责任编辑　雷利军　李媛媛
出版发行　江苏凤凰教育出版社（南京市湖南路 1 号 A 楼　邮编 210009）
苏教网址　http：//www.1088.com.cn
照　　排　北京世纪鸿文制版技术有限公司
印　　刷　三河市九洲财鑫印刷有限公司
厂　　址　河北省三河市灵山大口
开　　本　787 毫米×1092 毫米　1/16
印　　张　17.75
字　　数　247 千字
版　　次　2017 年 11 月第 1 版　2017 年 11 月第 1 次印刷
书　　号　ISBN 978-7-5499-6392-8
定　　价　40.00 元
网店地址　http：//jsfhjycbs.tmall.com
邮购电话　025-85406265,85400774　短信　02585420909
E - mail　jsep@vip.163.com
盗版举报　025-83658579

序一　护花使者

秦锦屏

“请问您是秦老师吗?”一个甜美的声音在电话的那头响起。

“是的。请问你是哪位?”

“我是新沙小学的詹雪莲，我想加入福田区作家协会，您可以当我推荐人吗?”

……

这是我和雪莲老师的第一次对话。她加我好友以后，我翻看了一下她的 QQ 空间，感觉这是个小才女。空间里虽然只是她心情感悟的只言片语，但是落笔之处总有鸟飞鱼跃的质感，更有清风徐来的自然与爽快。

再后来，我们作家协会和区中小学各文学社携手育苗，创建“小作家创作基地”，我邀请雪莲加入，并邀请她们学校的文学社成为我们的基地之一。就是在这次“挂牌”活动上，我见到了雪莲。她青春、活泼、热情、率真，能迅速把身边的陌生人变成挚友亲人，一张小嘴甜甜蜜蜜，招人喜爱!

雪莲喜欢穿长裙，更显出一种知性的婉约与飘逸。雪莲喜欢朗诵，音质略浑厚，传情达意自是一番风情。

雪莲爱自己的学生，与他们互动频频。但凡她参加活动，人群中绝对有她的诸多小粉丝。我因知道她喜欢朗诵，每每“分派”些小任务给她，她总能按时保质地完成。

一位熟知雪莲的老师曾对我说:“秦主席，雪莲应该好好感谢你，通过你搭建的平台，她拓展了生活空间，丰富了生活内容。”

其实，雪莲要感谢她自己，是她的兴趣爱好和天资在支持着她，让她能够顺利地在任何一个平台上闪亮登场。

是的，成就自己的，永远是自己!

类比各种社会“秀”场的亮相，我更喜欢作为“护花使者”的雪莲。出于职业是老师的缘故，她总是带着孩子们积极开展各种文学活动，参与各种文艺演出，而且屡屡能斩获一些奖项。她的执行力极强，每领到一个任务都能迅速完成，而且总能在一群人中脱颖而出。

眼前这本书，应该是雪莲的第一部作品集。我认为，雪莲选择文学是选择了表达自己的最佳方式。因为，她乐于表达，善于表达。她能够在工作中学习，在工作中成长，能够拿起笔将自己的发现和感知写下来，使现代教育的鲜活图景跃然纸上，让读者透过文字，感知到她的责任心、爱心！可以说，写作融入了雪莲的生活，提升了雪莲的生活，她周边的人和事被她记取，点点滴滴都汇集成了她思想的洪流，照亮着她和她的学生，成了她和她的学生之间互动的一种有效方式。

毫无疑问，作为基层的教育工作者，雪莲是一名称职的“护花使者”。她清楚自己的一举一动都会对孩子产生影响，甚至影响孩子一生，所以她以真诚为底色，以文学为媒介，以求“用无私的关爱照亮孩子的每一天，用温暖的双手牵引他们走好每一步”！

（中国作协会员　一级作家　秦锦屏）

序二

陈祥俊

认识詹雪莲老师，始于郑冬梅老师的特级教师工作室。郑冬梅特级教师工作室举办活动，邀请我参加，而詹雪莲老师是名师工作室的成员，于是相识，并且互留了QQ号。我爱游走于QQ空间，并且经常会写一些有感而发的文字，也常看空间里好友们的文章。詹雪莲老师也喜欢用文字诠释她的心情与感受，会经常在空间里贴一些与她工作密切相关的照片或写一些与教育教学相关的文章和随笔，以及分享一些她和孩子们之间发生的感人故事。她的单纯与开朗、执着与坚毅，时常感动着我，所以她的这些照片和文章，我都会比较用心去浏览，偶尔还会给出几句鼓励的言语。表面看来，与詹雪莲老师面对面的交往并不多，但认识后她从来没有离开过我的“视野”，我在这种交流平台中，看着她一天天地进步，一步步地成长。因此，从这个意义上讲，我对她也是比较了解的。

通过读她QQ空间的文字，浏览她QQ空间的照片，我对她这样一位年轻的小学语文教师特别欣赏。一般的人，在QQ空间、微博或者微信朋友圈里，发布的大多是些与工作无关的信息，如旅行、购物、美食，等，但是詹雪莲老师在QQ空间所发布的图片与文字，几乎都是与她所从事的教育教学工作相关联的，所以总是能带给人许多思考和正能量。她热爱生活，热爱工作，热爱学生，然后用清秀的文字把这些写出来，于是透过这些文字，我看到的便是一个有思想、有灵魂、有智慧的老师。所以，在读她的文字时我心里经常会发出这样的感叹：这位女老师真不简单，总在不停地思考！

詹雪莲老师传输过来她书稿的电子文本，我花了几个晚上的时间认真读了又读，这种感叹更为强烈。

我长期在教研部门工作，接触过无数教师，也观摩过无数教师的课。

说实话，我最为欣赏的还是那些有思想的教师，因此我也经常会对教师们说，要做一个有思想的教育工作者。有思想的教师，他的行为，他的课堂，他对孩子们的影响，与一般教师相比会有很大的不一样。对于我的这种感受，詹雪莲老师的这部书稿可以作为例证。

詹雪莲老师的这部书稿由六个部分组成，这六个部分分别是诗意教育、静待花开、与爱同行、见证成长、且教且思和灵动课堂。从这六个部分的内容我们可以看出：作为教师的她，作为语文教师的她，作为班主任的她，凡是与自己工作内容相关联的，她都在不断地思考。这种思考就像一种能量，推动着她不断把工作做细，把工作做好，把工作做优。在这个过程之中，她自己也逐渐优秀起来。

詹雪莲老师在书中讲了许多她把工作做细做好做优的案例，这些都很有借鉴意义，相信教师们读后会从中吸取一些营养。但是，我是把詹雪莲老师本身和她的这部书稿当作一个案例来看待的。“不想当将军的士兵不是好士兵。”就像詹雪莲老师一样，她也有当特级教师的梦想。但是现实是，不是所有的好士兵都能当将军，也不是所有的好教师都能成为特级教师。所以詹雪莲老师说：“也许，我劳碌一生，也得不到特级教师的殊荣；也许，我奋斗一辈子，也成不了像叶圣陶那样的教育家。但是生命，即使平凡得像一片树叶，也应该春有春的新绿，秋有秋的苍翠。既然选择了教师这个光荣的职业，我就应该用最真诚的爱去搭建一座通向未来的平台，为我和我的学生谱写出一曲撒满鲜花和阳光的生命乐章！”（《真诚的情 永恒的爱》）这就是价值所在！我把它称为“教师生命的底色”。一名教师，要想走向优秀甚至卓越，必须具有这种生命底色，不然，就会视教师为一种谋生的职业和手段，浑浑噩噩地过日子。读完这部书稿，你就知道，詹雪莲老师的生命底色是多么厚重！

有许多教师，他们视研究与写作为畏途，似乎研究与写作是一件太难太难的事情，詹雪莲老师的这部书稿其实也告诉我们：结合本职工作，勤于思，勤于写，日积月累，思会有所飞跃，写会一片光明。在思与写中，自己的精神境界也会发生质的改变。

这部书稿，越读我越喜欢，书稿中除了那些浸满詹雪莲老师人生智慧的案例给我许多启迪外，那些优美的带有一些思辨味儿的语句也让我逸兴遄飞。我一边读，还一边做了不少摘录，我真的非常喜欢这些文字，在我的这篇序言将要结束时，摘引她的一段话与读者共勉：

“累了痛了，痛了醒了：教育不是牺牲，而是享受；教育不是重复，而是创造；教育不是谋生的手段，而是生活本身。”

2016年6月5日

（原深圳市福田区教育研究中心主任　陈祥俊）

目　录

诗意教育

静待花开

与爱同行

见证成长

且教且思

灵动课堂

诗意教育

当老师放低身段，平和而自然地走进孩子的心灵，真诚平等地向他们敞开心扉时，教育之舟便已向成功的彼岸启航。诗意表达，诗意教学，我执一颗诗意的师心，努力与孩子们一起，构筑诗意盎然的人生！

诗意地教育每一个孩子

春天早晨的阳光格外灿烂，校园镀着一层金色的光晕；滴翠的青草新芽生机勃勃；植物园围墙旁的芒果树开满花；篮球场边榕树上黄莺欢快鸣叫着，紫燕轻盈地在春风中穿梭；升旗台前孩子们一双双小手高举，一双双眼睛炯炯有神，沐浴在金色阳光中的国旗冉冉升起。这是开学后第一周的升旗仪式。

新学期又开始了。熟悉而又似乎有些陌生的上课铃声骤然响起，经过一个寒假，这铃声似乎特别有号召力，喧闹的校园顿时安静下来。

我拿着教具提前到班。“今天，我们继续学《荷花》这一课。课前老师已告诉你们预习课文，现在让我们一起来交流预习过程中的发现与疑问吧！”话音刚落，平时几个爱发言的孩子迫不及待地高举着小手，脸上露出了特有的自信与骄傲。没预习的孩子手忙脚乱地在课本上画段落、给生字标拼音，我开始逐个检查他们的预习作业。果然不出我所料，有的孩子预习本上记录得满满的；有的孩子预习本上却是空空的，什么发现和批注都没有。我生气地让后一种情况的孩子站起来，全班学生竟然站起了一半。顷刻间，教室里气氛异常，我非常想好好训斥他们一番。可是当我看到孩子们惶恐的神情，又于心不忍了。

怎样才能让他们主动学习呢？倘若孩子们知道了预习的好处，难道他们还会不完成老师布置的作业吗？成功的语文教学如诗，如画，如歌，如酒，我灵机一动，在黑板上写了三句话：

“昨天的脚步渐行渐远，作业呀！

我怎么又把你忘记，

回忆昨晚，当别的同学在写作业，我在——”

我让站着的孩子把句子补充完整，我引读着，“昨天的脚步渐行渐远……”当第五个孩子完成句子训练后，班长小锐站了起来：“老师，我发现他们说的话可以组成一首诗耶！”我向小锐竖起了大拇指：“多聪明的孩子啊！”教室里响起了掌声，不知道他们是因为自己能做诗了，还是因为小锐给了他们信心。我再次走上讲台，在黑板上写道：“日子一天天过去。昨天过去了，它就永远变成昨天。作业呀！我不会再把你忘记。”

教室里回荡着孩子们响亮的齐读声。我对孩子们说：“既然已意识到问题，那就解决问题……在今后的日子里，我希望你们用实际行动证明你们是最棒的！”教室里响起了掌声，我知道这样寓教于乐的教育形式，远比简单地批评说教好得多，至少在句式训练中，他们既锻炼了表达，又知道了预习作业的重要性。这何尝不是件好事呢？预习作业的风波就这样过去了……

教学中，我经常突发奇想，创设各种富于诗意的情境，来激发孩子们的学习兴趣。在与孩子们一次次的真诚交流与互动中，我发现教学过程中存在的一切难题都会化解成师生间心灵交融的德育赞歌。当老师放低身段，平和而自然地走进孩子的心灵，真诚平等地向他们敞开心扉时，教育之舟便已向成功的彼岸启航。

诗意表达，诗意教学，我执一颗诗意的师心，努力与孩子们一起，构筑诗意盎然的人生！

开在手心里的花

午读开始了，我也和学生一样，拿着一本书读起来。在冬日暖阳的照耀下，我偶尔回过头，看看孩子们一张张童稚的脸庞，一双双专注阅读的眼睛，这样的午后真的很惬意！师生一起沐浴在浓郁的书香里……

美好的时光总是飞逝而过。当我沉浸在幸福之中时，下课的铃声响了，我合上书，走回办公室。脚下的台阶光滑而洁净，整座校园暖意融融，我的脚步竟有些飘飘欲仙。

谁知回到办公室还不到一刻钟，班长马成惊慌地跑过来："詹老师，不好了，王小兴又不见了！"我猛地站起身："怎么'又'不见了？这节是什么课？"我边走边问，匆忙地向着教室方向走去，脑海里闪现出那个淘气又顽皮的王小兴……

刚到教室的门口，任课老师走了出来，没好气地说："你们班这个王小兴是不是怪人啊？经常上课上了一半人就不见了……"听着任课老师的诘问，我心里直发毛，万一真出了什么事怎么跟家长交代啊！"是不是身体不舒服去了校医室？"我的心里直嘀咕，三步并作两步向校医室跑去。"咣"的推开校医室的门，里面静悄悄的。我忧心忡忡，心里装着满腔的"莫名火"，是生气？是着急？是担心？还是无可奈何？我跑到操场上，篮球场上，不少班级正在上体育课，我在心里无数遍大声喊着："王小兴，你在哪里？"……我折回来又从一楼到四楼，找遍了每一层楼的男厕所，找遍了校园的每个角落，还是没有王小兴的踪影……

迈着沉重的脚步，我回到办公室呆呆地坐了下来，往日里王小兴与同学打闹的场景出现在我的脑海。我拿起手机，准备拨打王小兴爸爸的电话。"詹老师……"窗户外面传来怯怯的声音。我立马起身，打开门，声色俱厉地喊道："王小兴！你跑哪里去了？我都快急疯了，你知道吗?”显然王小兴被我反常的举动吓到了，瑟缩在墙角，说不出一句话，但是那双调皮的大眼睛还在扑闪着，似乎有话要说。

我深深地长吁一口气，强迫自己平静下来。我蹲下身，拍了拍他的肩膀，想拉他到自己身边，才发现他放在背后的小手攥得紧紧的，似乎藏着些什么。

我轻轻拨开他的小手，手中紧紧攥着一朵蒲公英。

“蒲公英?小兴啊小兴，你不去上课，就为了跑出去采一朵破花吗?”

“老师……对不起!我喜欢蒲公英!”

“喜欢蒲公英就可以不上课，就可以一声不吭跑出去吗?我得打电话叫你家长来，你可是经常旷课!”我简直有些怒不可遏了。

“不要……詹老师不要打电话……爸爸知道会打我的!”小兴用手拭去脸上的泪水，头低得不能再低。

“那你为什么不上课?你说!”我生气地问。

“因为您说过，蒲公英就像我们的小手，会张开合上，会变颜色……我非常喜欢上语文课，我觉得老师就像蒲公英，我就是那蒲公英的种子……”王小兴啜泣着，“刚才上课的时候科学老师说，蒲公英是一种药材，能消炎，我想种很多很多的蒲公英送给詹老师，这样詹老师的胃病很快就好了……”

我看着眼里噙满泪花的王小兴，看着攥在他手中的蒲公英，瞬间，眼睛湿润了，心里有种说不出的滋味!说不清那是酸涩，还是甜蜜。一股温暖直抵我的心扉，我开始自责、懊悔。我拭去他脸上的泪水，从抽屉里拿出一个水晶球，递到他手里：“王小兴，谢谢你!老师不打电话给你爸爸妈妈了，但是你答应老师以后绝不能再旷课……这是陪伴老师很多年的水晶球，它有魔法，会给你智慧，当你表现好的时候，它会很清透，当你表现不大好的时候，它会变暗。送给你了……”孩子就是孩子，刚刚还漫天乌云，给了点阳光，他马上灿烂起来了!王小兴拿着水晶球，又小老鼠似的窜回教室里去了，桌子上留下了被他捏扁的蒲公英……

回想刚才的一幕，我呆立在那里，默默地告诉自己：每个孩子内心都会有千丝万缕的情感，行走其间，我得慢一些，轻一些，小心呵护那薄如蝉翼的童心。当我们给予孩子关爱的同时，孩子也在丰富着我们美好的生命，丰盈着我们的幸福！他们的世界，因我而精彩；我的世界，为他们所感动。

我看着桌子上的蒲公英，回想与孩子们相处的点点滴滴，身为人师的幸福感充满全身。无论从教的日子有多么单调与寂寞，我都会满怀爱心地走下去，永远做孩子们人生的领航人！用爱呵护每一颗心灵，关注每一个生命的快乐成长……我暗暗地对自己说：我愿做一朵开在冬天的无名花，陪着孩子们一起“爬山”，也许风景不一定在峰顶，但是沿途一定会花香满径！

倾听花开的声音

你相信吗？走进孩子们的世界里，可以听见小鸟在天空飞翔的声音；可以听到雨点打在树叶上的声音；可以听到花开的声音……如何触及并呵护他们幼小的心灵？如何牵着他们的小手，带他们走进知识殿堂，感受知识的妙趣，体验学习的快乐？这些是我一直努力探索课堂教学艺术的目标与追求。

稚嫩、稚趣应该是孩子们天真烂漫的真实表现。

今天，我跟孩子们一起学习《金色的草地》这篇课文。这节课，我并没有深思熟虑，但我似乎真真切切地触及了孩子们那幼小的心灵。他们的心灵是那么晶莹剔透、天真无邪！

和往常一样，我准备了道具：蒲公英植物标本，课件。上课伊始，我让孩子们自己提出疑问，同学之间互相解答、排难解疑。孩子们像是打开了话匣子，思维活跃，小手举得高高的，就等老师给予说话的机会。为什么蒲公英的花会张开会合上？为什么这片草地早上是绿色的，中午是金黄色的，晚上是绿色的？为什么蒲公英的花早上是合上的，中午是打开的？……孩子们个个跃跃欲试，似乎有问不完的问题。我挑选了两个比较重点的问题写在黑板上，让他们以四人为小组交流讨论。

每个孩子都是一颗种子，只要精心培育，有朝一日，就会像蓓蕾一样绽放。当课堂上流淌着平等的对话，互动的脉搏便可以有力跳动。有个学生说："因为早上蒲公英还没睡醒，所以是合上的；中午睡醒了，想出来玩，所以是张开的。"旁边的小胖急了，没等我允许他就站了起来："因为蒲公英挺害羞的，有客人来就合上了，客人一走，又张开了。"话音刚落，大家都笑了，他自己也笑了。王兴宏站起来说："不对！太阳公公早上还没叫蒲公英起床……所以蒲公英当然就是合上的。"成熟稳重的班长李卓衡说："因为早上太阳刚出来，温度不高，所以，蒲公英是合上的，中午很热，蒲公英也热，就张开了。”……孩子们的想法是多么天真可爱。我能说谁的答案是对的，谁的答案是错的吗？这些都是孩子们天真又真实的想法……我打开了Flash动画。Flash动画形象生动，加上声音，我们似乎走进了大自然，走进了蒲公英的世界……我跟孩子们一起做着手势比画蒲公英张开、合拢的动作，带着自己的感受，美美地读着：“蒲公英的花就像我们的手掌，可以张开、合上。花朵张开时，它是金色的；花朵合拢时，金色的花瓣被包住，草地就变成绿色的了。”

看完Flash动画，马成困惑了，小手举得高高的，我注意到了，但没让他说，当时是不想因为这些节外生枝影响整个课堂。可小家伙的手就这么一直举着，直到一分钟过去了也没放下。“马成，怎么了?”“老师，我见到的蒲公英是白色的、毛绒绒的，为什么这里的蒲公英是黄色和绿色的呢?”旁边的小萌萌站起来说：“马成，你说的是蒲公英的种子!”我还未解答，旁边的孩子为他解释了。

孩子们的童言妙语、奇思妙想是何等可贵！孩子们的想象力是永远无法估量的，我打心眼里喜欢这群小精灵。孩子们有自己的心灵世界，虽然他们远离“标准答案”的“反常”思考常常会演变为费神费时的“节外生枝”，然而不可否认的是，这的确是孩子们的独特体验和深层思考，他们正是用这种属于自己的方式感受世界，认识生活并堆积童年快乐的。我让孩子们回家去查阅书籍、上网搜集关于蒲公英的资料，了解蒲公英怎么传播花粉，蒲公英的花絮……让他们学会观察身边的一草一木，自己去认识身边这个五彩缤纷的世界，让他们热爱大自然，进而去发现身边的美丽，又何尝不可呢?

下课铃声响了，回到办公室，我陷入了沉思。琢磨回味，意犹未尽之处可圈可点，不足懊悔之处也若隐若现。成功的喜悦、缺陷的遗憾、咀嚼的体会，交相辉映。这节课虽然我安排的课时任务没完成，但孩子们对蒲公英的兴趣成了风筝线，让孩子们思绪的风筝越飞越高，越飞越远！我似乎成了一个放风筝的高手，与这群孩子一起快乐着，创造着。

……

这算不算是遗憾中的“小小收获”呢?

爱在前面，幸福在后面

爱是早晨的太阳，带来希望和动力；爱是盏灯，带来希望的同时，也指引我们向爱的方向靠拢……

这两天，全校一千多名师生向身患重病的彭同学献出了自己的微薄之力。爱是生命中最好的存在，如果说生命是帆，师生就都沉浸在爱的海洋中。我想：以爱传递爱，以爱教育爱就是最好的教育。

下午班会课，我给孩子们讲述了病魔的可怕、捐款的意义，以及自己的三次感动。当我讲述“昨晚，我们家的小家伙听说捐款的事后，主动把自己储存罐里仅有的20多元钱全都拿出来让我帮他一起捐”的时候；当我讲述“詹名睿妈妈下午特意向公司请假从龙岗打车赶往捐款现场献上了自己的1200元”的时候；当我告诉孩子们“不管捐的是1000元还是10元，都是一片爱心，都是一份心意”的时候，几个已经捐过款的孩子从口袋里又拿出带着体温的零花钱递了上来。从孩子们的一举一动中，从他们目不转睛的神情里，我知道这颗最有生命力的爱的种子已经深深埋在他们的心田里了，这颗种子一定会生根、发芽。

叶老曾说过：“文是心有所思，情有所感，而后有所撰作。”抓住时机，选好切入点，就是最好的写作时期。这时我让孩子们把老师说的、自己所思所想的写下来，只有一个要求——写出真情实感，时间是20分钟。孩子们铺开稿纸，我也拿了张纸，跟着孩子们一起进入情感世界。时间一分一秒地过去了，当我喊停笔时，他们正体验着写作的快乐，几乎所有的孩子都不愿意停笔。我在教室巡视了一圈，看到徐琪冰同学的作文时，忍不住停下脚步拍下了她的文章。20分钟能写出这样的文章，我真的很欣慰。我把她的作文投影出来，并请她朗诵。我们把掌声送给了这位未来的小作家。“詹老师，我们想看您写的。”我只能满足孩子们的要求了。我把未经任何修饰的诗歌念给他们听，孩子们的掌声响起来……泪水是一时，感动是一生。一篇文章、一首小诗虽然不成型，却拨动着孩子们的心弦。孩子们的心灵在体验，在感悟，思想在碰撞，精神在对话。

教育是心心相印的活动，唯有从心里生发出来，才能达到心灵的深处。我们的课堂需要灵动的真情和爱的真谛。

“师道尊严”与欢笑

微笑着进课堂能增强老师的亲切感，并能感染学生，使学生微笑回应。

记得有一次，当我走进教室的时候，发现很多学生无精打采的，而且，黑板还没有擦，上面写满了数学题。我并没有发火，而是微笑着看着他们，说：“看来你们很珍惜数学老师的劳动成果哦。”这时，他们也来精神了，对我报以笑声。正当我准备亲自擦黑板的时候，值日生一个箭步冲上来迅速把黑板擦干净了。有了这个好的开头，可想而知，这堂课上得非常顺利。

愚人节那天下午的第一节，当我随着铃声走进教室时，发现全班学生的目光齐刷刷地都朝教室的门顶看。当时，我也“从众”地、不知不觉地跟着他们的目光抬头向上看，没什么啊！我不知道，接下来会有“阴谋”。

当时，我发现学生必恭必敬的，觉得奇怪，但也没多想。这时，有几个学生一本正经地对我说：“老师你走错了，这一节不是你的课，是我们班主任的数学课。”我心里纳闷儿自己是否看错了课表，但又坚信自己没错！我举目看看，每个学生的课桌上摆放的都是数学书。这时我想：大概是我错了。

在我半信半疑时，又有学生说：“老师，是班主任有事，先调了课。”听了这话，我就坚信不疑，想往教室外走。心想：班主任也真是的，调课也不事先说一声！

当我要走时，科代表马上说：“老师，我们骗你的。今天是愚人节，我们祝老师节日快乐！”这时，我才知道被学生愚弄了，学生跟我开了个玩笑。我只好自嘲地笑了笑，在学生的喜悦中开始上课。

在这节课上，我发现他们思维活跃，发言积极而有序，课堂效果良好。

可见，师生关系融洽，学生自觉学习，便可在轻松愉快的气氛中取得良好的课堂效果。

现在的学生学习压力很大，整天被作业压得喘不过气来，或多或少有厌学情绪，很少有真正开心的时候，童心正在被扼杀，天真与活泼过早地从他们的生活中走开了。我们很难想象一堂死气沉沉的课会给学生留下多么深的印象。但是如果老师把笑声带进课堂，学生就可能在轻松的笑声当中对课堂知识掌握得更深刻。比如，有一次我对学生说："在西方国家，当别人赞扬你的时候，你应该说'Thank you'，但是有的中国人却不懂。有这么一个中国人，有一次，他带妻子去参加一个宴会，主人对他妻子的美貌称赞了一番。谁知，这个中国人很谦虚，他对那个主人说：'哪里哪里。'旁边的翻译竟然把他的话翻译成了'Where where?'这个主人很尴尬，他难道应该说这个中国人的妻子眼睛很漂亮、嘴巴很漂亮？所以他只好说：'Everywhere（每个地方都很漂亮）。'"学生听完以后大笑了一番。就这样，在学生的笑声中，课堂气氛被调动起来了。

我愿牺牲自己的"师道尊严"，换取学生的欢笑！

累，并幸福着

——讲述我和学生的故事

“无心插柳柳成荫。”真没想到这个让我敲键盘敲了两个晚上的家访论文，竟然拿了区一等奖。对于文字，我没有特殊的爱好，只是喜欢胡乱遣词造句，用它串连成自己，用它来诠释心情的天空。是啊！文字很简单，可以织出无数种色彩；文字也很神奇，它载满了世间万物，演绎着天涯海角。因为文字，我变得淡定，变得宁静，也学会了放下，更学会了反思和感悟人生，这也许就是成长。我想：“坚持自己——用文字抒写情怀”总是对的。

离开最后一个家访同学的家，坐上最后一趟公车，拖着疲惫的身躯回到家，已经是晚上 11 点了，家人都睡了。这持续了一个月的家访工作终于结束了，我深切体会到：累，并幸福着……

通过本次“课外访万家”活动，我深感自己肩膀上责任更重了。那么多家长忙于生计，真的没有精力和能力照看、督促孩子。身为“城中村”孩子的老师，我没办法选择家长，我唯一能做的就是用自己的真心和爱心，为孩子们扬帆，助他们启航……

我将自己的满腔热情都倾注给了学生：放学后，坚持为后进生无条件补课，和他们一道攻克知识的难点；经常提醒体质差的学生多去操场上锻炼；自己购置学习用品，奖励各方面取得进步的学生；而对待班里那几个“淘气包”，除了适当地批评教育，更多的时候，悄悄走过去，摸摸他们的小脑袋，给他们以温柔的提醒……我自以为，这样做，学生们就能健康成长，其实我又错了……教书育人不仅仅要有爱，更要有方法和智慧。

如果不是因为家访，也许这永远都是一个“谜”……

我和何倩的故事

为师以来，我深深地体会到了爱是教育的基础，“没有爱，就没有教育”。从教十多年来，我每天跟学生一起早读、一起做操，一起打扫卫生……事无巨细、亲历亲为，努力用自己的行为做表率，力图唤起学生的自主行动。课间，和学生一起聊天、玩游戏，在一种轻松愉悦的交往氛围中，既赢得了他们的信赖，又寻找到了开启学生心灵之门的金钥匙。

班里有学生生病了，我便多出一份关心，嘘寒问暖、无微不至。记得上个月，我一进教室看见何倩在剧烈地咳嗽，就知道她的先天性哮喘病又发作了。我快步走过去，心疼地把她抱在怀里，轻轻地拍着她的后背。孩子咳嗽不止，把刚刚吃进去的早餐全都吐到了我身上，我心爱的连衣裙脏得不成样子，还散发出难闻的气味。那时那刻，我的心里没有一丝嫌弃，只有对孩子深深的怜爱。后来，这个孩子病情加重，不能到校上课，只能休学在家。我多次给她打电话、多次上门家访，和孩子成为朋友。我经常陪她聊天，辅导她认字、写字、读课文、写日记，教她查字典，帮助她掌握自学的方法。碰上节日，我还会带上精心挑选的文具、课外书和喜气洋洋的彩色气球，给这个在寂寞中养病的孩子送去节日的问候和祝福。

三个多月以后，病愈的孩子回来了。因为曾多次家访，她功课一点都没有落下。看到她自信地坐在同学中间，而且每次测试都能取得优秀的成绩，我和她的父母都由衷地感到高兴，孩子的父母更是对我和我们新沙小学充满了信任和感激。

我和杨彬的故事

如果说，生命是帆，我觉得自己一直幸福地航行在洋溢着爱的海洋之中……为人师以来，我一直以爱心和慧心为支点，引导学生寻找属于自己的天空，引导他们爱自己，爱父母，爱老师，爱同学，爱学校，爱自己身边的每一个人……

“一分耕耘一分收获。”一个对学生充满爱的老师，他的辛勤劳动必能换得学生的成功。

学生杨彬一贯表现很好，学业成绩屡屡拔尖。一次，由于做阑尾炎手术，他好几天没来上课。一天，我接到一个电话，电话中传来微弱的声音："老师，我是杨彬，我好想念你们，真的……"无以伦比的喜悦占据着我的身心，震撼着我的心。好希望这声音能融进空气，流遍学校的每个角落。当我回到班上告诉大家后，大家都朝着那个空位望了望，有个学生说："老师，我们去看看他吧。"全班同学都举手大声说："老师，我也要去……"

清楚地记得那个雨夜，我带着几个同学代表在淅淅沥沥的雨中拎着寄托全班同学深情厚谊的礼物去看望了杨彬。忘不了杨彬和他家长腮边的热泪，也忘不了离开市二医院时他们的依依不舍。那晚我回到家，已经是 10 点多了，还未吃晚饭的我累得瘫在沙发上，顾不得脱掉淋湿的衣服，随口告诉了父母当老师的酸甜苦辣。父亲语重心长地告诫我："生命的前头，走过去前方是一片胜景……你只是刚踏上新长征的路……"

一次，教完句式"谁爱谁（什么）"，杨彬带头造了个句子："我们爱詹老师。"那旋律好像流进空气，流遍了学校的每一个角落，那种喜悦占据着我整个身心。我深感生活的真善美如泉水般汩汩地渗出，关心和爱心激发了班集体对学生的凝聚力，增进了同学的友谊。我忘不了疲劳时孩子们关切的目光，忘不了天热时孩子们替我擦去脸上的汗珠，也忘不了那些偷偷放在讲台上的矿泉水、润喉糖……那些写在日记里、贺卡上的"我最喜欢上语文课""我最喜欢詹老师""老师，我要感谢您"等激动人心的话语，更让我泪盈双眼、铭记一生。爱我们的学生吧！把"爱"播撒在学生心田，让爱在他们心中生根发芽。学生在变，整个班级在变，大家像南飞的群雁，谁一落伍，便有人伸出援助之手。终于，"乱草窝"中开满了红花，"马蜂窝"的代号改名换姓为"优秀的班集体"。

从孩子们一天天的进步里，在家长深深的信任中，我深感当老师的光荣与自豪，孩子们回报给我的纯真情感是我一生都受之不尽的。不知从什么时候开始，学生已经成了我生活中不可分割的一部分。我喜欢看他们背着书包欢快地走进教室；我喜欢捕捉他们一举一动流露出来的童真。看着这么多孩子一天天长大，我觉得：教育，真的是一件很有意思的事！我应该感谢我的学生，是他们把这些有喜有忧、有笑有泪、有花有果、有香也有色的五彩缤纷的日子带给了我，是他们为我构筑了一方坚实的精神家园，赋予了我如此充实丰满的人生……

目睹过同事们兢兢业业、默默奉献的身影；目睹过校长和学校行政人员在节假日奔走校园、共谋学校发展的动人场面；感知过孙耀凤等老教师给我们年轻一代的关心呵护；目睹过徐久钰、徐伟萍等骨干教师经常加班加点、以校为家的感人情景……

我将继续沿着先辈们开辟的道路，做好家访工作，架起沟通的桥梁，做孩子们的“点灯人”，无愧于“人类灵魂工程师”这一称号，为教师园林添红添绿，献上自己的光和热。

赏识、信任和宽容

你给鱼儿一汪池塘，鱼儿就能游泳；你给种子一块土地，种子就能生根发芽；你给雄鹰一方天空，雄鹰就能自由翱翔！你给学生多大的空间，他们就能创造多大的奇迹！

那天，市有关专家领导就我申报的教学研究成果评奖一事前来我校进行调研，我借六年级（3）班执教《将相和》，本校有不少老师也前来听课。课堂上，孩子们在我的引导下有滋有味地进行着表演和品读。当品到蔺相如理直气壮地说“我看您并不想交付十五座城。现在璧在我手里，您要是强逼我，我的脑袋和璧就一块儿撞碎在这柱子上”时，女同学明显比男同学读得投入，有几个女生把“理直”和“气壮”相关语句中的感情表现得淋漓尽致。为了调动一下男生的积极性，给男生一些表现的机会，我说：“怎么都是些女蔺相如啊？男同学，你们推荐一个！”这时一男生说：“谭文！”虽说是借班上课，但我知道，这个叫谭文的男孩子可是本班头最难“剃”的一个，平时不听课，不写作业，还经常扰乱课堂，但可能今天因为听课的人多，他还是和大家一样参与读书了。我用鼓励的目光看着他，还没来得及叫他的名字，他马上说：“不读！”这两个字他说得那么斩钉截铁，教室里的气氛一下子凝固起来。我想，像他这样个性强的孩子，如果此时动员他读一定行不通。于是我说：“谭文刚才读书非常认真，但今天来听课的老师这么多，他心里紧张、没准备好是正常的，下课再读给我听吧。”

到了第二课时，听课的老师只有本年级的几位了，学生正在尝试着把蔺相如说的“秦王我都不怕，会怕廉将军吗？大家知道，秦王不敢进攻我们赵国，就因为武有廉颇，文有蔺相如。如果我们俩闹不和，就会削弱赵国的力量，秦国必然乘机来打我们。我之所以避着廉将军，为的是我们赵国啊”这段话在不改变原意的情况下变换顺序进行说话练习。这时已有五个学生高高举着手了，其中四个发言一直较积极踊跃，另一个发言相对少些。我说："在这五个举手的同学中，谁平时发言的机会少些？能不能把这个机会先让给平时发言机会少的这个同学？"正在这个同学准备站起来时，谭文迅速地把手从桌面上挥到肩膀处，然后又迅速地放了回去。动作那么快，我都还没来得及观察他的神态，不知他是真心的还是在捣乱。但我想，无论如何也要先关照他。于是我说："谭文也举手了，我们先把机会让给他吧！"孩子们马上报以热烈的掌声。结果谭文对原句做了三处改动，而且改得非常合理、通顺。这是多么可喜的进步。我按耐不住自己的激动，说："谭文用自己的实际行动证明，无论是谁，只要敢迈出一步，就有机会取得成功。其实每个人都同样能干，造成人和人之间有差别的原因是自己放弃了一些不该放弃的机会。我敢断言，谭文以后如果能像今天这样把握住机会，他一定会是个了不起的同学！"谭文的脸红红的，一定既有喜悦，又有意外。

嘉树坐在教室后面的角落，总不吱声。在学习《将相和》这两节课中，当引导学生想象秦王双手捧着璧，一边看一边称赞时，我把没举手的嘉树叫了起来，并鼓励他说："我相信这个秦王会称赞！"你猜，被动站起来的他怎么答？"真是块无价之宝！要是变成我自己的，那该多好啊！"他说。真是一石二鸟啊，他不但称赞了璧，还会联系上下文用文本中的"无价之宝"来称赞，这不是语言运用吗？我们语文教学的目的不就是培养学生热爱语言文字和运用语言文字的能力吗？而且，他还能把自己心里的想法说出来！他差点儿就成了一块被埋藏在地下的金子呀！我真庆幸自己这个淘金人淘对了地方！当时我感叹："谁说不举手的同学就不会？是金子总会发光的，但你这块金子一定要露一露啊！"后来在课堂上，嘉树果然又争取到了一次主动：同伴邀他扮演蔺相如，迎接前来负荆请罪的廉颇。听，这就是他面对知错就改的廉颇做出的回答："知错能改，善莫大焉！让我们一同齐心协力保卫赵国吧！"多么言简意赅！这一次他竟然用上了经典！真是刀越磨越快，士越战越勇！

给镜子一缕阳光，它能映射出一片天空；给心灵一缕阳光，它能映射出一个美丽的世界。这就是教师赏识、信任和宽容学生所起到的作用。唯有教师赏识学生，尽量从骨头里面挑鸡蛋，学生才能有信心；唯有教师信任学生，认定他能行，学生才会觉得自己有依靠；唯有教师宽容学生，认为出错是正常的，学生才会敢于回答。敢了，自然而然就一定能；能了，久而久之就一定强。

为人师者应该把赏识、信任和宽容之爱撒满每一个角落，让每一个孩子都能在“爱”的温室里“均衡发展”。

天使的痕迹滑过

每一个孩子都是落在人间的天使，他们纯洁的心灵正像荷叶上的露珠，晶莹透亮。

——题记

于我而言，曾经的天真执着是幸福，艰辛拼搏是幸福，忙忙碌碌是幸福，独处孤思也是一种幸福。幸福的日子一天又一天，教育很美，我能体会。在我人生的长河之中，忙碌、平淡、坦然自若的日子无声地流淌着。

深圳的初冬，大部分树木依旧郁郁葱葱，只偶尔有几片金黄的叶子飘然而落。每天进出于整洁美丽的校园，我都觉得心情舒畅，更让我欣喜、倍感温暖的，是身边人。我特别喜欢冬日里的暖阳：坐在纯净的蓝天下，俯首大地，沐浴着阳光，也感受着洒落在生命里的阳光，不时提醒自己做一名能为孩子播撒温暖的使者。

2016 年 9 月，我被调入新的学校任教。此后的每一天都会冒出一些俏皮的段子。那些粉嘟嘟的小脸蛋，那些噘起的小嘴儿，那些活蹦乱跳的身影都真切印入脑海，成了我生命的剪影……他们像一支支康乃馨，淡雅高洁；如一朵朵栀子花，芳香馥郁、洁白无瑕；更似那漫天的白色满天星，簇拥着、点缀着我的生活，让我平淡的日子陡然间添彩生姿。

他，叫易子荷。第一次点名，我就惊叹：子荷，一个多么文静又富含诗意的名字。名如其人，五官精致，一双明亮的眼睛扑闪扑闪，非常惹人喜爱。但一节课下来，我发现他的注意力无法集中，学习状态严重影响周围的同学。跟班主任许老师一聊才知道，他是班级“小明星”：有时候，回答起问题来头头是道，逻辑思维特别好；有时候，他的那张嘴像个话匣子，永远有说不完的话；有时候，他不但自己不听课，还常常去骚扰同桌……据班主任反映，易子荷下课特别喜欢追逐打闹，遇到什么玩什么，逮着谁捉谁，谁不跟他玩他就开始捉弄谁。

那天我暗暗下了决心：一定要把这小天使的“刺”给拔掉。一下课，我便拉起子荷的小手，蹲下来跟他聊天。这才发现，原来他是个特别聪明的孩子。博览群书的他懂得很多知识，而且有一双善于发现的眼睛，总能看到很多新奇的事物。孩子们需要爱心与宽容，需要理解与信任，对待孩子的不足，我们要以爱来感染、来转化。我们要善待有缺点的孩子，并尽可能地用孩子的心灵揣摩他们的内心世界。我灵机一动，开始和他有了第一个约定：如果下一节课他专心听讲，哪怕是上课举一次手，我便画一个笑脸送给他。这笑脸似乎有魔力，会让每一个孩子变成天使。从那天起，他上课专注了，不再离开座位了，悄悄话也少了。每一节语文课前他都会来我办公室：“詹老师，下节课又是语文课，我最喜欢语文课了。”“老师，我帮你拿。”……下课后，他那小小的手会拉着我的手，帮我拿教具与我一起回办公室，再领走他最想要的笑脸。每次拿走笑脸他都会回赠一句祝福语于我：“詹老师，你好漂亮啊！我最喜欢你。”“老师，你今天开心吗?”“詹老师，我最喜欢语文课了。”“老师，我妈妈说周末带我去大鹏玩。”“詹老师，我美术课也拿到一朵红花了。”他已经不是原来的易子荷了。他真的变成了“小天使”。那一刻，是我为师以来最幸福、最满足的一刻！我想：充分了解自己的学生，注意他们的个性，努力读懂他们的心，才能不失时机地教育他们，打动他们的心，教育才能取得良好的效果。

孩子们的心是一颗颗圣洁璀璨的水晶，能把已蒙尘的成人的心也变得透明。从子荷的转变中，我深深地感受到，世界是那么的纯真、烂漫、温暖而美好。

南方的天气似乎像变魔术一般，阴晴不定，说降温就降温，昨天还穿短袖，隔天就要穿棉袄。那天是我的早读课，走得比较仓促，没有穿外套。一到教室，门口吹来一阵凉风，我不禁打了个寒颤，接着就开始打喷嚏。贴心的子荷从背包里拿出纸巾递给我，还摸了一下我的手，说：“詹老师，你穿的太少了，不能只要风度不要温度哦!”嘿嘿，小机灵，我向他做了个鬼脸。下课时，子荷拉起我的手，说道："詹老师，你不是很冷吗？我帮你搓搓，一会儿就热了。""嘻嘻，我不冷。"我拉着他的小手说："老师的手大，你的小手是捂不热的！"他听完我的话后立刻抱着我说："老师，再靠近我一点，我温暖你，你就不冷了。"抱着那软乎乎的小身板，一阵阵暖流带走了门外凛冽的寒风。

从子荷明亮、纯真而充满智慧的眼睛里，我看到了光明，看到了本真和希望。在与他交流的那一句句稚嫩、淳朴而温暖的话语中，我一次又一次被感动着，爱的暖流璀璨、绚烂着我生命中的每一天。

之后的日子缓缓流淌，一切如旧，可是子荷明显不同了：课堂上随时可见他举起的小手，也总能听到他富有思想的回答；他和同学和睦相处了；他的字越写越好；他正一步一步融入班级这个小社会中……

是啊，他本来就是一个天使，那个最特别的、最闪亮的、绽放着光芒的天使。

在这里，曾有天使的痕迹滑过。

爱的传递

爱是世界上最动人的诗篇，教育更是一片万能的土地。在教育这片土地中不经意间播撒爱的种子，在属于孩子们的季节里适当地让他们动情，对他们的人生来说也是一种助益。

这节班会课，班长反馈完上周班级情况后，我简单强调了纪律与安全后，给孩子们播放了一部根据发生在内蒙古赤峰的真实故事拍摄的微电影——《我要妈妈》。感人的画面、扣人心弦的故事、懂事的小主人公一次次拨动着孩子们的心弦，使孩子们的心灵一次次受到震撼。小艳梅对妈妈的爱，她的懂事与孝顺正如春风细雨滋润着班上那52个孩子心底的“爱的种子”。

微电影主要还原了小艳梅9岁到19岁的成长过程。在艳梅9岁时，养母就出了车祸，卧床不起。六年后艳梅的养父突发脑血栓，对这个苦难的家庭来说可谓雪上加霜，照顾两个瘫痪病人的重任全落在了小艳梅的身上。影片展现了艳梅作为养女，十几年如一日无怨无悔照顾病残养父母，同时没有放弃学业的感人故事。影片中，在医院照顾养母期间，年仅9岁的艳梅为妈妈擦脸、讲故事、洗衣服。由于没钱治病，为了救养母，艳梅下跪求医生，哭喊着：“求求你救救我妈妈吧，我不能没有妈妈，我要妈妈。”每天五点半，艳梅就要起床，先给患脑血栓的养父穿衣吃药，然后给瘫痪在床的养母洗脸擦手，接着就是抱柴烧火做饭。十几岁的孩子正是花一般的年纪，无不喜欢依偎在父母的身边，但是小艳梅不得不作为家里的顶梁柱，撑起这个家。

不少孩子眼睛里噙着泪水，更有几个孩子眼泪已经在飞，我想这就是这部电影的教育意义与魅力所在。小艳梅孝亲爱亲的行为一定唤醒着、启迪着这些蜜糖水灌大的孩子的心灵。于是我从中加以渲染、引导，由电影引出爱，接着引导孩子们思考如何爱父母、爱自己、爱老师、爱社会、爱祖国……有了学生的参与，这节课比原本那种循规蹈矩的班会课多了许多色彩，浓浓的爱的味道充满了整个教室……这就是曲径通幽的教育效果。

“班会课马上就要结束了，但爱的行为却不能停止，回家给自己的爸爸妈妈送上一份爱心与孝心，好吗?”“好!”孩子们异口同声，那震耳欲聋的喊声是他们发自内心的呐喊!

孝亲爱亲的故事如丝丝微风，轻柔而不张扬，又如不可或缺的空气，无时无刻不让孩子们感受着爱的存在。世上只有一样东西给了别人却不会变少，那就是爱……

收获的不仅仅是“读者”

在人生的旅途中，最糟糕的境遇不是贫困，而是精神和心境处于一种无知无觉的疲惫状态：感动过自己的一切不能再感动自己；吸引过自己的一切不能再吸引自己；甚至激怒过自己的一切不能再激怒自己……这个寒假是班上孩子们小学生涯的最后一个寒假了，筹谋良久，我给他们布置了一项作业：每人花一个月的时间读四本或五本《读者》，并画出好词好句，给震撼自己心灵的文章做批注和写感受。我的目的是改变他们的个人气质，陶冶他们的情操，使其自身臻于至善，使他们对人生诸事有达观的态度，能打造积极向上的人生，并开启他们的《读者》之旅……

今天是开学的第一天，我把学生的《读者》收了上来，发现他们的《读者》大部分不是同一期的。我灵机一动，把这些收上来的书搁在一边，对他们说：“闭上眼睛，回忆《读者》里的内容，把自己印象最深、最受震撼的故事讲出来跟同学们交流、分享。”孩子们谈得热火朝天，10 分钟过去了，15 分钟过去了，他们还没讲完……我想这就是《读者》带给他们的收获。

下午放学后，我花了将近一个半小时的时间浏览他们的“读者作业”。我发现：51 位小读者看《读者》，就有 51 种不同的感受。有的孩子受益匪浅，记录得密密麻麻，一字一字写着自己的感受和触动。有的孩子只不过应付了事，一本书画了几条线而已。我不由得去想：孩子对待学习的态度正是家长对待孩子学习的态度。可是在这物欲横流的时代，在深圳，尤其在这城中村，多少家长为了养家糊口日夜奔波，根本没有精力管孩子的学习。所以不能责怪家长，这只能说是我的“魅力”还不够！

认真品读了的孩子收获的不仅仅是内容本身，更多的是自己对人生的感悟。我相信肯定有不少孩子已经开启了他们的《读者》之旅，因为这四五本《读者》中总有一个故事让他们感动；总有一种爱让他们的心灵受到震撼；总有一份情（亲情、友情、真情）催之泪下，感之肺腑；总有一个笑话让他们开怀大笑……

也许，我们已经淡漠了一切，将一颗心冻结了起来。然而，事实上当自己不再匆匆于喧嚣的人群时就会发现，生活中处处充满着感动：一句话、一个动作、一个微笑、一个人……生活中最美好的景致，不在于言说，而在于心与心的沟通。书中这些小故事和真人真事也许只不过留下了淡淡的印记，但那种感动一定会深藏于孩子们心中最柔软的地方，一旦触动便能找得回来……

我深信，这个寒假孩子们收获的不仅仅是《读者》。

猜，老师欣赏哪一句

这个下午的第一节课是我的，我正力图使教室里的气氛活跃起来："来，把你认为最能表现桂林山水的句子美美地读读，要读得入情、入境。"可学生似乎提不起劲。"让我们来交流交流吧，听谁读得最有美感。"我尽量用充满挑战性的语言来执行我的教学计划，可学生的热情还是几不可寻。试着交流下来，学生还是无法进入状态。或许是学生已适应了我的教学风格，渐觉老套；或许是我太墨守成规，久未变更自己的教学风格；学生似乎并未对《桂林山水》的美景产生我预想过的热切反应，毫无生气的回答让我心生怕意：这难道就是充满韵味、情味、文学味的语文教学？不行！我得想点办法，《桂林山水》可是妙不可言的美文呀！

思绪飞速旋转之后，我心生一计："你们知道吗？在细细地品读这一课的时候，我被其中的一句话深深吸引了，这句话好极了，美极了。猜猜老师欣赏的是哪一句？为什么猜是这一句呢？"这提问似乎是一针强心剂，学生有点兴奋了。

"我知道，我猜是'漓江的水真静啊，静得让你感觉不到它在流动；漓江的水真清啊，清得可以看见江底的沙石；漓江的水真绿啊，绿得仿佛那是一块无瑕的翡翠。'因为这句运用排比写出了漓江的水独一无二。"

"对，这句写出了漓江的水秀丽无比。"

"写出了漓江的水不但静，而且很清。"

"写出了漓江的水虽然不像大海那样波澜壮阔，也不像西湖那样水平如镜，但是给人以梦幻般的柔和。"

"我认为是这句：'桂林的山真奇啊，一座座拔地而起，各不相连，像老人，像巨象，像骆驼，奇峰罗列，形态万千；桂林的山真秀啊，像翠绿的屏障，像新生的竹笋，色彩明丽，倒映水中；桂林的山真险啊，危峰兀立，怪石嶙峋，好像一不小心就会栽倒下来。’这句话也用了排比，写得美。”

我笑着问：“怎么美?”

学生争先恐后：“作者用生动的比喻描写出桂林的山‘奇’。”

“同样用生动形象的比喻描写桂林的山“秀”。”

“用‘危峰兀立’‘怪石嶙峋’等词语，写出桂林的山势之‘险’。”

我听了微笑着点头。

阳光正好照在林文丽的脸上，她显得很兴奋：“我猜是‘从没见过漓江这样的水’这一句。”

“为什么?”

“因为大海‘波澜壮阔’，很美；西湖‘水平如镜’，也很美。可作者说‘从没见过漓江这样的水’，说明漓江的水胜过大海和西湖，比大海、西湖更独特，更美丽。用‘对比’的方法写出漓江的水‘甲天下’。”

“我可不一定只凭写作手法去喜欢一个句子呀。我欣赏能带来美感、能给我共鸣的句子。”

沉思已久的杰峰按耐不住站起来说：“‘桂林山水甲天下’这句话点明了全文的中心，写出了桂林山水的秀丽，也抒发了作者对桂林山水的赞美之情。”

我笑道：“是呀，说得没错!”

“那老师喜欢的肯定是这句了?”

我故弄玄虚地说：“你猜呀?”

“我猜是这句：‘这样的山围绕着这样的水，这样的水倒映着这样的山。’还有：‘云雾迷茫、绿树红花，竹筏小舟。’想想吧，这不是好像进入仙境了吗?因为这句话既朗朗上口，又能带给人想象的余地。”

我故作疑惑地问：“好个‘带给人想象的余地’，此话怎讲?”

“这句与开头‘桂林山水甲天下’一句照应，并有着总括全文的作用。可以让我们再次领略桂林山水的奇丽，领会作者对桂林山水的赞美之情。”

“不妥，能带给人想象余地的应该是：‘舟行碧波上，人在画中游。’这一句写出了船在碧绿的江面上航行，人好像在画中游览一样。是因为作者看到这山水连成一体，美不胜收，像是走进了连绵不断的画卷，令人思绪万千。”

“听你这么一讲，我对这句话也渐渐喜欢上了，来，让我们闭眼，一起吟诵这句吧。”

吟诵过后，那位学生急切地问：“那老师喜欢的是这句了？”

“是你让我喜欢上的，我正想谢谢你呢！”

“那老师喜欢的是这句？”

“你认为呢？”

机灵鬼小健说：“我知道了，老师其实一句都不喜欢，在哄我们呢。”

“不对，这么美的课文老师怎么会不喜欢呢？其实老师都不知道该喜欢哪句了。”

张莹这一说把我也逗乐了：“说话得有凭证。这一课真的句句都美吗？老师到底会喜欢哪句呢？以四人为小组交流一下。”

下课铃声响起时，学生仍意犹未尽：“老师，你到底喜欢哪句呀？”

“下节课再来探讨吧。”

“不嘛，这节课说好嘛。”

“你猜呢？”

“老师真狡猾！”

阳光似乎把教室照得更亮了。看着学生天真的脸蛋、迫切的神情，我语重心长地说：“其实，老师觉得哪句美并不重要，重要的是你感受到了那些美的词句，感觉到了那些美的存在。只要你是有理由地、发自内心地觉得那句美，就没人能说它不美。”

从学生沉思的神情中我能看出，他们懂了我的意图。

课后，我既沉浸于本节课带来的成功感中，又对课堂进行了深思：什么是以学生为主体？什么是以教师为主导？以学定教是教学经验积淀中的一面大旗，而许多时候我们似乎还是在走以教定学的老路，硬拽着学生的思维往教师设计好的轨道上运行。如此一来，学生学得累，教师教得疲惫。新课程理念下的课堂应是学生主宰的课堂，作为教师，应随机应变地做出富有吸引力的教学调控，让学生的思维随之调动，从而真正提高教学的效果。这正是新课程所倡导的：一切为了学生，为了学生的一切，为了一切的学生。通过这次教学，我也领悟到一点：教学需要调剂，需要新意，不经意间的一些“小花招”，能为教学带来精彩的花絮。

飞进教室的蝴蝶

语文课上，正在讲授
美丽的秋天是一位魔术家
为我们变出五彩缤纷的图画……
孩子们听得神情俱佳
一只蝴蝶悄然飞进课堂
忽然的惊喜飞上脸颊
蝴蝶扇动着彩色的翅膀
舞动着孩子们五彩斑斓的梦啊
飞到这儿，飞到那儿
怎么也找不到出去的办法
孩子们的目光
被吸引得上上下下
孩子们的小手
指指点点忙上忙下
有的伸手捕捉它
犹如被风吹拂的课堂
起伏着一波一波的喧哗
随着蝴蝶上下翻飞的目光
形成了一道道隐形弧线的叠加

孩子们，蝴蝶怎么飞翔
它是怎样的形状
它是穿什么色彩的衣裳
一会儿看看蝴蝶
一会儿看看孩子的模样
那一张张脸上也不时露出甜蜜而灿烂的微笑

望着蝴蝶讲
小蝴蝶——我的朋友，你从哪里来啊
小小的蝴蝶呀，为啥这样匆匆忙忙
你是不是迷路了
别急，别急，你看窗子的方向
就是开满花的油菜地……
小小的蝴蝶呀，你是否被朗朗的读书声吸引进窗
那么，请你好好聆听孩子们美妙的读书声吧
小小的蝴蝶呀，你是否来听讲
那么，请你随便找个位置
停落下来吧！陪伴我们的读书郎
小小的蝴蝶呀，你就像一段插叙的文字
生动地叙述着动人的故事……起伏迭宕
蝴蝶轻盈地掠过一个女孩头顶
稍作片刻停留在窗
成了真正的蝴蝶结
住进女孩们的心田……

终于，那只蝴蝶又开始翩翩起舞
迎着同学们的目光
从打开的窗户飞了出去……
秋天是一位魔术师在演讲
给课堂上的我们
带来彩色的翅膀
带来秋天的童话
带来缤纷的想象

静待花开

教育无处不在。身为教师，一句温暖的话语，一瞥期待的目光，一句鼓励的评语，一个漫不经心的动作，足以改变一个孩子对学习的态度、对人生的态度。我想对自己说，如果可以，永远做孩子身边的『卧底』，走进孩子的心灵，用真诚的爱引领孩子一路前行……

教育无痕

这几天，我一直在思索：教育的真谛是什么？教育的最大失败与成功是什么？

阳光洒下来的时候，金色的光芒毫不偏袒地照耀着每一株植物，无论名花或野草；雨丝落下的时候，点点滴滴滋润着每一寸土地，不分贫瘠与富饶。老师的爱与宽容真的得像这阳光和雨丝一般，洒到每一个孩子身上，这样才是润物无声，才可教育无痕！因为就学生而言，无论乖巧的或是调皮的、成绩优异的或是落后的、积极活跃的或是默不作声的，只要仔细观察，用心体会，就会发现他们眼中都充满了对爱的渴求。

……

带了一届又一届的孩子，我发现教师平时关注最多的、在孩子们毕业后脑海里印象最深刻的，往往是优秀的或经常调皮捣蛋的孩子，而对那些内向安静的孩子则很容易忽视。

今天是运动会交报名表的最后一天了，因为是毕业前最后一次运动会，初始我就跟班长说好了以自愿报名为原则。从班长手里接过报名表时，我在报名表中发现了他——一个胖墩墩、平时不爱动、体育课逃跑、早操找遍理由不参加的男孩。他不仅报名参加运动会，而且报的项目还是跳高。我心里咯噔了一下，但还是若无其事地向孩子们宣布了运动员名单。当听到他参加跳高项目时，同学们哄堂大笑。“他参加跳高?!”……孩子们你一言我一语，班里顿时沸腾起来了。我自己也觉得纳闷，但我知道我的态度直接影响这个“小胖子”的积极性，我坦诚和谦逊的态度也可以稳住孩子们的心。在给他们讲过奥运会运动员的故事后，我说：“这也是小学阶段最后一次运动会了，很快你们就要成为初中生了。如果他没有参加这次运动会，也许将留下永远的遗憾。我们应该为他的上进心鼓掌，应该给他这个机会，他一定会给我们一个惊喜！”大家不约而同地鼓起掌来……教育教学的灵感无处不在，充斥在课堂的每个角落，在老师的片言片语中，也在孩子们灵动的眼睛里。

无痕教育像春雨，悄无声息地、一点点地渗进孩子们的生命，滋润孩子们的心田……

今天是运动会的最后一天，按照惯例学校要举行教职工“年级接力赛”。操场上沸腾着，教师们都在做准备动作，跃跃欲试，要大展身手，孩子们个个都不停地在为自己的任课老师呐喊助威！

他，一个胖乎乎、内向、平时很少举手回答问题的小男孩，走过来，和我挨得很近，眉飞色舞地对我说：“詹老师，你看！这是杨老师让我帮他拿的。”

“是什么呀？“

“是杨老师的钥匙、手机和钱包。”

我笑了，他也开心地笑了。我瞬间会意了：原来他觉得这是一种荣耀，是一种莫大的鼓励。

生命当中，总有不断涌动的情感，特别是对成长中的孩子来说。他们关注自我，也渴望被关注。身为班主任，我也会有情绪，有时难免被那两三个小捣蛋弄得焦头烂额，有时候不良情绪也会莫名而来，而面对那些不闯祸的孩子时就会“城门失火，殃及池鱼”。其实，每一棵树都渴望阳光的温暖，每一朵花都期盼雨露的滋润，每一个孩子都有权利在爱的怀抱中幸福成长。教育无处不在，身为教师，一句温暖的话语，一瞥期待的目光，一行鼓励的评语，一个不经意的动作，足以改变一个孩子对学习的态度、对人生的态度。

我很想对自己说：如果可以，永远做孩子身边的“卧底”，走进孩子的心灵，引领他们一路前行。

眼镜丢失以后

这天我和往常一样在“家校通”上发完作业，准备下班。

刘争妍，一个不爱吭声的女孩，跑了过来，一脸哭相：“詹老师，我的眼镜上体育课时又不见了。”啊！怎么又是她！一个月前不是刚丢了一副眼镜吗？怎么回事？又是体育课？虽然心里嘀咕着，我还是跟刘争妍一起走回教室去寻找眼镜。放学了，教室里的学生所剩无几，几个在搞卫生的同学也开始帮忙寻找丢失的眼镜。可是找遍了教室的每个角落，还是没有看到眼镜的影子。

回到办公室，想起上次刘争妍丢失眼镜后她妈妈过来纠缠，我可是足足花费了一节半课的工夫才平息的那场风波，一颗心又揪了起来。本来已经想好了怎么跟刘争妍的妈妈解释，可是却听到了电话那头责备刘争妍的声音。我耐心地听着刘争妍的妈妈的抱怨，最后没想到刘争妍的妈妈居然说要报警！一副眼镜丢了就要报警？而且这眼镜是不是我们班学生拿的还是个未知数！我只是个老师，不是警察，不能搜孩子的书包。如果没有保护好孩子的心灵，即便眼镜找到了，那“偷”眼镜的孩子又会怎么想、怎么做呢？”我不忍再想下去了。在我的耐心劝导下，刘争妍的妈妈终于恢复了平静。面对这个棘手的问题，我不得不静下心来去思考到底该怎么处理比较好。

第二天早操结束后，和往常一样，我拿着备课本提早走进教室。看着孩子们的一举一动，我忐忑不安，期待着等会儿的“游戏”能成功！期待能得到一个较好的结果，给那名家长一份满意的答卷。

“同学们，对于一个近视的人来说，眼镜就是她的眼睛。你们看看，我故意摘下眼镜又慢慢地戴回去，这就是我的四只眼睛。好看吗？美吗？”

“我觉得詹老师不戴眼镜更美！可以看到明亮的大眼睛。”坐在前面的何倩马上回答。

“对！戴眼镜是无奈的事。可是，刘争妍的眼镜又不见了，你们有谁看到了吗？”我一边煽情一边鼓动。

“啊？”学生给出的是跟我一样的反应。“又是她的眼镜不见了！”“又是体育课！”“会不会是她自己弄丢的？”教室里你一言，我一语，顿时沸腾起来。这个眼镜似乎也成了每个人心中的一个谜！

“是谁偷走了！”陈嘉健大声地说。

一个“偷”字，有如炸弹一般，顷刻间引爆了学生的情绪，教室里极度混乱。经验告诉我：眼镜就在教室之中！只需简单地翻查，它一定会乖乖现身。可是，一想到拿走眼镜的孩子今后都要在周围同学鄙视、排斥的目光中生活，我的心不由得紧紧收缩起来。

看着一张张迷茫的小脸，我努力地挤出一个微笑：“不！其实，这是有人想用这眼镜跟咱们玩一个游戏。”

显然，孩子们的好奇心被调动了起来。

“这个人，故意将眼镜藏在了你们其中一个人的书包里，就是想看看咱们能不能把它找出来……”

还没等我说完，孩子们就已经迫不及待地翻起了自己的书包，争做第一个发现者。

我的目光飞快地在每个孩子的脸上、手中掠过。

一阵热火朝天的翻查后，没有收获。

看着一张张失望的小脸，我的心跳也一阵紧似一阵。我竭力稳定着自己的情绪：“别着急，既然是游戏，那眼镜一定藏得很隐蔽，哪儿能那么轻易找到呢？大家可以试试把书本从书包里都拿出来放在桌子上，再找得仔细些！看谁能揭穿谜底！”

这一次，原本动作幅度不大的几个孩子，也将书包高高举到了胸前，恨不得把头钻进去……

待到孩子们再次失望地停止寻找时，眼镜依然不见踪影。

我努力提起就快要下沉到谷底的情绪，深吸了一口气，说：“哎！看来，这个人真是厉害，把眼镜藏得这么隐蔽。我想大家不但得把书本从书包里都拿出来，还要仔细查看每个拉链，每个缝隙。咱们再来找最后一次，这次不行，我就去给你们帮忙，好吗？”

“好!”孩子们齐声欢呼！看来他们真的把眼前的这桩“失窃案”当作了一次愉快的游戏。而我，是多么希望孩子们不需要我的帮忙呀!

“噢！是谁把眼镜放我这儿的?”是小欣。

小欣怯怯的声音中丝毫没有胜利者的喜悦，一双大眼睛紧紧地盯着我。

我暗暗松了一口气，快步走到小欣身边，轻轻握住她的手，看着她的眼睛说：“好孩子！祝贺你！你就是这次游戏的获胜者!”

霎时，孩子们的掌声和欢呼声响彻教室，那样长久，那样热烈!发自心底的笑容也渐渐在小欣的脸上绽放开来。

从那以后，班上没丢过任何东西……这届学生毕业了，我也把这事留在了记忆深处。

今年教师节的前一天，我收到了从附近中学寄来的一个包裹。打开包裹的那一瞬间，我的眼泪出来了。

那一刻，我似乎听到了花开的声音……

我和学生谈“情”说“爱”

我相信孩子们的心灵是纯洁的，少男少女的心事，如花自绽如云自卷。如果闻“早恋”色变，如果粗暴对待少男少女的心事，那青苹果的味道一定酸涩。

那是一个初春的早晨。还有一个月孩子们就要离开母校，开始初中生活，我珍惜和孩子们相处的每一天。刚走进教室，就看到“大嗓门”超强站在讲台下的椅子上，手里扬着一张纸。见我进来，他马上跳下来，兴奋地嚷道：“詹老师，这是玲玲写给凌志刚的情书!”霎时，五十多双眼睛一起投向我，空气似乎凝固了。

我接过“情书”，忍不住望了玲玲一眼，正巧她也望着我。当我们四目相对的时候，她像受惊的小鹿一样，赶紧低下了头。那是怎样惊恐的目光啊！我忐忑不安：要是这件事处理得不好，那后果不堪设想。望着这五十多个春心萌动的少男少女，我何不和孩子们谈“情”说“爱”？我心意已定，却还是有些惴惴不安，因为他们可是一群对异性充满朦胧好感、热切渴望异性关怀的少男少女。

我站在讲台上，踌躇了一下，轻描淡写地说：“我觉得玲玲喜欢凌志刚很正常，没必要大惊小怪的。为什么呢？今天这节课，我们就探讨这个问题，一起谈‘情’说‘爱’吧。”

话音一落，教室里炸开了锅。有一个调皮鬼大嚷：“詹老师教我们谈恋爱啦!”全班哄堂大笑。我开始导入：“爱情，是人类永恒的主题……”孩子们开始有一阵小小的骚动。有的窃笑，有的议论，有的小声怪叫。我平时就爱逗这帮孩子，此时又忍不住俏皮起来：“一群乳臭未干的小子们，詹老师可是过来人。你们心里想什么可瞒不过我。我担保，到了六年级毕业，我们班很多人，肯定都有自己喜欢的异性朋友，要不要我说出来?”教室又安静下来了，女孩子们一个个都羞红了脸，连班上的“调皮鬼”都低下了头。我继续说：“自古以来，就有不少文人墨客歌咏过爱情。歌德说过：‘哪个少年不钟情，哪个少女不怀春?’”一阵哄堂大笑顿时响彻教室，原先窃窃私语的，此时变得肆无忌惮起来。我一字一顿地告诉他们：“这是很正常的心理活动，对异性怀有一种朦胧的好感是无可厚非的。你们不必觉得很难为情。”我告诉学生：“随着青春期的到来，对异性产生好奇、产生向往，是完全健康、正常的，说明你已经长大了，对自己的性别有了认同，对异性产生了认识欲望，这与寻求语、数、英的知识没什么两样，不必为此烦恼，但也不要沉迷其中。”接着，我请与玲玲来往较多的几个女生谈谈玲玲喜欢凌志刚的原因。通过讨论，让学生明白：被别人喜欢的人往往有值得大家敬佩的地方，所以这种喜欢实际上是一种崇拜，是一种友谊；如果能把欣赏的目光投向更多的异性同学，你会发现，你喜欢的人有很多。所以，我们不能把这种现象当成爱情，让它影响自己的情绪、学习和生活。

学生许久许久地沉默着，我告诉他们：“大自然有一年四季，每一季有不同的景色，不同的特点，春播秋收，夏雨冬雪。人生也像自然一样，不同人生阶段有不同的人生体验，什么季节就做什么季节的事。写情书谈恋爱是长大以后的事，好好学习则是做学生应该做的事。一个好孩子最了解什么时候该做什么事。”学生边听边思索着。

在学生心潮腾涌时，我动情地说：“一个月，还有一个月，我们全班同学就要分开了，难道我们就愿意这样伤害一个同学后离开母校吗?”此言一出，那些取笑过玲玲的男生主动向她道歉。全班学生约定：为了自己的同学，以后再也不提写情书的事。

下课铃响了，我笑着望了玲玲一眼，真巧，她也正望着我。这一次，她没有回避，我看到她的眼里噙着泪水。爱，于无声处流淌。我庆幸自己用智慧留住了学生的春天。

其实早恋并不是洪水猛兽。理解、信任、宽容、爱护学生，也许就会让一件“坏事”变成好事。沟通、鼓励、耐心和平等对话，是打开心灵之门的金钥匙。

班会课上的小插曲

今天下午第二节课是班会课，和往常一样我提早两分钟到班，检查班级卫生和课前准备情况。拿着备课本、U 盘、班长总结出来的班级情况记录本，伴着铃声，我微笑着走上讲台，准备好好表扬一拨表现好的学生，批评几个上周表现不佳的学生。

“老师，有人在我的杯子里放了粉笔!”

刚走进教室，还没等我喊上课，就有一个学生向我哭诉。一个胖乎乎的男生（同学们平时都叫他小胖）站起来，眼泪在他眼眶里打转。我走上前，看到他的杯子里有三个粉笔头。

“谁放的?”我面向全班学生，非常期待有人站起来承认。但是教室里鸦雀无声。此时，我压抑住心中的愤怒，因为我知道这个学生也不是省油的灯，平时总是跟同学闹别扭。我回头问他：“你今天得罪谁了?”他说：“没有。”

“是她放的。”一个男孩站了起来，指着一个女同学。

“老师，我也觉得是她放的。”

“就算不是她放的，也和她有关系。”

学生们你一言我一语，七嘴八舌地议论起来。

“不是我，我没有。”那女孩子嚷着。

“是她就是她，她最多事了。”

我精心准备的班会就被这样的课前气氛打乱了，我沉住气，问全班学生：到底是谁放的?学生们看到我脸上严肃的表情都不作声了。

做了这样不道德的事还不承认，这就是我的学生吗?!这就是连续三学年被评为福田区文明班的优秀班级吗?!想到自己的付出，看到这样的气氛，我的心仿佛被针扎了一样。他们什么时候也学会用这样的迁移方式去报复同学、评价同学了?!他们的天真他们的无邪在哪里?!的确，胖乎乎的男生是让老师不省心，被大家猜测的女生也确实多嘴，但其他学生随意的猜测、评价更让我觉得不省心。我决定摒弃事先准备好的课堂内容，给全班上一堂关于真诚与宽容的思品课。

“没人承认是吧！好！小胖同学你去把同学们的水都给倒了，大家都别喝水了。”听到我这句话，学生反应倒很快，都拿起自己的杯子咕噜咕噜地把水喝了个精光。看到他们的表现，我觉得又可笑又气愤。

我追问：“第一节电脑课教室没人啊！”小胖说他的水中午没带回家。班长马上说：“问问中午值日的同学，他们最有可能。”一查，中午值日的同学全是平时乖巧听话的，谁都不像是放粉笔的人。

我故意说：“这样吧，这节课，我们就不上课了，你们觉得谁可疑就站起来，说理由。怎么样?”开始，他们还挺配合，到了第七个孩子站起来，他们就觉得不对劲了：这样也很难找出“放粉笔”的人。

我打住了，对全班学生说：“苍蝇不叮无缝的蛋，这事一定有理由!”为什么有人想这么做呢？他肯定有不得已的原因或不愿告知的道理。”

我的话音刚落，她站起来了：“老师，粉笔是我放的。因为小胖骂我，欺负我，总在背后说我的坏话……”她委屈地哭了起来。

我摸了摸她的头，说：“你这么聪明的孩子，怎么就办了这么一件事呢？对同学有意见可以告诉老师，可以告诉同学家长……有很多解决的方法呀！非要这样去报复吗？在他的水杯里放了粉笔，他以后就不欺负你了？不过，老师还是非常欣赏你敢作敢当、敢于承认错误的勇气的，知错能改一样是好孩子……同学们，我们是不是该给她一个改正的机会，她勇于承认错误是难能可贵的！你们说呢?”教室里响起了热烈的掌声。

这个小插曲就这样告一段落了。放学后，刚好轮到我们班阳光体育，一个下午就这样跟孩子们在一起。回到办公室，她也跟着进来了，把一份保证书递到我手里，她的眼睛里闪着晶莹的泪珠。我没让她写保证书啊……哦，我知道了，她还在为那件事后悔。我安慰她，并给她讲了许多人生道理。确实如此：一个人，应该说生活中的每一个人，都需要爱的力量和正能量，这样才不会走入歧途。

世界上没有一朵鲜花不美丽，也没有一个孩子不可爱！孩子总是孩子，有过错是他们成长过程中的必然表现。宽容与理解永远不可或缺。每一棵小树都需要阳光的温暖，每一朵小花都期盼雨露的滋润，每一个孩子都有权利在爱的怀抱中幸福成长。我想，作为基层的教育工作者，真的要时刻提醒自己做好护花使者，更要清楚，自己的一举一动都会对孩子产生影响，甚至一生的影响。我愿自己时刻能用真诚的关爱照亮孩子的每一天，用温暖的双手牵引他们走好每一步，让娇嫩的小花盛开在万紫千红的春天！

为尊严而打架

做班主任的，似乎总也逃脱不了一种“厄运”：每个班里总是有那么几个让班主任觉得黔驴技穷的学生。好言好语劝过，当头棒呵斥过，家长请过，最后败下阵来沮丧不已的还是我们这群“孩子们的爹妈”。

放学的铃声已经响过了，透过窗户可以看到孩子们正在排归程队。丝丝冷风里，我裹紧围巾，拿起饭盒往饭堂方向走去。一步一步地下台阶，正沉醉于那份悠然自得……

“詹老师，不好了，快到班里看看吧！小腾又‘犯病’了，他把很多桌子都推倒了。”跑过来两个小姑娘，远远就听见她们叫嚷着，一路小跑，上气不接下气。

“走！”来不及细问，我三步并作两步朝教室狂奔而去。一路上，我思忖着：好长时间没有“犯病”了呀，小腾今天又怎么了？

当我推开教室门踏进教室时，教室里的“硝烟”已经散了，只见桌椅东倒西歪。那个能说会道的小冰趴在桌子上嚎啕大哭。而小腾，仿佛受了天大的委屈，噘着嘴巴，蹲坐在地上，紧握着拳头，紧咬着嘴唇，一副不罢休的样子，让人望而生畏。教室没剩几个孩子了，值日的同学围在一起，指指点点，显然是小声议论着刚才的激战。

见我进来，学生像见到了救星。“詹老师来了。”小蒙大声嚷着。可刚停战未久的两个孩子无动于衷：哭的还在哭；坐地上的也没动，面不改色。孩子们倒很知趣。“詹老师来了，你们还不快起来。”几个女同学摇着小冰的手臂，她们的行为终于让小冰抬起了头。小冰的眼圈红红的，泪水像断了线的珠子，眼角还有几条淡淡的抓痕，还好不深。我知道，此时的我如果处理不好情绪，气头上火药味如此浓厚的他们也许还会第二次交战。

我走过去，拍了拍小腾的肩膀，顺手擦去他眼里噙着的泪水。忽然，小腾嚎啕大哭起来。

“孩子，别哭啊！怎么啦？怎么这么委屈呢？你们先说说事情的经过。”我话音刚落，值日的女同学就抢着打开话匣：“老师，是这样的……”我做了个手势，打断了值日生。

他们僵持着，谁也不开口。

“这样吧！詹老师不去吃饭了，陪你们！如果解决不了，叫双方家长过来解决吧！”

“老师，我只说了一句话，小腾就用书砸我的眼睛，划伤我的脸，还吐口水。”小冰开了口。

“小冰，你说了一句什么话让小腾这么委屈呢？”

……

在他们的对峙中，在他们的抽泣声里，气氛缓和了许多，火药味没那么浓了，我发现小腾那紧握着的拳头也放了下来。

我终于明白了，他们是为尊严而战！作为老师，我该支持还是反对他们为尊严而打架呢？该如何讲道理呢？我也陷入了沉思。

“走，到老师办公室去。”他们跟着我到了空无一人的办公室。

我拉开抽屉，拿出一包巧克力，说道：“老师饿了，相信你们也饿了，我们先吃点巧克力再说吧！”

我把巧克力分别放在他们的手里，说道：“老师知道你们刚才是为自己的尊严而战，说明你们都是有自尊的孩子！但放下是种高姿态，先放下的同学就没自尊了吗？刚刚那一战，也足够证明为尊严而战是苦涩的、酸楚的。你们喜欢这样单调、苦涩又酸楚的滋味吗？今天你们为一点小事就闹别扭，还推翻桌椅，就像这本该甜甜的巧克力却夹杂着苦涩。这样吧！老师送你们每人六颗会说话的巧克力。第一颗就是有尊严味道的，其他五颗蕴含的味道分别是善良、诚实、勤奋、自信、友爱。希望你们将它们珍藏起来，在以后的学习或生活中，无论遇到什么困难、坎坷都能从这六颗巧克力中汲取力量……”

不知道是出于巧克力的魔力还是从我的话语里悟出了什么，从他们的行为——低得不能再低的脑袋中我读懂了：他们已经知道了自己的言语讽刺伤人，行为鲁莽害人。

他们走了，因尊严而打架的风波就这样告一个段落了。一直以来，我视学生打架如洪水猛兽，但是为人师的我到底应该不应该鼓励孩子们为尊严而打架呢？

如果从小就被教导容忍非正义，甘受屈辱，自责自贱，那不是扭曲了教育的本义？这样的孩子长大后真的敢接受挑战，争取自己的权益吗？学生时代打架、哭泣、斗气、停火、谈判、和好、又打、又和好，成年后我们竞争、较量、超越、比赛、优胜、反攻、提升、成熟，这两者之间其实是相似的，共同构成了我们的成长。

忽然，心底有一种酸楚不可扼制地涌了上来，我拾起那些散落在脑海里的孩子们小打小闹的记忆，恍然间明白了：聆听孩子们的心声就是聆听生命的歌；叩开孩子的心门不仅需要语言的倾诉，更需要爱的无言呼唤、启迪和呵护！

又痛又痒的伤疤

午读结束了，冬日的太阳暖暖地怀抱着整个校园。

下午第一节是语文课，要学的散文情深意浓、如诗如画、如梦如歌。在熟读课文、理解内容后，我播放着空灵的背景音乐让孩子们配乐朗读。看着一张张童稚的脸庞，一双双饱含情感的眼睛，听着那一声声发自肺腑的朗诵如轻柔的雨丝飘飘洒洒落在我心里。也许是音乐的衬托，学生脸上此刻折射着文字里流淌的美，神情里透着兴奋与投入，我想，用心的朗读是能将文字刻在心里的。我情不自禁地跟着他们一起陶醉着……

我捧着书在教室里巡视，跟着孩子们一起走进了文本，感受着文本之美。走到教室最后一排，我忽然看见小凯同学正低着头，一手拿书盖着脸，似乎在努力遮掩，可还是没有逃过我的眼睛。直觉告诉我，他又在开小差，玩小动作了。平日里一支笔、一个用过的涂改带他可以创造出七八种玩法，桌面、抽屉都是他的“练兵”场地。

看看其他同学陶醉的样子，再看看他的不专注，我寻找着不让自己生气、不让自己发火的理由，心里瞬间平静了些。我走上前去拿眼睛盯着他，期待他能抬起头，从我的眼神里得到提醒。小凯感觉到桌旁的我的身影，抬起头时目光与我相对，触电似的又收了回去，装出一副认真读书的样子。明明知道他在伪装，看着他演戏我还是忍不住“扑哧”一笑。他慌张地在书本里扫视着读到哪行哪句了，我于是指给他看。就这样，专注了几分钟后，他的头又埋了下去，又开始不安分起来。此刻，单纯的眼神提示和微笑小凯已感觉不到了。

“小凯，你在干吗?”我的话音刚落，其他孩子都停止朗读，回头看着眼前这一幕。

“没……没干什么……”他猛地抬起头，有些惊慌失措。

“那你怎么读篇课文都要老师反复提醒呢?”

"老师，我这里很痒。"他指着自己的大腿。此时，喜欢搞恶作剧的小兴站了起来，指着股沟坏笑道："他说这里痒……"全班同学忍不住哄堂大笑。我瞪了小兴一眼，小兴坐下了。"老师，我的大腿受伤了。"小凯边说边卷起了裤腿。果然，他的大腿上有一道伤口，有的地方已经愈合，有的地方还渗着脓水。小凯是因为伤口结痂既痛又痒，一定是用手慢慢地揭了已结好的痂。若我没有问个所以然、没有看到伤口就当众批评他，那对小凯而言该是多大的伤害啊！小凯的头低得不能再低，或许在为自己走神而愧疚，或许因为同学的笑声而难为情，或许是在准备迎接"暴风雨"。我蹲下来，仔细看了看他的伤口，说："又痛又痒是吗?"小凯使劲儿地点头。

我站起来，对全班孩子说："孩子们，你们知道又痛又痒是什么感觉吗？伤口愈合之前都会又痛又痒，非常难受。小凯受伤了，可从他受伤那天起坚持上学，没有落下一次功课，我们应该把掌声送给他……"顿时教室里响起雷鸣般的掌声。小凯的脸上挂着轻松的神情，嘴角露出了一丝笑容……

谁不渴望得到他人发自内心的真诚的认同和关爱呢？我很庆幸，今天没有让小凯的心灵受伤。身体的伤疤可以愈合，而心灵上的伤疤则会绵延一生。是啊，老师的一言一行、一个眼神、一个微笑，对孩子而言都是举足轻重的。

慢下来，静下来吧！教师要做的只是聆听孩子的心声，理解、呵护孩子的纯真，心怀教育之道并在一个个具体的教育情境中践行，从容地向学生传递善意，为他们播撒美好，让他们快乐成长。

给“龙”插上腾飞的翅膀

刚从师范毕业那年，有一天我教孩子们学《军神》这一课。在检查预习作业时，平时沉默寡言的张龙站了起来。

“老师，课文里多了一个字。”

“多了一个字?”我有些疑惑，追问道，“多了一个什么字?”

“多了一个‘坐’字。”他很自信地说，“课文里有这么一句话：‘医生沃克端坐在桌后……’医生名叫沃克端，后面不是多了一个‘坐’字吗?”他的话音未落，教室里顿时炸开了锅，有的学生笑得前俯后仰。见大家这么一笑，张龙脸涨得通红，手足无措，十分尴尬。当时我却火上加油，也冲他说了一句：“哦，你的意思是医生姓‘沃’，名叫‘克端’?”经我这么一说，大家笑得更厉害了。说完我就开始后悔了。在笑声中，张龙羞愧得无地自容。此后举手发言特别少。

一个月后的一节课，在教《就义诗》时我请个别同学起来朗读课文，张龙也举起了小手。我迫不及待地请他来读。他可能太紧张了，在朗读课文时把“还有后来人”误读成“还有后人来”。全班哄堂大笑，教室里的严肃气氛顿时化为乌有。学生都在等着讲台上老师的反应，怎么办呢？我再也不能伤害他的自尊心了。于是我神态自如、从容不迫地问：“同学们，你们在笑什么？张龙同学念的意思并没有错呀!”听我这么一说，教室里静了下来。我接着说：“‘还有后来人’意思是‘还有接班人’；‘还有后人来’意思也是‘还有接班人’。”这时，教室里鸦雀无声。我又说：“当然，意思不变，并不等于这位同学读对了。他之所以念错，是由于没有看清楚，如果我们平时读书仔细看，认真读，就不会出这种差错了。我们请他再为大家朗读一遍好吗？这次他一定会读得很好。”学生听了情不自禁地鼓起掌来。这时，只听到“哇”的一声，张龙哭了起来。我很疑惑：“难道我又说错话了。”

我擦了擦他的眼泪，扶着他的双肩说：“你是男子汉，如果老师有对不住你的地方请你原谅，你若有委屈就说出来吧！”

他狠狠地点点头，把心中的苦水全都倾倒了出来：“爸爸妈妈离婚了，妈妈走了，爸爸根本就不管我，整天就知道玩麻将、赌博，被警察抓走了。我现在只能住在叔叔家里，冷了、饿了、病了也没有人管我，更没有人疼我，关心我……在学校，同学们都看不起我，谁也不和我做朋友，我整天都孤苦伶仃地一个人，而且，还有人喊我‘脏龙’‘笨龙’……慢慢地我不想和任何人说话，因为一说话就有人笑我……我多么希望有人能关心我，理解我……哪怕只有一个人……”他哽咽着，说不下去了。

在失败面前都不流泪的我，在那一刻哭了。我内疚，我悔恨。我觉得自己真不是一个称职的老师。我的班级里有处于这种处境的同学，我却一直都不知道，甚至还伤害过他……我深吸一口气，看了一下全班同学，才发现教室里几十双眼睛都溢着晶莹的泪水……

“张龙，原谅老师、原谅同学们，好吗？”我振作起来，诚恳地跟他说。我走向讲台，在黑板上写了“张龙”两个大字，对全班学生说：“同学们，你们知道龙是什么吗？在神话里，龙是一种了不起的动物。它腾云驾雾……”我绘声绘色地讲完了龙的故事。接着说：“张龙的父母给他起这个名字，是希望他好好学习，长大后像龙一样有本领。你们说对不对？”“对！”同学们异口同声地说。

这时张龙站直了身体，拿起语文书饱含感情地读起《就义诗》：“砍头不要紧，只要主义真，杀了夏明翰，还有后来人。”教室里响起了一阵热烈的掌声。

从那以后，张龙再也不是一座“孤岛”，他变得开朗、活泼起来，学习热情也越来越高。正如我所期待的那样，他显得特别自信，还经常发表独立的见解，成绩也进步得很快，大家越来越喜欢他了。记得在背诵课文比赛上，他甚至敢向成绩最好的同学挑战。当他的声音在教室里响起时，每一只耳朵都在仔细聆听，每一个人都期待着他的成功。当他终于一字不差背好全文时，教室里爆发出热烈的掌声。

这件事时刻鞭策着我：人与人之间的尊重与信任是多么重要啊！哪怕对方是一个不谙世事的小孩子。张龙可贵的自尊心因反应迟钝、学习差而无法得到满足，屡遭失败使他缺乏自信心，害怕说错话；老师、同学的“不友好”进一步加强了他的自卑心理。一个失去自尊、自信的人还能有何作为？

当发现伤害了张龙的自尊心之后，我深刻反省自己，并找了机会还他以自尊，巧妙地将爱的教育渗透到生动的故事当中。“龙的故事”使张龙看到了老师对他的期望，融洽了他与同学之间的感情，提高了他在小伙伴心目中的“地位”，及时制止了学生的歧视行为，使张龙那颗渴求爱，渴求尊重与理解，渴求成功的心得到滋润，从而促其奋进。

实践使我懂得：我们的教育应该不断地更新，不断地走向人性化、情感化。教书育人是一项名副其实的系统工程，教师更是一名当之无愧的系统工程学家。但教育不同于别的工程，教书即教“人”——一个活生生的有血有肉的人。我们不能戴着有色眼镜去看我们的学生，我们应该用一张亲切的笑脸，一句激励的话语，一个赞美的眼神，来强化其获得成功的情绪体验，满足其成就感，进而激发其学习动力，培养其自信心，促进其良好心理品质的形成和发展。

信心不是天生就有的，而是志向、经验和日积月累的成功哺育而成的。对于成长中的孩子，成功更能激发他们向上的愿望。如果我们能帮助学生有一个成功的开始，我们就能进一步引导他们走向成功。

孩子们的潜能是无限的

“这是他们小学阶段最后一次上台机会了，不参与不是太可惜了吗?”

“只有三天时间，实在太仓促了！宁可少一个节目，也不要滥竽充数。”

“你们班的孩子朗诵水平高，市里的朗诵活动都参加了，这区里的表演小事一桩，没事的，相信他们吧!”

“可只有三天时间，太赶了，我担心影响整个舞台效果。”

郑老师在电话那头不停地劝说，我也为“不去”而不停地辩解。但她主意已定，容不得我多说半句话。真的没有退路了，也找不到任何理由来推脱，我硬着头皮接下了这个任务。电话挂断，我心里却压着一块大石头，似乎被无形的枷锁束缚着，也只能告诉自己：身后信赖的目光就是勇气！三天就三天，从实干开始吧！

挂上电话，第一时间跑到自己班上，从上次参加过市朗诵活动的三十多个学生中挑选了十多个。时间紧、任务重，从选稿到背稿，从朗诵指导到舞台造型都得在三天内完成，这是我们工作室第二次面向全区开展教研活动。本次朗诵以表演、朗诵的形式展示个性，解读丛书主题。怎么安排呢？我定了五大主题，由孩子们自由组合、自己定稿子的内容。庆幸的是孩子们的朗读功底还不错，有舞台经验，气质和音质也都有优势，加上平时在课堂朗诵这块指导得多，很多地方一点就通。他们互相鼓励，互相提意见，我也只在最关键的时候点拨一下，告诉他们哪里要读得铿锵有力，哪里要读得抑扬顿挫，哪里要读得扣人心弦……其实准备过程中我没做更多的修改，给予他们更多的是鼓励和信心，是方法与技巧、走台的姿势与动作方面的指导……

表演那天，学生的表现出奇地精彩！看着舞台上的他们，我感慨颇多：这次表演不仅为他们打开了一扇窗，更重要的是培养了他们接受任务的勇气。在这个过程中，他们亲身体验着阅读与成功的快乐，团结合作的默契，友谊的真诚与欢笑……正如他们所诵读的，他们的梦想从这里启航……

雁过长空无遗踪，影沉寒水无沉影。在孩子们一天天的进步里，在家长们的信任与肯定中，我想，他们回报于我的纯真的情感是我一生受用不尽的。当毕业的钟声即将敲响之时，我能做的也必须做到的就是带着“在工作中找快乐之源，在语文课堂中找乐趣”的想法服务他们，关注每个孩子，呵护每颗心灵，给他们空间，发挥他们的自主性，引导他们寻找属于自己的天空。我坚信：每个孩子都会开出绚丽的花朵！拿起笔留下这点印记，告诫并勉励自己：孩子们潜能无限，不能低估孩子的能力。相信他们能行！

孩子，对不起……

南宋辛弃疾曾写过这样一首词：“刚者不坚牢，柔者能摧挫，不信张开口角看，舌在牙先堕。”柔与刚，犹如剑之双刃，使用得好，可以劈荆斩棘，无往不利。做事或待人，刚与柔要并用，一味刚直，或一味怀柔，都不免坏事。那天，如果我能在言传身教后给他点鼓励，能做到铁的刚，水的柔，也许他就不会……

那天的语文课上，我给孩子们上《再见了，亲人》一课。正当孩子们声情并茂地朗读着，感动于志愿军与朝鲜人民的深情厚谊时，平时沉默、内向的他“嗖”的往窗外扔了一团纸，继续若无其事地读书。那一刻，我诧异极了……昨天亲自动手，和他们一起用抹布一点点地擦，花了两个多小时才把教室的卫生死角清洗干净，卫生工作不保持能行吗？一股莫名的火往头上冒。

“停！别读了，詹老师看到了非常令人气愤的一幕……”

为了让学生不再出现这样的行为，我把自己看到的一幕添油加醋地描述给学生，并开始“言传身教”。

“在美国，随地吐痰、随地扔垃圾可要罚100美金呢，严重的甚至要坐牢……不讲卫生，会遭人唾弃……”那一刻，我看到他的头低得不能再低。我想他肯定知道错了，便不再说什么，继续上课。

那天起，沉默的他更沉默了。

今天开运动会，升国旗时孩子们个个昂首挺胸，他的头低低的，我注意到了他。校长宣布开幕式正式开始，孩子们用热烈的掌声表示自己的兴奋时，他的头还是低低的，我又注意到了他。

我心有触动，他往窗外扔纸的一幕又在我的脑海里闪现。班长昨天告诉我，他上科学课时看漫画书被校长发现了。莫非那天我的言辞伤害了他？猛然间，我意识到我是不是做错了什么。我走过去，抚摸着他的头，轻轻地拍拍他那不敢挺直的背：“孩子，对不起，老师那天是不是说得太严厉，伤害了你，让你抬不起头了？”他点点头，眼圈开始发红。

“对不起，孩子，谁都有犯错误的时候，詹老师也不例外，改过就好了，好吗？詹老师一直都很喜欢你的。”我刚说完这两句话，他那晶莹的泪珠就夺眶而出，委屈的泪水一滴一滴地落在了我的心坎上。那一刻，我似乎看到了砍了树的华盛顿。

这两天上课时，我注意到了他。他头抬起来了，腰挺直了，坐得特别端正，读书比以前更起劲了……

如果今天不开运动会，不举行升旗仪式，如果我没有进行细微观察、没有向他道歉，他对我也许就这么敬而远之；也许就再也抬不起头，挺不直腰了；也许内向、沉默的他会更内向、更沉默；也许他的人生因此就失去了精彩……

得与失之间相差几何？没人知道。但那一刻，我知道了。

“小帮手”和“小尾巴”转学了

深圳是一座移民城市，学生的流动性非常大。每学期开学都会有学生转进或转出，作为班主任，早就应该习惯了。但当一个好学生（老师的好帮手）和一个学困生（老师的“小烦恼”）同时转走的时候，我心里还是有点错综复杂的，不知道该庆幸欢喜还是该说不舍。从教十多年了，每每回忆起来印象深的都是那些成绩特好或是特让人操心的孩子。毕业多年后能回来看望老师的大多也是这些孩子。是他们让我体验着成功的快乐和无边的无奈，是他们让我从琐碎又平凡的小事中感受着震撼、磨砺着灵魂。

今天是开学第一天，走进教室，我第一时间扫视了讲台下的座位，照例清点人数。小利和王超两个同学昨天没来报到，今天还是没有来，难道转学了？我心里“咯噔”了一下。小利聪明伶俐，能说会道，人见人爱，成绩优异，是我班的好班长。王超基础比较弱，话多，平时个性强，喜欢打架。我的目光停留在两个空着的位置上。

“老师，小利转学了，她回潮州老家读书，她爸爸说在深圳再待下去连房租都交不起，饭也快吃不饱了。我前两天打过电话，小利还哭了，说很想回来。”小凡的话音刚落，耳畔就响起了一声叹息，看来孩子们都舍不得小利走。

“詹老师，王超也转走了吧！他爸爸在广州买了大房子……”我牵挂着，思忖着，脑海里也不由自主循环播放着两个孩子纯真的笑脸。

下课了，回到办公室放下备课本，发现王超妈妈发了十多条信息，说她在广州给王超找了个非常好的学校，可王超不想转学；还说王超最听我的话，舍不得老师和同学，要我给王超做思想工作。这不省油的灯——小王超啊，小王超，都要转学了，还不让老师“省心”！但是能做到舍不得大家说明他长大了，老师过往的苦心总算没有付诸东流。看完信息我真是哭笑不得。电话里，我开始耐心劝导那个正在撒脾气的“小霸王”。

翌日清晨，我再次收到王超妈妈的信息，说王超同意转学了，还说他跟自己约定，还签了协议：以后每个月必须回深圳看望老师和同学一次，感谢老师的教导！看完信息后，心情瞬间备感轻松……往日为王超操心、伤心、无奈的日子历历在目，以后只能悠悠飘进梦里了。“希望远方的孩子快快长大吧！不用每月回来看一次，一学期或一年能来深圳一次，我就倍感欣慰了！”我自言自语道。深吸一口气，我面向朝阳，在熙来攘往的人群中迈着轻盈的步子往学校走去……

“小帮手”走了，“小烦恼”也走了。班主任工作还是照旧，每天继续面对着几十颗纯真无瑕的心灵，面对着学生复杂多变的内心世界，面对着生命之中不同的情感涌动……每每回忆起这些个性不同的孩子，我内心就会泛起丝丝甜意。他们是我事业的全部，是我人生意义的真正所在！

感激是从尊重和爱开始的！王超虽然任性，但那的确是个性的体现。如果没有个性，岂不就没有了丰富多彩的世界？类似王超的孩子确实会莽撞、会糊涂、会伤心、会脆弱、会无助，但这何尝不是对我们老师的考验？我们必须用智慧学会呵护，学会鼓励，学会忍耐，学会宽容。有人把人心比做土，土可以接受各种各样的种子，只要园丁不缺乏信心、耐心和慧心，每一颗种子都能生根发芽，抽枝长叶。不管是小利还是王超，他们都是有生命力的种子，不管到哪里，他们都能茁壮成长！

我下定决心：做一个为孩子播散温暖与爱的使者！

话说离别

离别总是伤感的。孩子们走了，看着空荡荡的教室，一丝丝忧伤涌上心头。六年的时光在师生彼此心中留下的记忆是永恒的，是最真挚的。“毕业”成了这个炎热夏天伤感与怀旧、期待与憧憬的代名词。这是学生人生中一个小的站台，他们在这里只做片刻停歇，为的是积聚力量，开始下一段崭新的征程。说好了不哭的，但还是没有忍住……道不明是不舍，还是期待。

两个星期前的那个下午，毕业典礼在《明天会更好》这首曲子中结束了。全体毕业班老师和黄校长从始至终一直陪着孩子们，观看他们自导自演的节目。最后黄校长轻唱《少年壮志不言愁》送给了毕业班全体老师和学生，还送给大家六个字：感谢，感动，感恩。

今天是孩子们小学阶段的最后一天。离别在即，我陆陆续续收到了孩子们亲手制作的小礼物。恍然间，心中既兴奋又伤感：兴奋的是学生终于完成小学的学业就要迈进中学的门槛了；伤感的是他们即将离开母校，不能再朝夕相处了！这间教室不再属于已离开的他们，这个六（2）班将成为记忆中的六（2）班。学生即将各奔东西，就像蒲公英的种子纷纷扬扬带着各自的梦想，迎着风雨，去寻找新的土壤，去扎根、发芽……

整整六年的漫长时光啊！两千多个日子里，孩子们有泪有笑，有喜有忧，有花有果。还清楚地记得运动会接力赛获得第一名他们一蹦三尺高的喜悦与激动；清楚地记得他们因为鸡毛蒜皮的事发生矛盾时的不理智与冲动；清楚地记得他们考试结束后的伤心与难过、喜悦与骄傲；清楚地记得他们集体犯错误时我苦口婆心的教诲；清楚地记得在军训时，第一次远离父母的他们在热泪中学会坚强，感受到集体的温暖……

如今他们告别了天真，走向了沉稳；脱去了童年的稚气，获得了自信；抛弃了依赖，学会了选择；懂得了自尊、自立、自强。他们每个人都走进了我的记忆深处。我会记住与他们朝夕相处的每一个日子，将这些记忆珍藏进心灵最深处……

在人生这个舞台上，日日夜夜都上演着伤离惜别的故事，然而分别不是结束，新的故事又已开始。带着母校的期待，带着老师的叮咛，带着同学的祝福，带着自己的梦想，他们要踏上的是新的征程。愿学生在今后的学习和生活中拥有积极乐观的人生态度，做诚实守信而又富有爱心、奋发进取而又脚踏实地、善于合作而又谦虚谨慎的人！

与爱同行

有人把人心比做土，土可以接受各种各样的种子，只要园丁不缺乏信心、耐心和慧心，每一颗种子都能生根发芽，抽枝长叶。于是，我下定决心：做一个为孩子播撒温暖与爱的使者！

坚守美丽

——此诗谨献给福田区满30年教龄的教师们

引语：九月金秋，丹桂飘香，柔风送爽。伴随着“感动福田最美教师”人选出炉，捧着手中的这本光荣册，我的思绪随着那蓝天中一缕淡淡的云，越飘越远……

也许，是时间不堪重负
您总是
匆匆驮出晨星
蹒跚地背回月亮

也许，奉献是一种沉重
您平生
甘学老黄牛
忙碌田畴从不计酬

也许，您是那传说中的古桥
以一种沉默的铺垫、引渡
将学子带至新的起点、新的辉煌

您用自己的汗水，换取欢笑
您用自己的热血和青春，促升华
您用毕生的精力，感召至善至美的灵魂
望你
就望清了一方晴空
望你
生命永远是一方胜景
望你
……

望穿了
坚守本身就是一种美丽
如同那
鹰击长空，鱼翔潜底
象驰平原，驼走大漠
这不正如您坚守美丽的精彩演绎吗
多少次想提笔写下您的执着、美丽
而一切语言显得那么苍白无力

弹指一挥三十年
三十个春秋，一万多个日子啊
您坚守着一方净土，摒弃了一片世俗
您肩负着一份责任，摒弃了一份功利
您坚守着一种信念，摒弃了一份狂傲

您那赤诚的爱
唤醒了多少迷惘
哺育了多少自信
催发了多少爱的征帆
三十载
您——黑发积霜编织着日月，粉笔无言撰写着春秋
三十载
您——使多少幼苗破土而出，茁壮成长
三十载
坚守，等待
……
一树花开

山区义教，播撒爱的种子

支教生活给我留下了一生都难以磨灭的精神印记，那是我人生中最值得回忆、最触动心弦、最难忘的体验……

山路十八弯，经过五个多小时的长途跋涉，我们终于到达了广东省河源市与江西省交界处的和平县的第一个支教学校——红星小学。眼前的一切若不是亲眼所见，真的让人难以置信：山区小学竟如此简陋！一条横幅上写着“红星小学”几个大字，这就相当于校门。踏过泥泞的黄泥路，一栋破破烂烂的两层教学楼展现在眼前。看到远道而来的我们，孩子们显得惊喜、兴奋，纷纷从教室涌了出来。当我们拿出相机拍照时，他们黝黑的脸上马上洋溢出灿烂的笑容，小手做了个胜利的动作（原来他们极少拍照）。

跟着孩子们一起走过黄泥路，我走进了教室。教学设施极其简陋，黑板是用黑水泥抹上去的，讲台上只有一套小桌椅。那木头桌椅不知道已传了几代，显得特别古老、陈旧。不经意间，我发现这破旧的教室里竟然有架钢琴，显得有些格格不入。我不由自主地走过去仔细端详，发现这架钢琴是深圳福田中学捐赠的旧钢琴。钢琴上落满灰尘，不知已经多久没人打开过琴盖了。我转身去问：“孩子们，这是什么？”他们异口同声地说：“钢琴！”“听过钢琴的声音吗？”他们都摇头。原来，这里没有专门的音乐老师，孩子们只知道这是钢琴，却不知道这是乐器之王，更不知道这庞大的、黑乎乎的东西竟然可以发出美妙的声音。山区的孩子们没有音乐课本，从来没上过音乐课，难道不会唱歌吗？瞬间，我心里涌起无限酸楚。如果我能让孩子们喜欢唱歌，喜欢音乐，何尝不是一件乐事？酷爱弹奏钢琴的我实在忍不住了，掀开琴盖，顾不上键盘上的灰尘，开始演奏理查德·克莱德曼的《童年的回忆》《秋日的私语》……音准不准，音色低沉，但旋律还是在的。再转身时我才发现，身边围着自己的已不只是可爱的孩子，还有老师和村民。他们的眼睛中都闪现着奇异的色彩，也许真被这突如其来的美妙音乐给镇住了……此时此刻，面对大山，看着山区里黝黑又朴素、羞涩又可爱的孩子们，看着他们求知若渴的双眼，看着陈旧又简陋的教室，看着布满灰尘的钢琴，我有种给他们上音乐课的强烈冲动，我想把美好的世界带到他们面前。我开始讲述音乐家贝多芬的故事，接着教孩子们数拍子，打节奏，教他们唱最简单的《小星星》《两只老虎》。孩子们开始时不敢唱出声音，我不断鼓励已经唱出声音的孩子，努力纠正着他们的音准。一会儿孩子们都“吼”出声音来了，歌声完全覆盖了钢琴声。我提醒他们“唱”和“吼”的区别，而我形象的演示逗乐了他们，逗乐了其他老师。伴着钢琴声，他们终于唱得有腔有调了。

和孩子们一起，我忘了时间，忘了自己，忘了世界！那一刻，我知道我把孩子们带进了音乐世界；那一刻，我才真正感受到了当老师是多么快乐与幸福！

在欢乐的气氛里，我们没有休息，顾不上喝水，接着将阅读的种子播撒在红星小学。我们给孩子们讲了绘本故事《你看起来好像很好吃》。当我拿着绘本声情并茂地讲故事的时候，孩子们都被故事吸引住了，扑闪着的大眼睛让我看懂了什么是“求知的欲望”。渐渐地，好多孩子站到我身旁把我围住，我感受到了阅读与语言的魅力。我和孩子们一起走进恐龙时代，感受着恐龙之间温暖的爱与包容。之后我们又和孩子们分享了《晴朗的一天》，还和孩子们一起玩了绕口令、丢手绢等游戏。李老师给孩子们讲《梦想家威利》时，开场就问孩子们有什么梦想。除了一个孩子说他想当宇航员，其他孩子都腼腆地笑而不语。故事讲完再问这个问题的时候，孩子们都说出了自己心中美好的梦想。在分享《不来梅的音乐家》的时候正值下课，教室里的人越来越多，各个年级的孩子都有。印象最深的是其中一个五年级的女生学公鸡叫，学得真是惟妙惟肖！

音乐的魅力征服了孩子们的心灵，阅读的种子渐渐地埋入了孩子们的心田。短短半天的相处，同学们已经和我们渐渐熟悉了。在校园的任何地方遇到，他们都会笑脸相迎，送上一句“老师好”。学生围在周围东一句西一句的询问，让我们完全沉浸在满足与幸福之中。

我不会忘记山里的孩子们第一次看到我们外教老师时那种仿佛看外星人一样的惊异眼神，和他们那一张张尝试着说 ABC 的小嘴；我不会忘记孩子们看到新校服时那惊喜的神情；我不会忘记我发糖给他们时，那些期待的目光以及得到糖果后的满足的神情；我不会忘记那天下午太阳肆无忌惮照射下的红星小学的小操场上，体育组长晓东老师教他们武术操时他们的那股认真劲，以及那份执着与坚定。他们不断努力的样子是我前进的动力源泉。

时间过得飞快，要离开的时候，他们唱起了我教给他们的《小星星》《两只老虎》。在歌声中，在目送中，在挥动告别的双手里，在追着汽车跑的身影里，我真切地体会到了什么叫依依不舍……那一刻，我的眼泪被催出来了，我自责怎么就没想到来之前去超市多买些东西呢！我只能安慰自己：我带去的是比物品更为珍贵的东西！

我不会忘记那些洋溢着灿烂笑容的脸，不会忘记那条泥泞的黄泥路，不会忘记那群可爱的孩子，不会忘记纯朴、热情的村民！望着眼前的青山绿水，心灵一次次被洗涤，一股暖流涌上心头……我只想发自肺腑地对自己、对身边亲人、对好友说一声：好好珍惜拥有的！好好热爱生活！

第二天，义教的第二站是和平县龙湖学校。这是一所有着 3000 多名学生的九年一贯制学校，设施相对完善。但比起物质上的贫瘠，我更关心的是孩子们的精神生活。和龙湖学校陈副校长聊天时，我问起孩子们的课外阅读情况，她说几乎没有。问原因，她说县城里要排名，有考试的压力在，老师们除了书本上的东西没办法教别的……对于老师们因为教学压力、因为成绩排名在课堂上不愿意牺牲时间带学生进行课外阅读，我表示十分理解，我自己也曾经纠结过这个问题。除了悲哀，我不知道该说些什么。那一刻，我真切地体会到了自己肩负着的沉重使命。无论如何我都要让绘本阅读课成功！因为这节课的成功与否决定着老师们能否改变观念，决定着孩子们在小学、初中阶段是否有机会开拓阅读之路。

第二日早上，校长安排我在学校的阶梯教室给三年级孩子上了一节绘本阅读课——《你看起来好像很好吃》。面对三尺讲台下五六十双充满着渴望而欣喜的眼睛的孩子，还有教室后面满座的老师，我知道我应该拿出深圳特区教师的风范来。我带领孩子们一起讲“顺口溜”，做“青蛙跳”游戏。热身活动后，我和孩子们之间没那么陌生了。伴随着悠扬而舒缓的音乐，我开始讲故事，引导孩子们读图读文，引导他们展开想象的翅膀进入神奇的故事世界中。爱，如糖果般甜蜜，又如黄连般苦涩。孩子深深沉浸在“霸王龙”和“很好吃”之间爱与被爱的快乐中，领悟着“人与人之间交往的真谛就是信任、关爱和鼓励”这一道理。在我声情并茂的讲述中，竟然有一多半孩子感动得哭了。我知道，爱之花此刻在悄悄绽放……故事后来会怎么样呢？如果你是作者，你会怎么创设故事结局呢？我引导孩子们展开大胆想象，孩子们的奇思妙想引来在场老师的阵阵掌声。从孩子们娓娓道来的故事续写中，从听课老师肯定的眼神中，从他们充满信任的表情里，我深信：阅读的魅力，他们已经感受到了。这个绘本故事就像暴风雨后的一缕阳光，能给人温暖和幸福。语文老师的责任与义务不单是传授课本知识，更要引导孩子们走进阅读，语文老师要做孩子们阅读路上的点灯人……

在课后的座谈会上，龙湖学校的领导和老师对我们的课给予了高度评价。我们的两位老师结合所授课程传递了工作室大阅读的理念，分享了自己在阅读教学方面的心得，并留下了联系方式，承诺通过网络和龙湖学校的老师们分享更多的资料和心得。

展示课非常成功！孩子们下课了舍不得走，像小尾巴似的在背后跟随着我们。几个孩子缠着问我们什么时候再来给他们上课，还来找我们签名……这一切让我想起了自己小时候对老师的依赖。在这个拥有3000多名学生的学校里，孩子们的自信、阳光，给我们留下了深刻的印象……

湛蓝如洗的晴空、洁白如雪的云朵、连绵不绝的群山、蜿蜒流淌的溪水、淳朴善良的村民、纯真可爱的孩子……三天的支教生活转瞬即逝，所有的一切却深深地印在了我们的脑海里。在大山里，所有人的一哭一笑都发自真心，所有人的一言一行都出自良知，他们，其实也是我们的老师。

这段回忆，是我生命中一段非同寻常的美丽插曲。

孩子的眼泪

家长会结束了，学生还是跟往常一样，早读、做操……

回到办公室，查看昨晚家长们的到校情况，我看到签到表上只有一位学生的家长没来。我放下手中的表格回到教室，请小俊同学到走廊上。我轻声问道："昨晚你的家长怎么没来开家长会呢?"

话音刚落，小男孩的眼圈就开始泛红了。他低着头，结结巴巴地说："我妈妈每天很早去香港做清洁工，晚上很晚才回来，爸爸也很忙。"

"可是我们一学期才开一次家长会，你看其他同学的爸爸妈妈都来了，你爸爸忙什么?"

"爸爸要给别人理发。"小男孩头低得不能再低，大颗大颗晶莹的泪滴在他的眼圈里打转。我非常清楚，这孩子这么委屈肯定是听到别人的爸爸妈妈都来了，自己的爸爸妈妈却没来，以为爸爸妈妈不爱他。

"孩子，别哭呀！爸爸妈妈没来，并不是说他们不爱你……"我蹲下来，抚摸着他的头，想安抚他。我这样的举动似乎触动了他，他的眼泪终于还是涌出了眼眶，顺着脸颊无声地流淌。

"老师，对不起!"一个微弱的声音传进我的耳朵，他的声音很低很弱，若不是我蹲下来，根本听不到。多懂事的孩子，我还能责怪他什么呢!

"孩子，不是你的错，老师没有责怪你爸爸妈妈的意思，更不是要责怪你。因为老师说过了没空来的要写请假条或给老师打电话，但你的爸爸妈妈没有写请假条也没打电话，所以老师只是了解情况而已。爸爸妈妈很忙，你自己自觉点，回家主动完成作业，课堂上……"孩子静静地听着，情绪逐渐恢复平静，小小的脸上终于露出了一丝笑容……

铃声响了，目送着他回到教室，我的心情瞬间沉重起来。

看着孩子大颗的泪滴落下来，顺手帮他擦拭的瞬间，我真的百感交集。在深圳这座移民城市里，该有多少像他这样的孩子啊！爸爸妈妈为了生计，真的没有时间和精力顾及孩子的学习。更有的爸爸妈妈早出晚归，甚至连孩子的面都很难见上。

当太多纯真的笑脸和清脆的笑声环绕在身边的时候，我们总是习惯性地忽略了那些角落里的沉默。除了爸爸妈妈、爷爷奶奶，跟这些孩子接触最多的其实是我们这些老师！

人们常说：这世界上只有一样东西给了别人却不会变少，那就是爱。我是不是应该用更多的关爱来鼓励他们、关心他们？我是不是应该用自己的真心去贴近班上这53颗幼小的心灵？我是不是应该润物无声地走进孩子的世界，去温暖孩子的心？也许我的几句话语、些许鼓励、几声赞扬，真的能给予孩子莫大的鼓舞，让他们的学习更有劲头。

既为人师，就应该给予孩子爱的阳光，让他们的人生多一声欢笑，少一滴眼泪。

调教一群不怎么安分的“小羊”

近年来，随着山东杜郎口中学教学方式改革成功，“改变教与学的方式，提高课堂教学效率”的春风吹遍了大江南北。我也开始不断思考该怎么调教我们班那一群“小羊”。

教与学方式转变后的新课堂，主张把学习的主动权还给学生，主张通过对话、合作和展示来支撑有意义的学习。这就不禁让我们教低年级的老师，尤其是一年级的老师头疼了。别看一年级的小朋友一脸稚气、笑靥如花，却实打实的是一群不怎么安分的“小羊”啊。很多老师都说，一节课 40 分钟，如果能让学生安安静静地听上 15 分钟就已经很不错了。一年级孩子年纪小、好动、活泼，让这样一群看不住的小家伙自控都是件难事，又如何让他们愿意合作？我们戏谈这是“赶牛上树”。为此我曾伤透了脑筋，可最终还是下定决心采取措施调教这些不怎么安分的“小羊”。

寻找领头羊和牧羊犬

何谓领头羊和牧羊犬呢？领头羊和牧羊犬又各有什么作用呢？请听我一一道来。

领头羊是在羊群自己优胜劣汰、自我竞争中脱颖而出的，因而具有天然的崇高威望，是“权”和“威”二者自然合一的。羊群会充满信任、心甘情愿地跟着领头羊向前走，领头羊跑多快，羊群就跑多快。但是有一点，领头羊是靠“拉动”来带动羊群往前走的，它只管往前，后面的羊是否掉队它是不管的。而牧羊犬就不一样了，羊群在牧羊犬的驱赶下，会争先恐后地往前拥。牧羊犬是靠“推动”促使羊群往前走的，它不仅要管跑得快的，也要管跑得慢的，不让一只羊掉队，否则无法向主人交代。羊群跑得多快，和牧羊犬有关系，但又不完全取决于牧羊犬。

由此可见，领头羊起的是拉动作用，牧羊犬起的是推动作用。但什么样的人适合做“牧羊犬”，什么样的人又能成为“领头羊”呢？

针对我们班“小羊”较多的情况，我将其分为八个小组，每个小组六人，每个小组都设置正副组长。通常，正组长就是我们这里说的“领头羊”——成绩好，人缘好，具有较好的自控能力和领导能力；副组长就是我们所说的“牧羊犬”——成绩可能中等，但活泼、大胆、爱表现、爱管理小朋友。

领头羊侧重于战略：要去什么地方，该怎么走，自己想明白了就赶紧起程。因此，一旦老师布置了任务，这些“领头羊”会很快形成自己的想法，并告诉组员去落实，无形的就在整个合作学习中担起了“小老师”的角色。“牧羊犬”则不同，因为爱管人，通常充当的是为小组添色和监督执行的角色。

青草的诱惑

既然这是一群不怎么安分的“小羊”，那么要调教他们，就要给点“青草的诱惑”。那何谓“青草的诱惑”呢？可以分为以下三个层次。

点评诱惑和语言诱惑。这一层次是低层次诱惑，但在短期对孩子有较大的刺激性和激励性。例如，在第一小组展示完之后，教师先不做任何评价，而让台下的小朋友指出错误。通常在听到要指出其他小朋友的错误时，他们会特别积极和认真。小朋友一般只会充当“白脸”，尽找缺点，有时候甚至会把很小的毛病都找出来；而这时教师就要充当“红脸”，鼓励孩子，还要指出他们的亮点。譬如说称赞学生很有礼貌——在开始时能够介绍自己是第几小组，在展示完之后说“谢谢”，等等。其他小组通常都会留意老师点评的好的地方，在接下来展示时会学习其他小组的闪光点，还会以此为依据来评判其他小组展示得好不好。

奖品诱惑。孩子们都有很强的竞争意识，只要适当地给予一些奖励，他们都会乐于参与。通常我会每星期进行一次总分评比，分数最高的三组能够获得小礼品，奖品是一些小贴纸、小奖状或图片卡。当然，对小组长的惩罚和奖励是加倍的，这样有助于提高小组长管理团队的积极性。

表扬诱惑。这种方式需要教师和家长配合展开。如果哪一个小组表现得很好，除了当众表扬外，教师还可以在办公室或在课间进行私下表扬，并指出如果在哪方面稍微改进一下，会展示得更好。教师也可以在事后给家长发信息或打电话，告诉家长今天孩子哪里表现得好，让家长对孩子加以鼓励。

这种“青草的诱惑”，虽然不一定能对所有“小羊”起作用，但是至少可以刺激大部分“小羊”。孩子爱竞争，爱被表扬，采用这种方法可以通过奖励这大部分的“小羊”激起另外那些“小羊”的竞争意识，来达到教学目的。不断地反复使用这些方法，不仅能够提高教学效果，而且有利于帮助孩子形成良好的习惯。

反复指导领头羊。在刚开始进行教与学转变的时候，很多小组长即使被选出来了，也不知道自己的责任是什么、该干什么。所以，一开始我并没有急着布置任务，而是从预习着手，每天布置预习和背诵任务，然后让正副组长负责检查组员完成的情况。一个星期后，我开始布置小组任务，因为这时候小组长已经有了一定的责任意识，工作比较容易开展。下课后，我会把小组长叫到办公室，对他们在展示任务时存在的问题加以分析，并给出建议，反复强化他们的领导意识和责任意识。持续一段时间后，小组长会自行反思，学习别人的优点。受教室空间的限制，我们班各组学生不是坐在一起的，每次讨论都有些麻烦。有一次看到井铭硕小朋友带着自己的小组下课后自行在教室外的石凳子上讨论时，我真的吃了一惊：这些孩子什么时候那么自觉啦？他们自觉性在提高，跟小组长的带领有很大的关系，真让我倍受鼓舞。

任务的反复。一年级小朋友年龄小，可操作和能够展示的活动并不多，但是重复几次后，他们就能形成自己的行为方式和思维方式了。当然这比较花费时间，因为小朋友们不理解，一开始也闹出很多笑话。一旦习惯后，他们就开始乐于参与，还老是提醒我今天哪个环节还没进行，或是哪个小组还没展示之类，之后的教学就较为轻松了。

手势、口号反复。这听起来有点怪诞，却是有成效的，譬如在活动开展之初，我们请其他小组的成员上来时，台下的小朋友就会集体说："快快快，不要像个老太太；快快快，不要像个老黄牛。"或用英语倒数："ten，nine，eight，……zero。"在这种气氛下，其他小组的成员就会不拖拉，迅速上台。对获胜的小组，他们会说："好好好，这个小组真好；棒棒棒，这个小组真棒!"对表现不太好的小组，他们会说："差差差，下次再也不考差；棒棒棒，下次一定要更棒!"虽然这只是细节问题，却也可以影响一节课的进度和孩子们学习的兴趣。

万事开头难，教与学相结合的方式虽然有点困难，但花点心思还是能够进行的。当然，常规教学是不能否定的，毕竟孩子的能力有限，传统的教学方法其实还是有很大优势的。因此，教与学的转变离不开传统教学。

调教一群不怎么安分的"小羊"任道重远，并非一朝一夕能够完成。路漫漫其修远兮，吾将上下而求索。

回忆的告诫

作为老师，我自然明白课堂上赞美和赏识的重要性。

那是一堂公开课，我不断地抓住孩子们回答时的亮点，给出的赞美如同镁光灯一样闪烁不停。孩子们激情四溢，我也为课堂上高涨的氛围而沾沾自喜。

当我又一次抛出问题时，一个坐在角落里的小女孩胸有成竹地举起了小手，一脸的郑重。我叫起了她，她的回答很精彩，我兴奋地快步走向她。

“你的奇思妙想连老师都自愧不如，能告诉我你的大名吗？”

她腼腆地一笑，红着脸告诉了我。我边与她握手，边告诉她：“我记住你的名字了！”

……

在我接下来的鼓励和赞美里，课堂气氛达到了高潮。我觉得自己对赏识和表扬运用得恰到好处，超出了预期目的。我陶醉在行云流水般的课堂流程中，在一片掌声中结束了公开课教学。

我收拾好书本和教具正要离开会场，只见那个小女孩，那个我告诉她已经记住了她的名字的小女孩，拨开众人兴冲冲地向我奔来。她走到我面前，仰起小脸，眼睛里闪烁着异样的光彩。

“老师，您还记得我的名字吗？”

“啊？……”

我被这突如其来的问题弄蒙了：是的，我上课时的确问过她的名字，还信誓旦旦地告诉她记住了她的名字。而事实上，因为急于完成教学任务，我早已把她的名字忘到了九霄云外。我尴尬地立在那里，不知如何是好。

“哦……我好像记得你叫……”我嗫嚅着，看着孩子眼里的光彩一点点黯淡下去。“您不是告诉我已经记住了吗？”在孩子的质问声中，我感到脸上热辣辣的。

“对不起，老师忘了，能再告诉我一遍吗?”

“王昌静!”孩子又一次扬起了小脸。

“王昌静！和唐代大诗人王昌龄只差一个字，这回，老师真的记住了。”

“再见，老师!”

女孩兴奋地冲我笑了笑，转身跑开了。我站在偌大的会场里，望着那个一蹦一跳的身影渐渐跑远，觉得自己像是一个不折不扣的大骗子，为了赢得孩子在课堂上的最佳表现，尽管满面春风地表扬了他们，却根本没往心里去。如若不然，我怎么会记不住女孩的名字呢?这哪里是表扬，简直可以说是在作秀!

事情虽然已过去近十年了，但是那个女孩扬起的小脸和她告诉我名字时的样子已深深植入我心里，时时提醒着我，告诫着我：教育上来不得半点虚伪与虚荣!

三个小意外

意外一：阅读课的魅力

上周五下午上完第一节课后我正准备休息，有位老师临时有事，要我帮她看一节二年级的课。我答应了，打算让孩子们看看动画片或写写作业，自己也趁机休息一会儿。

上课铃响了，我迈着轻盈的步子朝二年级（3）班走去。一走进教室，孩子们见我踏上讲台，马上端坐整齐了，精神抖擞地等着我上课。那一双双专注而充满求知欲望的眼睛望着我，我忽然觉得大好时光看动画片实在太可惜了，于是临时决定给他们讲三个绘本故事《你看起来好像很好吃》《失落的一角遇到大圆满》《生气汤》。他们个个听得认真，也被故事内容给吸引住了，时而笑声阵阵，时而紧皱眉头，时而因感动而眼圈泛红……时间过得飞快，下课铃响了，我们都意犹未尽！

今天一早升完旗，有个非常腼腆的小男孩跑到了我的办公室，问我："老师，你什么时候上我们班的课?"我压根儿没听清楚他在说什么，半蹲下来询问，小男孩重复了一遍。这回我终于反应过来了：原来他是那天听我讲绘本故事的二年级（3）班的孩子。我告诉他："老师不上你们班的课啊!"我话音刚落，就发现自己说错话了：这样的话挺打击孩子的。我抚摸着他的小脑袋，马上补救："你叫什么名字?"他告诉我他的名字之后，我看着他，把他的名字重复了一遍——资俊哲，"哈哈，老师记住你了！有空的话老师去给你们讲故事或你有空的时候来老师办公室，老师单独给你讲！好吗?"小男孩点了点头，离开了我的办公室。望着他远去的背影，我不知道小男孩心里此刻是喜悦还是遗憾，但我知道他心灵深处那颗"阅读的种子"已经发芽了。

上午第一节课下课了，我们三年级（4）班教室门口有十多个女同学围拢着，正等着我。我看过去，才知道是二年级（3）班的孩子。我走出教室时，她们簇拥而上。我问她们："怎么知道我是三年级老师呢?"她们天真地回答："一个教室一个教室找到的。"我不知道用什么样的语言来形容那一刻我的心情，只觉得世间最美的声音也比不上孩子们此刻纯真的话语，心里暖暖的，幸福满满的……

一节阅读课竟然有如此魅力，我真的很意外！我也不知道自己算不算播种了星星点点的温暖、柔软和光明。那节绘本故事课如果能使孩子们爱上阅读，喜欢绘本，也算是功德无量了！作为一名语文老师，如果只让我做一件事，我会选择把阅读带进孩子们的心坎，让他们爱上阅读。

意外二："老师，我成功了！"

刚接管一个新班级，心里总是不由自主地充满希冀。梳理好十几年来的教学经验，我选择带着满腔热忱、百倍信心投入班级工作。然而教育这条路本就曲折而漫长，遇到的学生、出现的教育问题也总是熟悉而又陌生……

今天，天气忽然转凉，当我匆忙走到教室门口时，广播已经结束了。"老师!"不知道是谁在背后一把抱住了我。刚匆匆忙忙从家里赶到学校再跑上三楼还在气喘吁吁的我，差点被背后这沉重的"负担"弄得后仰倒地，还好腰没闪着。我转身一看，又是他——小兴，一个非常好动的孩子。开学第一天，我刚走进教室不到两分钟就认识他了：五分钟都坐不住，让所有任课老师都头疼……我正想大声呵斥他这样的举动非常危险，他就笑了。他扑闪着两只会说话的眼睛，神采奕奕地说："老师，我成功了！今天中午听广播时我一句话都没说，可以奖励小红花了……"他似乎等待着什么。我心里"咯噔"一下，瞬间明白了，原来他不是做恶作剧，而是超越了自己，因体验到了成功而兴奋，他是想得到我的表扬与肯定。

他，是全班第一个收到我礼物的小男孩。为他，我送出了珍藏多年的小礼品，从开学到现在什么招数都使出来了，就等着他能上进、能管住自己的嘴巴和行为。如果我这时候呵斥他，也许明天的广播时间他坐不到五分钟就开始说话、离开座位；如果此时的我压抑住心中的怒火给予他鼓励与肯定，也许明天中午的广播时间他不但不会乱讲话，甚至能看书了。

每个孩子都是颗充满生命力的种子，只不过各自的花期不同。有的花，一开始就灿烂绽放；有的花，需要漫长的等待、细心的呵护。我真的应该多点耐心，多点爱心，去拯救行为偏激、管不住自己的孩子。

我不应该去拔“小刺猬”身上的刺，而应该让他身上的刺一根一根自动凋落。看着这双清澈的明眸，我起初的怒气瞬间烟消云散了……

意外三：家长打来的电话

我正准备端起饭碗，电话就响了。这时候打电话的，十有八九是家长，我接通了电话。

“詹老师吗?”

“是的，您是哪位?”呵呵，还真是家长。

“我是那天听你讲绘本故事展示课的三年级（2）班学生的家长。”

原来不是我自己班的。会是什么事呢？难道孩子打架了？我心里“咯噔”一下。

正纳闷着，家长解释了：“您的课讲得太精彩了！我们非常感动！当时我们坐一起的几位妈妈感动得眼泪都流出来了，我非常想把孩子交给您辅导，您开办阅读辅导班了吗？我可以请教您关于孩子阅读的问题吗?”

“啊！没有办班哦，不好意思！阅读是挺重要的……”我耐心跟这位用心的家长讲了阅读的重要性，又和她探讨了怎么引导才能帮助孩子爱上阅读、写好作文。

挂上电话我才发觉，今天竟然有三个意外收获。我索性打开电脑，开始在键盘上敲打了起来……

教育真的是魔术，我得做个高明的魔术师！

送你一抹清晨

今天是开学的第一天，我迈着轻快的脚步奔向学校。冷清的校园恢复了往日的勃勃生机。瞧！熟悉的身影又开始忙碌起来了：同事们或英俊潇洒或婀娜多姿，孩子们脸上洋溢着熟悉的笑容，三五成群谈笑风生……

来到教室，我发现孩子们一个假期长高了不少，也结实了不少，稚气的小脸有点长开了。一见到我，教室里一下子安静了下来，所有目光齐刷刷地看着我，等待着我开口说话。我扫视了一下教室，目光停留在没来的同学的座位上。班长马上开口道："詹老师，李浩转学了，他们全家回老家了……"班长汇报完毕，我示意他坐下。学生有如我的孩子，我总希望他们玩累了，都能回到我身边，我想念那个转学的孩子，但更多的是对他的祝福。作为班主任老师，在学校打交道最多的其实就是这五十多个孩子。有了他们，我的生活才多姿多彩，看着他们不断进步与成长，我才有了成就感，心也才不再彷徨……

分开两个月，我似乎有许多话要叮嘱，有许多要求得重新梳理，也有许多纪律得重新树立。我也开始千叮咛万嘱咐："孩子们，开学了，你们做好准备了吗？新的学期，新的起点，要让散漫离我们远去，尽快让自己重新适应校园生活，让充实与快乐的学习生活回到我们的身边……"

企盼着，憧憬着……

鼓励他们是我的职责，"忽悠"他们也是我的嗜好。孩子们的欢声笑语每天都激励着我，鼓舞着我，让我得以有勇气陪伴他们成长，陪伴他们走向未来。他们也许还不知道我此刻的心情，他们是我人生道路上的一朵朵散发着芳香的花，有了他们，我的人生才充满欢乐，充满幸福，充满乐趣，充满希望。看着他们进步与成长，我便有了成就感，而这成就感同时也鞭策着我不断成长。

真正好的教育，带给学生的不仅是优秀的成绩，更是绵长而持久的力量！

新的学期，新的期望，身为班主任的我该对自己提出什么样的要求呢？我们能教给孩子什么呢？

慢慢地陪着他们走，让他们爱上阅读，让他们更自信，更自强！继续用我的慧心、爱心、耐心鼓励他们，赞美他们。不说教，用实际行动潜移默化去影响他们，帮助他们更顺利地成长！蹲下来，多聆听孩子们的心声，让他们做最好的自己，让他们的羽翼更加丰满……

用爱打开封闭的心灵

身为教师，我们必须用一颗赤诚的师爱之心，让学生体会到老师的无私与坦诚，也让我们自己体会到“爱人者，才能为人所爱”的真谛。要打开学生的心扉，取得学生的信任，首先须把“爱”播撒在学生的心田上。因为思想教育之船必须借助感情之水，才能到达成功的彼岸。

开学的第一天，一年级（2）班有一个小女孩在教学大楼里东一头西一头地转来转去，找不到自己的教室了。我正好遇到了她，就给她指明了去教室的路。我发现这是一个长相清秀的小女孩，她的脸上却带着一种茫然的神情。在几分钟的谈话中，她不停地东张西望，显得焦躁不安。

这个女孩就是黄晓玲，有着一双清亮的眼睛，可是好像老是听不懂别人的话。后来，班里学生告诉我，黄晓玲很少与同学讲话，更不喜欢和同学玩。渐渐地，我也证实了学生的说法。每天下课，黄晓玲总是默默地守着自己的座位，周围是闹着、笑着的同学，可她只是远远地看着，似乎每一个同学都忘记了她的存在。

黄晓玲的内心世界是否也像她的外表一样混混沌沌呢？打开她的本子，我却发现了她伶俐可爱的一面：本子里画满了各种美丽的小花、小动物，还配有对话，虽然简单，但充满了想象力。可以肯定，她只是与外界少了一座沟通的桥梁。

该怎样帮助黄晓玲从封闭中走出来呢？

黄晓玲长期处于“孤岛”状态，因为没有人需要她，所以她也只能封闭自己，孤立自己，甚至害怕与外界接触。现在只有真诚的鼓励和关注才能铺设一条能到达她心灵城堡的必由之路。

于是，在课堂上我尝试着用眼光与她沟通。开始，她浑身不自在，不适应有目光在她身上停留，但是我仍接连不断地传递着一个又一个期待的信号：你学得很认真，这问题你会回答吗？在无数次信号中断之后，我终于看到了希望：她终于犹豫着举起了手。当她用轻得不能再轻的声音回答时，教室里一下子变得鸦雀无声。黄晓玲终于踏出了可喜的第一步！

在我的带动下，班里有几个热心的同学开始悄悄地走近黄晓玲，他们拉着她去做游戏、跳橡皮筋。虽然她显得很不自在，但可以看出她很高兴。

我决定多给她提供一些锻炼的机会，培养她的胆量，增强她的自信心，融洽她与同学的关系。于是，在一次队会课之前，我提议让黄晓玲到时候给大家讲一个故事，并要求她先回家好好准备。没让大家失望，在队会课上，她讲的故事很感人，同学们对她投以赞许的目光，报以热烈的掌声，黄晓玲第一次露出了灿烂的笑容。

自那以后，黄晓玲不再是一座“孤岛”，她变得开朗了，活泼了，会说话了！

在一次诗朗诵上，她甚至敢向成绩好的同学挑战，虽然声音较小，但朗诵结束后，全班爆发出了热烈的掌声。

黄晓玲终于走出了封闭，找到了自我。她成功了。

一名称职的老师不能满足于所谓“摸着石头过河”的经验，也不能停留于“跟着感觉走”的实践，要做的应该是给学生以温暖，让师爱在学生心中生根发芽……

育苗茁壮园丁喜

赵朴初的《金缕曲》曾对教师做出了很高的评价："幼苗茁壮园丁喜。几人知，平时辛苦，晚眠早起？燥湿寒温荣与悴，都在心头眼底。费劲千方百计。他日良才承大厦，赖今朝血汗番番滴。光和热，无穷际。"然而，要真正做到"燥湿寒温荣与悴，都在心头眼底"，并非一日之功。

刚踏上教育征途、童心未泯的我，常与学生一起游戏、一起活动，常常与他们促膝谈心，了解他们，关心他们，慢慢地发现了他们闪光的心灵，打开了他们的心扉。记得那一天，我的一个学生在我的备课本中夹了一封信。

敬爱的詹老师：

此时此刻，我想说的一句话是"老师，您辛苦了，谢谢您"！您可知，是您的哪一句话改变了我的人生？我不想说，您是蜡烛，给我带来了光明和希望之光，还有永藏心中的不灭的力量。我不想说，您是那希望之道上一颗极不显眼的铺路石，不言不语，却给了我信心与希望。您毫不吝啬地将自己的光辉散尽，只为了给一个个迷茫的孩子指引光明……

老师，您嘶哑的声音比世间任何甜美的声音更动人，因为您的每一个字、每一句话都倾注着、流露着您的深情，都是爱的倾诉；老师，您眼中的红血丝无声无息给我们描绘了世间最漂亮的一道风景线。

啊！老师，我真想告诉月亮，告诉太阳，您永远是我心中那颗最亮的、最闪烁的星。

老师……

您的学生：×××

我无法用语言来形容第一次看到学生给自己写的信时的感受，那一刻我只觉得世间所有的付出都是看得到结果的。

这名学生性格孤癖，动不动就与其他同学打架，不做作业，批评他两句他动不动就把头一扭，理也不理，过后仍旧我行我素。一些老师说，他是一块定了型的顽铁，在他身上下功夫也是白费劲。开始时我想撒手不管，继而又想，班里的每一个学生就像机器上的零件，哪个锈了也不行。于是，我深入学生中和学生谈心，了解他的情况，才得知他的爸爸妈妈离婚了，爸爸整天酗酒打牌，稍微不如意就对他拳打脚踢。是冰冷的家庭扭曲了他的童真。他恨自己的爸爸妈妈，妒忌家庭温暖幸福的同学，性格也变得异常暴躁。得知这种情况后，我在以“关心同学”为主题的班会上说：“他有一个不幸的家庭，但他应该有一个温暖的集体大家庭。‘互相关心、同甘共苦、携手共进’是我们的主题，有缘成为同学，无论谁有了困难，我们都要向他伸出温暖的友谊之手……”自此以后，同学对他的态度不一样了：他的一个本子未用完，另一个本子已悄然送上，还有同学献上自己的复习资料，帮他辅导功课。在真情的感召下，他变了，他的爸爸也转变了，开始关心他的学习了。

一次捐款活动，他把平时积攒的零用钱全拿了出来：一元、两元、五元……同学们也纷纷献出自己的爱心。看到这激动人心的场面，我的泪水盈满了眼眶。渐渐地，所有学生融为一体，不分彼此。关心和爱心增强了班集体的凝聚力，增进了同学间的友谊。他在变，同学们在变，整个班级在变。终于“乱草窝”里的红花开了，“马蜂窝”成了“区优秀文明班”。

幼苗茁壮园丁喜，这可真道出了老师的心声。身为人民教师，我们应该扬起生命的风帆，让学生幸福地航行在充满爱的海洋之中；应该树立“为学生而活着”的人生观，尽自己的最大努力把攀登者送上九天，让有志者渡过学海，到达彼岸；应该帮助迷途中的孩子从迷茫中解脱出来，引导他们顽强地追求，勇敢地探索。

真诚的情　永恒的爱

爱，是人世间最伟大的情感；爱学生，更是一位教师的天职。“没有爱，就没有教育。”从踏入教坛的第一天起，我就把这句话作为自己的座右铭，立志用爱的春风鼓起学生理想的风帆，用爱的春雨滋润学生求知的心田，用爱的温暖融化学生心中的困倦。

一、教师的爱应该是博大的

行走在菁菁校园，教师的一言一行、一举一动都应该渗透着教育的思想，折射出爱的光辉——从教十年来，我一直在第一线担任班主任和语文教学工作。每天，我跟着学生一起早读、一起做操，一起打扫卫生……事无巨细、亲历亲为，努力用自己的行为作表率，唤起孩子们的自主行动。课间，我和学生们一起聊天、玩游戏，在一种轻松愉悦的交往氛围中，既赢得了孩子们的信赖，又寻找到了开启孩子心灵之门的金钥匙。

二、教师的爱应该是公正

伟大的教育家陶行知曾经说过：你的教鞭下有瓦特，你的冷眼里有牛顿，你的讥笑中有爱迪生。为了未来无数的瓦特、牛顿、爱迪生，我将自己的满腔热情都倾注给我的每一个学生——我坚持为后进生补课，和他们一道攻克知识的难点；我经常提醒体质差的同学多去操场上加强锻炼；还自己花钱买了不少学习用品，奖给各方面取得进步的学生；而对待班里那几个“淘气包”，除了适当的批评教育，更多的时候，我会悄悄走过去，摸摸他们的小脑袋，给他们以温柔的提醒……

班里有孩子生病了，我便多了一双关心的眼睛，嘘寒问暖、无微不至。一个冬天的早晨，我一进教室就看见一位身体瘦弱的小女孩在剧烈地咳嗽，我知道她的先天性哮喘病又发作了。我快步走过去，心疼地把孩子抱在怀里，轻轻地拍着她的后背。孩子咳嗽不止，把刚刚吃进去的早餐全都吐到了我的身上，我心爱的连衣裙脏得不成样子，还散发出难闻的气味。那时那刻，我的心里虽然有点埋怨，但没有一丝嫌弃，表现出来的是对孩子的深深怜爱。后来，这个孩子的病情加重，不能到校上课，只能休学在家。我多次给她打电话、多次上门家访，和孩子成为朋友。我经常陪她聊天，辅导她认字、写字、读课文、写日记，教她查字典、帮助她掌握自学的方法。碰上节日，还会带上精心挑选的文具、课外书和喜气洋洋的彩色气球，给这个在寂寞中养病的孩子送去节日的问候和祝福。三个多月以后，病愈的孩子回来了，看到她自信地坐在同学中间，每次测试都取得优秀的成绩，我和她的父母都由衷地感到高兴，孩子的父母更是对我和我们新沙小学充满了信任和感激。

三、教师的爱应该是无私的

多少个夜晚，当人们坐在电视机前欣赏精彩节目的时候，我还在灯下认真地备课、写自己的感受；多少个假日，当人们结伴同游、尽情嬉戏的时候，我静静地在图书馆里度过了许多难以忘怀的时光。结婚的那天，我上午和丈夫去拿结婚证，下午就回到学校给同事和学生们送喜糖。

只有真诚才能换取真诚，只有理解才能换取理解，也只有爱才能换取被爱。我相信：当我们把无言的爱伴着汗水融进风雨，当我们把辛勤的耕耘随同丰收的期盼融进血液，我们收获的将不仅仅是累累硕果。

我忘不了疲劳时，孩子们问询关切的目光，忘不了天热时孩子们替我擦去脸上的汗珠；也忘不了那些偷偷放在讲台上的矿泉水、润喉糖……而那些写在日记里、贺卡上的“我最喜欢上语文课”“我最喜欢詹老师”“老师，我要感谢您”……这些激动人心的话语，更是让我泪盈双眼、铭记一生。

不知从什么时候开始，学生已经成了我生活中不可分割的一部分。我喜欢，喜欢看他们背着书包欢快地走进教室；我喜欢，喜欢捕捉他们一举一动流露出来的童真。看着这么多孩子在自己的视线中一天天长大，我觉得：教育，真的是一件很有意思的事！我应该感谢我的学生，是他们把这些有喜有忧、有笑有泪、有花有果、有香也有色的五彩缤纷的日子带给了我，是他们为我构筑了一方坚实的精神家园，赋予我如此充实丰满的人生……

目睹同事们兢兢业业、默默奉献的身影，我觉得：自己还做得很少、很少！我还记得校长和学校行政在节假日里奔走校园、共谋学校发展的动人场面；还记得孙耀凤等老教师给我们年轻一代的关心呵护；还记得徐久钰、徐伟萍等骨干教师经常加班加点、以校为家的感人情景，也记得钟媛等年轻教师谦虚好学、积极进取的点点滴滴……

我热爱教育事业，我更爱我的学生。我时常这样想：也许，我劳碌一生也踏不上特级教师的领奖台；也许，我奋斗一辈子也成不了叶圣陶似的教育家。但是生命，即使平凡得像一片树叶，也应该春有春的新绿，秋有秋的苍翠。既然选择了教师这个光荣的职业，我就应该用最真诚的爱去搭建一座通向未来的平台，为我和我的学生们谱写出一曲洒满鲜花和阳光的生命乐章！

若我能用赏识的眼光看待孩子

这个暑假，读了《赏识你的学生》一书，感受颇多。全书用许多生动的案例诠释了“期待效应”试验、“需要层次”理论、“多元智能理论”等教育理论知识，阐释了实施“赏识教育”的重要性、可行性，通过一个个令人扼腕叹息的教育故事，喊出了教师要善待每一个生命的教育理念。作为一线班主任老师，若我能一直用赏识的眼光看待孩子，那么教育效果必定今非昔比。

一、让人人都享受一份关爱

德育需要一种宽松、宽容和温馨的环境，对学生偶然的错误和闪失，不要过分求全责备，因为教师偶尔也会有背离道德的言行。学生在形成良好品行的过程中，尤其需要教师的关爱。爱，是一种重视，一种呵护。我们要站在珍视每个生命价值的高度去关爱每个生命个体的成长，像呵护荷叶上的露珠一样，去保护学生的自主发展权。我们要重视每个个体的存在，每个人都是同样重要的。所有的人都应该得到发展，不管是优秀的，还是发展有困难的，甚至是家庭特殊的，要不带任何功利的

心理学家威廉·杰姆士说，人性最深层的需要就是渴望得到别人的欣赏和赞美。因此，当教师能够以“赏识”的言行对待学生，就会激励起学生无穷的勇气，唤醒他深埋的潜能，鼓舞他向着成功之路大踏步前进。而要让教师拥有“赏识”这一法宝，根本就是要激发起教师的爱，让教师出于爱来工作，而不仅仅把教育当成一个职业或是一种谋生的手段。“疼爱自己的孩子是本能，热爱别人的孩子是神圣!”没有爱就没有教育。教育中倾注了爱，教师就会用欣赏的眼光看待孩子，欣赏孩子每一个幼稚的想法和行为。教育中倾注了爱，教师就会以宽容之心对待孩子，理解孩子身上存在的不足。教育中倾注了爱，

教师就会理解、接受、运用“赏识”这一有效的教育手段，在教育的花园中耕耘

二、让人人都享有一次机会

“以人为本”“一切为了每一个学生的发展”是新的课程理念。每一个学生的潜力是巨大的，而发展潜能的金钥匙就是自信心。学生在形成良好的品行过程中，尤其是后进生特别需要教师的鼓励和表扬。鼓励和表扬的力量大于批评和处分的力量。学生在校接受教师的表扬和赞扬中，他会自觉地放大自己的优点，对自己表现出强烈的自信，极力使自己变得优秀，一些不良的品行也会在不知不觉中消除。针对学生的特点进行赏识。“赏识”这个词，《现代汉语词典》给出的解释是：认识到别人的才能或作品的价值而予以重视或赞扬。这就告诉我们每一个教育者都必须首先认识到学生的才能，然后再予以重视和赞扬，要有针对性。也就是说并非“拉到篮里就是菜”，胡乱指着学生的某一言或某一行大加赞扬、夸奖之能事，而是针对学生的特点进行赏识。赏识是一门艺术、一门学问，是教师的一门必修课。教师要通过不断的钻研、深入的学习，掌握赏识这一有效手段，并在适当的时机、合适的场合发挥其最大的作用。

三、赏识不是万能的，但可以接近万能

《赏识你的学生》中无数的成功者的经历都告诉我们：外因并不是决定因素，内因才决定了事物的最终走向。学生的成长应该是学生自己的事，只有调动和依靠学生自身积极因素才能真正做到。美国作家巴德·舒尔伯格七八岁时写了第一首诗，母亲对他的评价是“精彩极了”，父亲的评价恰恰相反：糟糕透了。从母亲的“赏识”声中，他得到了爱的力量，那成了他今后灵感和创作的源泉；从父亲的批评声中，他得到了警告的力量，于是不时提醒自己“小心、注意、总结、提高”。在这两种力量的鼓励下，他终于成为一个著名的作家。透过这个事例，我们可以认识到，赏识是很多促进学生成长的催化剂中的极为有效的一种，它能够激励、唤醒、鼓舞学生内在的积极因

素，从而使很多的不可能成为可能。

很多时候，我们怨天尤人，埋怨学生不够聪明，埋怨好心得不到好报，静下心来，想想平日里那些毫不起眼的孩子，那些尽惹我生气的宝贝，原来也都有可爱的一面。猛然醒悟：其实，每一个孩子都有自己的闪光点，只是有时匆忙的步履，泥泞的心情遮掩了我们的双眼；烦琐的工作，忙乱的头绪，钝化了我们的敏锐；成绩的镣铐，升学的压力扰乱了我们的心智，所以我们看到的，更多的是学生的缺点，而忽略了那一双双天真的眼睛，那一颗颗纯洁的心灵。他们需要老师的关心和认可，需要老师的呵护和鼓励，即使因为无心犯了错误，也需要我们的老师温和地指出，他们需要的是引导而不是指责，是真诚而不是伪善。他们是成长中的孩子，需要尽情地沐浴阳光，吸吮雨露，需要风雪的磨练，鲜花的簇拥。他们是最为敏感的一个群体，能准确地识别老师对他们的帮助是出于关爱还是仅仅是功利的表现。所以教育应该是牵手，是澄明，是温情，是质朴，是师生间的彼此信任，相互尊重，互相理解。所以要学会赏识你的学生，先学会从心底去爱他们。

赏识学生，把他们当作自己的孩子来看待，挖掘他们的闪光点，理解学生、相信学生，不断地鼓励表扬他们，我想我们也一定会得到皮格马利翁效应的。美国著名心理学家詹姆斯说过这样的话：“人性中最深切的本质就是被人赏识的渴望。”无论年龄大小，地位高低，人们都希望得到别人的不同，都不会拒绝别人的赞扬，来自别人的赞扬或奖励，都会令被表扬者产生愉悦的情绪体验，那么学生也一定会朝着你引导的方向前进的。

爱孩子，就用赏识的眼光看待他们吧！

以平和的心态对待学生

作为一名小学教师，我们每天都是在与一群“小精灵”打交道，他们由于家庭出身、生长环境以及后天教育的不同，在基本知识、道德品质、劳动技能等各方面都存在着差异。

师范毕业后的第二年，我接手了六年级的一个“特殊”班。这个班的学生由于种种原因都不爱学习，一开始我的心理压力挺大的。那时小学升初中还要统考，因为担心学生考不好，我就开始努力，只要有空隙就钻，几乎把其他自习课都用来教学了。刚开始只是部分学生有意见，但看到自己的成绩有进步，也就没多说什么。时间长了，不少学生就有抵触情绪了，开始不想学了。碰到这样的学生时，我总是苦口婆心地跟他们讲道理，但他们根本听不进去，不做题不听讲，老是跟我作对，有时还在课堂上捣乱。更令我痛心的是几个学优生竟然也在课堂上传字条，上面写着：“老师变态了，想把我们累死。”我当即就对着这群孩子大发雷霆。学生从没见我发过这么大脾气，教室里马上变得死一般安静。回到办公室后我觉得很委屈：我付出了那么多努力，花了那么多心血，却不被他们理解。那时我感到心灰意冷，而后一个星期我在语文课上都没有讲课，只让他们自学。后来班干部代表全体学生来向我道歉，经过一个星期的思考，我的火气早就消了，也对自己的一些做法进行了反省，同时也找了班里的一部分同学进行座谈，了解他们的想法。有个学生说：“我们好累，每天都上那么多节课、做那么多题，我们也知道老师是为我们好，但您从来都没想过尊重我们，只把我们当作一台接受知识的机器。”我听了这些话之后触动很大，没想到学生会说出这样的话。是啊，学生也是人，也需要他人尤其是老师的尊重和理解。后来我在班上郑重地向孩子们道了歉，并表示以后不会再占用他们自习课的时间。经过这件事，我改变了我的做法，每天都认真备好课，充分利用好 40 分钟，在课堂上采分层次教学，同时经常跟学生进行沟通，了解他们的想法和学习情况，对有困难的学生进行及时的辅导，竟收到了意想不到的效果。通过这件事，我改变了许多，同时也深刻地认识到：要尊重孩子，理解孩子，把他们当成大写的“人”来看待。

让我们对学生多一分理解，少一分苛求，用平等的心态多去想想他们的难处，让学生多一点思考的时间，多一些活动的空间，多一点表现的机会，多一点体会成功的喜悦，让他们在校期间能受到良好的教育，身心得到健康的发展，成为一个会学习、会生活、对社会有所贡献的人。

见证成长

我常常想，作为基层的教育工作者，要时刻提醒自己做好『护花使者』，更要清楚自己的一举一动都会对孩子产生影响，甚至会影响孩子的一生。我愿自己能用真诚的关爱照亮孩子的每一天，能用温暖的双手牵引他们走好每一步！

旧梦升起的地方

文/詹雪莲

附小，我心中理想的学校，她很美，很纯，很雅。

——题记

美，她四季如春，风景旖旎，精致如画；

纯，她笑脸灿烂，温馨和谐，蓬勃向上；

雅，她上善若水，底蕴丰盈，海纳百川；

她是创新的摇篮、英才的沃土；

她是知识的圣殿、学生的乐园；

是我圆梦的地方……

“峥嵘山上毂溪流，钟灵毓秀，群英相聚乐悠悠，风雨鸡鸣候。”这是我理想学校的写照。2016 年 9 月，我怀揣着做优秀辅导员的梦想来到附小。在这里，每天都在发生美妙的变化：那粉嘟嘟的小脸蛋，那撅起的小嘴儿，还有那活蹦乱跳的身影，都真真切切地印记在我的脑海中，成了我生命的剪影……他们像一支支淡雅高洁的康乃馨，沁人心脾；又如一朵朵芳香馥郁的栀子花，洁白无瑕；更像那满天璀璨的星星，点缀着我的生活，给我平淡的日子添彩生姿。

她很美

附小，我理想中的学校，她很美。

这里的每一片绿叶和花蕊、每一缕春风和阳光都写满了教育的新篇章。她有着朝阳似火般的温暖，有稻浪般丰收的味道，有古典质朴中国风的气质，还有丰厚的人文底蕴和小桥流水般的情韵。这里的每一笔勾勒，每一抹痕迹，都流淌着一种高贵、典雅与美丽。她如一幅绚丽多彩的画卷，恰似一首动听的乐曲；她如一部迷人的童话，记录孩童玩耍的快乐时光。我庆幸自己能够走进这个温暖人心的大家庭，徜徉在神奇而美丽“森林图书馆”。

走进她，会让人流连忘返。看她的校园，绿阴如盖，花草掩映，楼宇高耸，书声琅琅；看那师者，伏案笔耕，抒写未来，讲台挥洒，放飞希望；看那学子，阳光自信，听说读写，能吟能唱，博古论今，样样精通……当金色的朝阳织就的华美纱巾，披系在操场上参加升旗仪式的学子身上时，校园显现出一种磅礴之美；当金色晚霞裁剪的炫丽礼服，围裹在一路默默耕耘的师者们身上时，让人感受到浓浓的人文情怀；当你流连在校园的“励志阁”“启智轩”等书吧、绘本馆、水池、小径，你会感觉到好像在一幅若大画卷中闲游……走近她，一个个温馨而有特色的小家，那“阅读点亮心灯”“成长的足迹”“书香书屋”“班级公约”“书画园地”“班级之星”“学生作品展”，一幅幅无声的壁画都是有声的教育，一间间美丽整洁的教室都是她的一个个小家。

她的美，绝不是表面，而在于她的本质。她培养孩子们良好的生活习惯，使他们由扫一屋而奠定扫天下的基础；她培养孩子们良好的学习习惯，使孩子们懂得珍惜时间；她教育孩子们懂得分享，懂得如何融入集体与人交往。她积极组织学生到社会实践基地体验生活，到水务环保局参访，到大芬油画村感受艺术之美；她培养学生关爱他人，服务社会的责任意识。每天清晨 7 点 30 分值日行政、值日老师还有学生早已在她的门口值岗，迎接师生们的到来；每天特色的大自然操、室内操、拉丁舞训练都可以看到老师们亲力亲为的身影。在这里，有学生的地方就有领导和老师默默付出、辛勤耕耘的身影。她呼吸着、舒展着，在温暖的润泽中不断得到滋养，羽翼逐渐变得丰盈。

“学校者，文明进化之泉源也。”她美丽、和谐，如同一缕阳光，让我们的心灵即使在寒冷的冬天也能温暖如春。

蓦然回首，她不正像那绽放在春天里鲜艳美丽的花朵吗？附小学子正吮吸着她知识的甘露，遨游在她那知识的海洋，无时无刻不在努力茁壮地成长。

她很纯

附小，我理想中的学校，她很纯。

一座爱的花园，一个个孩子纯真的世界，一曲曲教师们的理想之歌，诗中有画、画中有歌造就了“纯纯的她”。漫步她的怀抱，天好蓝，书香味浓郁，孩子们脸上挂着灿烂的微笑，那样的甜美，每个角落里都透着那一股纯。

她很纯，在她的摇篮里弥漫着孩子们一串串欢声笑语，印记着孩子们灿烂的笑脸，见证着孩子们用欢笑与勇敢、创意与奋进“踩方踏圆”的足迹，诉说着无数孩子们美好的愿望，点燃着希望的火种……她让每一个学生体验成功，来促进了良好学风、校风的建设。她创造各种机会，搭建各种舞台，增加学生展示的机会，让学生在展示中经受锻炼，提高能力和自信心。从孩子们一天新似一天的进步里，她享受着激励教育带来的快乐，她变得越来越“纯”。

她教育每一个孩子树德、行德，以德润心，以德践行，最终成长为一个“有德”“有根”的健康人；她尊重孩子的个性发展，营造丰富的校园文化，让孩子心有所思、情有所感、智有所启，成为“品性雅正、体魄强健、能力全面、立志成才”的附小学子。她用温情、坚韧铺陈五彩缤纷的成长之路；这里有鸣和生命律动，带着生命体温，充满人文情怀的教育陪伴；这里有着一束束用爱和智慧点燃的教育生命之光；这里涌动着一段段共生共长、恬静而从容的生命教育。

清晨，当第一缕阳光悄悄洒落到大地之时，我们常常伴随耳边响起的吟诵，尽情地享受这难以形容的惬意。朗朗上口的古诗文吟诵，余音绕梁，在她摇篮里生长的孩子们个个能吟会唱。那又唱又跳的大自然操、室内操，热情奔放的音乐，动感十足的舞蹈，都是她蓬勃向上的精神风貌。每周的主题晨会、软陶、油画、尤克里里、篮球、3D打印、葫芦丝、百灵鸟合唱团、音韵葫芦丝队、小精灵舞蹈队、妙音陶笛社、七彩软陶、雅韵创意绘画社、墨荷书法班、闪电乒乓球队、弘武跆拳道、英语趣配音、数学益智游戏、棋逢对手、小蜜蜂种植社、金话筒小主持人班、追风足球队……在她的世界里，孩子们每个月都在过节，幸福满满；她通过全程的陪伴让学生们感受到老师们内心深处对学生的挚爱，唤醒学生的自信，进而激发学生无穷的潜力。她多途径、多渠道地对学生进行文明礼仪、爱国主义等教育。利用节日文化推进立德树人的教育理念。

“天辟画图星斗并灿，地呈灵秀山川同奇。”徜徉在她的怀抱里，牵着孩子们的手臂，可以聆听到花开的声音。

这里的每一笔、每一画、每一个音符都诠释着她的“纯纯的风采”。每一个队伍、每一朵小花演过的片片花絮，走过的点滴足迹都连成她那璀璨的生命线。

她很雅

附小，我理想中的学校，她很雅。

“厚德载物，底蕴幽幽一往无前传薪火；敦品励学，英才济济百折不挠报福田。”她如温婉而柔和的女子，清新纯美润泽了我们的心灵；她如积淀深厚的老者，以她浑厚的笔法书写着教育新篇章；她渊源厚重丰富了我们的内涵；她睿智深邃凝练了我们的精魂；她广博众采绵延了我们的哲思……

她润德启智、文化立校、全面育人、全面规划，整体推进，突出重点，讲求实效；她重规范，抓亮点，建特色，树品牌。她科学地整合课程，“品行养成课程”“七彩节日课程”“多元智能课程”“学科素养课程”，一个分层明确互为关联的全新的四大课程机制在完善。她让教育回归本真，展现原汁原味、原形原色的“无华”之美。通过“课程＋励志＋养成”多元模式实现教育对象的“质变”，让学生生命价值得到极限提升，是“生”体现的意义；注重对人精神力量的开发，营造学校超强的能量气场，是“态”的形成过程。她常抓学生行为习惯从不松懈，从细节抓起，从小处落实；她规范教学常规，着眼质量，重在执行落实；她增强了课程特色的内生力，她营造了科研亮点共磁场。她变得越来越儒雅，越来越优雅。无论谁穿梭在她的温馨小家里，都能感受到勃勃生机。在她明媚温暖的天地间，草木在萌发，花朵在绽放，心灵在飞扬，儒风在流淌。

“涵养儒雅师生，构建儒雅校园”的更高办学境界，在她丰厚殷实而彰显儒雅气度风范的文化中，师生的成长与发展变得更加惬意而幸福，她的教育教学工作变得更加诗意与美好，温馨和睦。

她，不正是老师心灵的港湾，孩子求学的圣地吗？她，不正是莘莘学子们那理想中的“象牙塔”吗？瞧！每天迎着朝阳，送走晚霞，教师们默默耕耘，孜孜不倦，挥洒汗水，有实现梦想的舞台，励精图治，铸造事业的辉煌；学生们彬彬有礼，好学上进，有展现才华的天地，踏实与勤勉并重，文雅与活泼齐步，则学有所得，学有所成。“深圳教育云项目教学应用试点”“以人为本，以生为本”“活”的教育真谛，凸显出她古朴而又现代、厚重而又充满灵气的气质。“人尽其才，物尽其用”，华美蜕变后，她很雅，和谐、向上。

“良禽择木而栖，贤臣择主而侍。”她容纳百川，越来越多的名师、专家走进她的怀抱；她努力提升老师们的科研能力，搭建展示才华的舞台。淳淳人文情怀烘托簇新校园，郁郁学习气息描绘美好未来。

她努力蜕变，把曾经的笑与泪、成功与失败凝结成新的教育力量。如今的她，如一位亭亭玉立的少女，靓丽而充满激情，丰满而富有韵味。在她的怀抱里，我点燃了教育梦，在旧梦升起的地方，我悠然地收获着自己的快乐和幸福。

爱上胸前的那一抹红

有一种情怀叫红领巾
有一种称号叫辅导员
有一种光荣叫少年队
有一种青春风采，叫“我是少先队辅导员”
有一种爱叫初心，那就是让孩子们扣好人生的第一颗扣子
追逐梦想，做一名幸福的少先队辅导员
……

自从踏上辅导员工作岗位的那天起，我便以满腔的热情投入到工作中。我坚信：真爱在心，享受孩子，把自己的理想、青春、快乐、幸福融入到为孩子们的服务中去，感受到的必是质朴的泥土的芬芳……因爱孩子而爱红领巾，爱星星火炬；又因爱星星火炬，爱红领巾，才更爱孩子。辅导员是酸甜苦辣皆有的职业，但我却深爱它从未褪色。当我看到一双双渴求的眼睛，在知识甘露的滋润下晶莹透亮，我更加感到我职业的崇高，很多时候，在“细”“小”“活”“实”“新”上下功夫，在开展各种活动体验中，以我的人格感染着队员；当我看到一个个天真的孩子又懂事了许多，看着他们在活动中感悟，在活动中成长，我能感受到自己存在的价值！我幸福，我是少先队辅导员，以我的生命奉献着年华，当我看到一棵棵需要扶持的幼苗，在春泥精心的呵护下茁壮成长，我更加感到这份职业的伟大。

有人说：辅导员工作是一项有些人轻视、许多人漠视、所有人都说重要的工作；这是一项纯如望碧水、高如攀崇山、难如理乱丝的工作。这更是一项天天都不能等待，月月都无法松懈，年年都没有了结的工作。这项工作，常常不被人理解，往往遭到人误解，似乎做腻了而又难分难解；这项工作，让人委屈得要掉泪，愁烦得想罢手，而一觉醒来却又精神百倍；这项工作，叫人喊破嗓、跑断腿、操碎心，又

让人话愈诚、情愈真、心愈净。这是一项初干不情愿、再干生感情、久干会着迷的工作。

每每想到这些，我也一样的不伟大，也有莫名的感伤！一路走来，我们跌跌宕宕却满心欢喜；回首过去，我们步履蹒跚但永不止步。爱上胸前的那一抹红，就是爱上那一束火红的火种，点燃队员心灵之灯。爱上胸前那一抹红，就要像那一颗石子，铺平孩子成才之路；抑或就是那一缕阳光，温暖学生成长空间。因为幸福，我深情演绎辅导员人生，执着地坚持少先队辅导员专业化道路；因为幸福，我微笑着写下希望擦去功利，享受着红领巾给予我的所有感动；因为幸福，我选择诗满人间，画满人间，期待着百花齐放春满园！

爱上胸前那一抹红，每天都能看到的是一张张充满朝气的笑脸，并与他们一同欢乐，一同成长。当然在少先队辅导员生涯中，我有过困惑，有过愁苦，有过担忧，但这些都影响不了我成为一名幸福的辅导员。

清晰地记得那是评选省最美南粤少年，从开始的方案到组织筛选，到最后敲定张榜公布名单，到上报区教育局，自认为毫无疏忽，可是结果还是让人心有余悸。竞选的最后三位分数相差无几，但名额又有限，跟家长沟通，与班主任交流，最后才抹平了事情的褶皱。还清晰地记得那是在我们学校大队委员改选，我物色了三名同学，我认为他们能够胜任这些工作，并且能够百分之百当选。改选后的一个星期，我无意中发现三名同学中一位叫刘红的同学情绪很低落，整天无精打采。在日记中写道："我感觉自己很笨，无论自己怎么去努力，都没有被别人认可，没有人去欣赏我，没有人去重视我。"我看完她的日记，内心震撼，感觉沉甸甸的。在与她谈心后得知是因为大队委员改选以一票之差落选，觉得脸上无光。此时我知道，刘红现在需要的是什么，那就是自立、自强、自尊、自信。我还通过侧面了解到，刘红是一位单亲儿童，急需要关爱。我明白了自己的责任，那就是要努力营造平等、民主、和谐、关爱的学习氛围，用爱心去关爱这棵幼苗，使她健康发展。于是，我请刘红到办公室谈心，我告诉她："一次小的失败并不可怕，可怕的是你跌倒了没有站起来，需要战胜的是你自己，而不是别人，老师愿意和你结伴同行，关键是看你愿不愿意跑起来，老师相信你能够变成勇敢者。”从此，我便充分利用她的特长，适时激励表扬，竭力寻找她身上的闪光点。在我爱的呵护下，刘红像换了一个人似的，变得坚强、勇敢、乐观了，我在教室内外又听到她那爽朗的笑声了。更让人喜悦的是，在第二年的大队干部评选中，她实现了梦想，如愿当上了组织委员。

我们辅导员不仅有桃李满天下的殊荣，还有授业解惑的快乐，这所有的一切对于我来说，都是幸福的。但最让我感到幸福的，是每天能够从事自己喜欢的辅导工作，是那些天真可爱的少先队员们。辅导员是清贫的，也是富裕的。清贫的是物质，富裕的是拥有创造幸福的空间。我愿用心栽培稚嫩的幼芽，等待她的繁花似锦；我愿用情埋下知识的种子，盼望她的硕果满枝。因为我的手中孕育着无限未来的希望，我的青春和梦想在孩子们的身上闪耀。辅导员是辛苦的，也是快乐的。繁重的教育教学任务，使我恨不得自己能有三头六臂，而一看到孩子们天真的笑脸又精神百倍。因为辛苦之后，换来的是孩子的欢笑，家长的肯定。

苏格拉底说：“教育不是灌输，而是点燃。”我想：点燃是对学生的尊重，是对学生的热爱，是高尚的师德修养。我愿做一盏灯，点燃孩子们心中美好的理想之光；我愿做一缕阳光，照亮孩子们通向幸福的七彩之路。

爱上胸前的那一抹红，我深情地演绎着辅导员那绚丽多姿的人生，执着地走在少先队辅导员专业化道路上；微笑着写下希望，擦去功利，享受着红领巾给予我的所有感动；爱上胸前的那一抹红，我选择了诗意人生，画满人间，期待在辅导员的道路上创造更多的辉煌。

我与“教与学方式转变”的故事

万紫千红总是春

自从福田区教育局出台了“中小学推进“教与学方式转变进而建构学生自主有效课堂”工作方案”后，全区各中小学便掀起了“教与学方式转变”的热潮。教与学方式的改变不仅给教师的专业成长拓宽了路径，也给学生的全面发展提供了保证。

转变伊始，我在教学中本着将自学研讨活动贯穿课堂始终的理念，充分体现了学生的主体地位。教学中，为了使学生真正成为学习的主人，我在课堂上安排了充足的时间让学生自学，并教给学生自学的方法。如每一篇精读课文，我不但要求学生查字典解决字、词、句、篇相关的一些问题，要求他们阅读相关的课外书补充一些必要的知识，还主张他们自己去分析课文、理解课文、提出问题，再从反复的阅读中回答自己提出的问题，以让学生主动地、自觉地看书，积极地动脑思考。对不需老师讲、学生能理解的问题，全让学生在小组里合作学习，共同解决；对可讲可不讲而学生通过自学不能解决的问题，适当加以引导，让学生通过自学解决。另外，要让每名学生都有均等的学习机会，人人动手、动口、动眼、动脑；要创造条件，让不同程度的学生均有成功的可能。对在学习上取得成功的学生，及时加以肯定、表扬。尤其是各个小组的加减分评比，也让学生从中学会了合作，学会了探究。为了让自己的小组获得学分，学生把成功的喜悦变成了自学的动力，牢固地树立起自学的信心。

或许是因为上课的形式大大转变，学生真正成了课堂的主人；或许是因为这几年来师生间建立了深厚的感情，课堂上建立起了教与学的民主关系。学生兴趣盎然，学习热情高涨。从预习、展示汇报、交流、评价等方面的情况来看，各小组的水平水涨船高，课堂成了他们施展自己才华的舞台。

可是，一个月、两个月过去了，课堂教学效果似乎没有什么大的变化，慢慢地学生也开始厌倦了这种“乱哄哄”的上课方式。至今我还清楚地记得那节让我不知所措的课。那节课的教学内容是人教版第十二册的第 15 课《凡卡》。我做了一番精心的准备，学案也已发给了学生。上课铃声一响，我自信地走上讲台，告诉学生继续采用小组合作学习的方式进行合作学习，期待着学生有好的表现。不出我所料，课堂气氛异常活跃，小组上来汇报以及跟下面其他同学交流的时候，他们的提问和回答都是争先恐后的。我也不管学生提出的问题是否有价值、所做的回答是否沾边，都报以鼓励性的微笑，还不停地给各小组加分，并给出相应的物质奖励。我的鼓励和加分举措把学生的表现欲望激发了出来，很多小组都抢着举手回答、提问。然而，有的同学根本无心倾听别人的声音，有的小组还不等台上小组汇报完毕，就忍不住跑到上面高谈阔论；有的同学似乎觉得热闹的场面与他们无关……课堂有点乱了，我竭力想调控课堂，然而孩子们的学习热情已经“高涨”得失控了，我的声音早已被孩子们此起彼伏的叫嚷声淹没，课堂变得无序……

经过反思，我明白了：教与学的转变是把课堂还给学生。给学生自由是对的，但教师仍然要机智地去把握课堂，巧妙地捕捉有益的信息资源，不露痕迹地化解问题，如此才能有效地调控课堂。这一切说起来简单，做起来却并不容易，这要求教师具备深厚的教学功力、较好的教学素养。

山重水复疑无路

学生预习任务加重了，家长询问的声音就多了。尤其跟同年级老师相比教学进度慢的时候，受外界环境的影响，我开始对教与学方式的转变能否取得成功产生了怀疑：采用这种模式，学生的积极性能保持多久？教学成绩、教学质量能否有保障？这一系列的问题困扰着我，压得我喘不过气来。

从教十年了，从来不曾像今日这般，竟然觉得不知道怎么当老师了，不知道怎么上课，走上讲台没有自信反倒有点畏惧，甚至不想去上课。授课竞赛都不畏惧、不胆怯的自己，为什么会产生这样的感觉呢？是因为现在把自主权给了学生，课堂上没有了自己的舞台吗？以前的课堂中，我可以很自如地跟学生一起走进文本，与作者产生共鸣，在朗读中体验、感悟；如今每一节课，学生预习得怎么样，学生能学成什么样，我都没有把握。我将要进行的这节课的教学是成功的还是失败的，我也无法预料。

正当我陷入困惑和迷茫的时候，学校请了谢家碧老师来做讲座。谢家碧老师的讲座让我看到了希望。经过认真思索，我终于明白了：要转变长久以来形成的教学方式并非易事。在为谢家碧老师勇敢的教学变革行为喝彩之际，我们其实更应该看看谢老师成功背后的所有付出。谢家碧老师又有“行”又有“型”的课实非一日之功！是我太急功近利、太急于求成了。成长并不是一帆风顺的，而是要经历风风雨雨！对于新的教学模式，从不适应到运用自如真的需要一个过程。不能简单地去模仿，要先学会去探究和掌握这种教学方式的实质。

柳暗花明又一村

我深知自己的课堂变得无法掌控，是因为自己对教与学转变的方法理解得不深，没有把握好节奏。我从一开始就没有“半扶半放”，而是选择了“全放不扶”，所以才会在课堂上手足无措。于是，我一次次自觉利用工作之外的时间进行新课程理论学习，一次次去领悟新理念的精神内涵，一次次地把新理论融入自己的教育实践中去。同时，我还向转变较成功的外校老师咨询，并且只要区里有这方面的展示课和校际交流活动，我都会去参加。

在实践探求中，我的课堂也在悄悄地变化，出现了情境化、生活化、平等化、生动化等特点，学生的学习也逐渐趋向自主化、探究化、合作化、成熟化。面对新的教材，我不再只思考“教什么”“怎么教”“学生怎么展示和汇报”，而是更多地思考该如何把课堂还给学生，把学习的方法教给学生，把评价的权利留给学生，让学生拥有更多的自主权和更广阔的天地。教学的重点不在于形式，而在于如何使每个学生在课堂上“活”起来、“动”起来，在于教学的全过程。慢慢地，学生变得敢于质疑、敢于挑战、敢于发表自己的不同意见，开始把课堂学习当作一件快乐的事。

同时，我注意倾听孩子们的心声，利用课余时间了解他们的内心世界，了解他们的所思所想，甚至耐心地向他们请教。融洽的师生关系、和谐有活力的课堂氛围提高了教学质量，也提高了教学效率。

渐渐地，我开始对这群孩子刮目相看了，他们的学习潜能大大出乎我的意料……

新课程改革不是随随便便就能成功的，而教与学方式的转变也不是一朝一夕就能见成效的。漫漫教学路上，我本着“以生为本”“以生为友”“以生为师”的教学理念刻苦钻研着。我相信，在新课程改革的潮流中，教与学方式的转变一定能焕发出夺目的光彩！

追逐梦想，做一名幸福的少先队辅导员

学校是一片净土，是一个实现梦想的地方。我们每天看到的是一张张充满朝气的笑脸，我们与他们一同欢乐，一同成长。

在担任少先队辅导员的日子里，我有过困惑，有过愁苦，有过担忧，但这些都阻止不了我成为一名幸福的辅导员。

学校大队委员改选时我在班里物色了三名同学，我认为他们能够胜任相关工作，并且能够百分之百当选。改选后的那个星期，我无意中发现三名同学中叫王晓荣的那名女同学情绪低落，整天无精打采的。她在周记中写道："我感觉自己很笨，无论怎么努力，都不会被别人认可，不会有人欣赏我，不会有人重视我。"看到这些文字时，我感觉沉甸甸的。在与她谈心后得知，她是因为大队委员改选时以一票之差落选，所以觉得脸上无光。王晓荣现在需要的是自立、自强、自尊、自信。我从侧面了解到，王晓荣的母亲身体不好，父亲常年在外打工，是一位留守儿童。我明白了自己的责任，明白了自己应该努力营造平等、民主、和谐的学习氛围，去关爱这棵幼苗，使她健康成长。我在王晓荣的周记中写道："一次小小的失败并不可怕，可怕的是你跌倒了没有站起来。你需要战胜的是你自己，而不是别人。老师愿意和你结伴同行，关键是看你愿不愿意站起来，老师相信你能够变成勇者。"自此我总是适时地激励、表扬她，竭力寻找她身上的闪光点。渐渐地，王晓荣像换了一个人，开始变得坚强、勇敢、乐观了，教室内外可以不时听到她那爽朗的笑声了。现在，王晓荣已经是我班的语文班长，成绩一直名列前茅。看到王晓荣活泼健康地成长，我从心里感到幸福。

桃李满天下的殊荣，授业解惑的快乐，这所有的一切对我来说都是幸福的。最为重要的是作为辅导员每天能够从事自己喜欢的辅导工作，可以看到那些天真可爱的少先队员们。

我愿用心栽培稚嫩的幼芽，等待幼芽繁花似锦；我愿用情埋下知识的种子，等待种子硕果满枝。学生意味着希望，我的青春和梦想因为学生才有了意义。

辅导员的工作是辛苦的，也是快乐的。繁重的教学任务常常使我恨不得自己能有三头六臂。有时，也委屈得掉眼泪，愁烦得想放手，可一想到辛苦之后换来的将是孩子的欢笑、家长的肯定，我便又有了精神。

苏格拉底说："教育不是灌输，而是点燃。"我想，点燃是对学生的尊重。我愿帮孩子们点燃那盏明灯，照亮孩子们通向幸福的七彩之路。

我执着地走在少先队辅导员专业化的道路上，微笑着写下希望，选择了诗意人生，期待在辅导员的道路上创造更多的辉煌!

为了做好辅导员，看书学习成了我的习惯。书本清除了我内心的浮尘，也使我变得更加宽容。平静如水、与书为友的生活，给了我欢愉，亦造就了一方灵动的、属于自己的天地。

入则恳恳，出则谦谦

——去苏州学习感想

金秋十月，我们工作室九人同行，从深圳赶往素来以山水秀丽、园林典雅而闻名天下的苏州。苏州物华天宝，人杰地灵，有着丰厚的文化底蕴。此次有幸参加薛法根、张彤、郑冬梅三人主持的名师工作室的教研活动，无疑是千里难寻的学习机会。

在群楼错落的枫桥实验小学的四天时间里，讲座、报告不断，劳累在所难免，可我们收获颇多！

“像风一样灵动，像水一样自由。”这是一进枫桥实验小学大门就映入眼帘的十二个字，这十二个字刻在一块石头上，仿佛为教育人点亮了一盏心灯。细细品味，这十二个字刻画的正是枫桥实验小学松弛有度的教学氛围，流露着浓厚的人文气息。

第二天一早，教学交流研讨活动开始。首先由薛法根工作室和张彤工作室的老师进行研究课的展示。在所展示的《黄山奇石》《黄果树瀑布》《草原》三课中，孩子们的朗读绘声绘色、铿锵有力，他们不仅善于表达，而且书写工整；展示者融扎实的基本功、高效的课堂教学、严谨的教学态度以及读写紧密结合的教学方式为一体，给我们留下了深刻的印象。我想这就是值得借鉴与学习的“苏派教学”！下午，由张彤校长主持，为参加研讨活动的三个工作室做了精彩的报告！

第三天，欣赏了《草原》一课之后，林震民老师带来了精彩的一课：《青海高原一株柳》。从教学设计到过渡语言都可圈可点，其独特教学也让我们明白了什么叫“一课一得”，何谓“课堂是做减法而不是加法”，读与写该如何整合。接着，来自我们工作室的郑老师和胡老师以同课异构的方式给大家上了《秋天的雨》，她们的自主学习、小组合作探究、师生互动、生生互动等环节的设置令苏州和安徽的老师们大开眼界。两人不同的教学风格，却一样让人入情入境，激发了听者对秋天的热爱，唤醒了听者写作的欲望。尤其是郑老师设计的“我会问”“我会发现“ “我会说”“我会写”“我会拓展”等环节，使得学生的自主学习、自主探究成为常态，课堂上充分展现出自主、合作、灵动的特征，让我深受启发。

这一次交流活动，让我们更加坚信了福田区教育改革的方向是正确的。我们明白，观念转变，方式改变，将是教育改革的必然。此行我们不仅学到了苏派教学的精髓，更对福田区教与学转变的教学方式增添了许多信心。我们正沿着正确教学方向迎难而上，摸索中似乎已经看到了胜利的曙光。

四天时间，我们观摩了十多节课，聆听了五位专家的点评，我深感如果我们的教学也能做到像张彤校长指出的“教无定法，注重学情”，燕子校长提出的“像风一样灵动，像水一样自由”，余云德主任所说的“创设情境，搭建台阶，引导自主学习”，赵道年校长指出的“不同风格的交流与碰撞”，那么语文教学一定会水到渠成。教师应学会挖掘自己的特点，扬长避短，加以修饰，教出自己的风格。专家的精彩点评，赢得一阵阵掌声，把活动推向了高潮。五名专家都充分肯定了这次三个工作室的教研交流活动的价值与意义。最后半天里，我们参观了张彤校长的苏州外国语学校，其港式的教学模式与管理方式，其人性化的管理理念真的让我们大开眼界，给了我们不少启发。

教研活动圆满成功！五位专家的点评指引了课堂教学的方向，为我们的教学指明了道路，对我们的语文教学也必将产生深远的影响。

“入则恳恳以尽忠，出则谦谦以自悔。”此次苏州之行，带给我的是更多的思考，我应该以“谦谦”之心审视自身的不足，同时勉励自己，知不足，然后学。

三片绿叶，十六朵鲜花

如果把我们的工作室看成一座桥梁，那么它一定是一座永恒的桥，一座意境深远的桥。而郑老师就是无名的引渡人，她将我带至了新的起点。

2014 年，我们温馨的团队成立了！

自此之后，多少个夜晚，我们为提高阅读质量挑灯夜战；多少回，队友们放弃了双休日，去少儿图书馆做讲座。

春天，磨课一次次进行。

夏天，教研会一次次开。

秋天，少儿图书馆讲座举办了一次又一次。

冬天，公开课、展示课、微课竞赛、写字课、绘本阅读课，一次都未落下。

我们的团队里有一群可爱的人！

听我们的话语，你会明白什么是激情；看我们的笑脸，你会知道什么是快乐；观我们的行为，你会体味到什么是真正的可爱。

我们来自祖国的五湖四海，成长经历、文化背景、性格特点各不相同。但是面对困难，我们毫不畏惧；面对危险，我们从不退缩。你问我为什么，我告诉你，因为我们心怀梦想。

我们的团队里有一群执着的人。

为人父母，我们也想尽享天伦；为人子女，我们也想行孝堂前；为人夫，我们也想自己宽阔的臂膀是她避风的港湾；为人妻，我们也想让一尘不染的家成为他休憩的好去处。

然而有舍方能有得。彷徨与执着，我们选择执着；忐忑与期待，我们选择期待；放弃与坚持，我们选择坚持。

我们的团队有一群心怀梦想的人。

鱼逐激流，是因为它向往海洋；鹰击长空，是因为它心系蓝天。

我们的团队之所以能吃苦、能打硬仗，是因为我们心怀梦想。

因为心怀梦想，我们每个月到少儿图书馆开展讲座，风雨无阻，毫无怨言。

因为心怀梦想，我们在一次次的磨课中乐此不疲。

因为心怀梦想，有人顾不上孩子和家人，扎根课堂！

是什么让我们19人走到了一起？

是什么让这支平均年龄只有28岁的团队攻无不克、战无不胜？

是“创造价值，追求卓越”的念头。

是因为我们的团队爱岗敬业，拥有上进心和感恩之心。

是因为我们把克服困难当成习惯，把精益求精当成责任，把工作室的发展当成使命。

不管是居庙堂之高，还是处江湖之远，执着成就辉煌，梦想引领未来！

最美辅导员

什么样的辅导员是最美的呢？这是一个不容易说清楚的事儿。优秀的辅导员要有非凡的气质，要细心，要有爱心，要富有学识和经验，要善于反省，要拥有教育教学智慧，要信念坚定，要善于沟通……

三个星期前我就开始着手准备参加深圳市“感动鹏城，寻找最美少先队辅导员”的活动，从学校推选、申报、准备相片及文件资料、入选，到参加拍摄，一系列的过程极为烦琐。这其中包括语文课 10 分钟，班队会课 10 分钟，还有 8 个学生代表发言，校长评价 2 分钟，同事评价 2 分钟。深圳市准备在全市成千上万的辅导员中，挑选 100 多个辅导员参加拍摄，从中挑选出 8 个“最美”的辅导员作为典范，向全社会宣传。

今天上午我和深圳电视台《鹏城视线》拍摄组人员合作，整个拍摄过程较圆满。孩子们表现非常出色，校长和同事也给出了高度的评价。拍摄工作终于拉下帷幕，那根绷得紧紧的弦终于可以放松下来了。宇宙没有边界，人生也不要给自己立栅栏。经过这整整三个星期的磨练，我成长了，孩子们也得到锻炼了，这就足够了。人生其实就是这样，希望与失落共存，梦想与挫折并行，奇迹与艰辛相伴。

主题发言

今年，是我从教的第 14 个年头，我深感“爱人者，才能为人所爱”。为师以来，我一直以爱心、细心和慧心为支点，服务于我的学生，关注每个孩子，呵护每个心灵，引导孩子们寻找属于自己的天空，让每个孩子都健康快乐地成长！

教书育人是一门艺术。身为辅导员，我不喜欢用说教的形式教育我的学生，我喜欢跟他们交朋友，进行心与心的沟通和交流。我常把品行教育寓于游戏和活动中，把辅导员工作艺术化、情趣化、游戏化。记得有一次，我们班有个孩子在上体育课的时候把眼镜弄丢了，我让全班同学做了一个“找眼镜”的游戏，不但找回了眼镜，更呵护了孩子的心灵。情绪是会传染的，我希望自己积极乐观的人生态度能感染我的学生。我经常给孩子们创造轻松愉快的氛围，寓教于乐。

在孩子们一天一天的进步里，在家长深深的信任中，在领导和同行的肯定下，我当老师的幸福感与日俱增。孩子们回报给我的纯真的情感是我一生都受用不尽的。我爱我的孩子们！在未来的日子里，我将继续做孩子们阅读的点灯人，给他们更多的时间和空间，充分发挥他们的自主性，让孩子们做学习的主人，做快乐的自己。

每个孩子都是一株幼苗，只要我们能细心呵护他们，陪着他们沐阳光经风雨，我坚信每一株幼苗都会开出绚丽的花朵。

班队会课 10 分钟展示

——“文明礼仪伴我行”主题队会

1. 读儿歌

同学们，中华民族素有礼仪之邦的美称。文明礼仪是中华民族的优良传统，愿同学们在唱响文明礼仪之歌的同时，不忘记传统，把礼貌用语挂嘴边，把文明礼仪记心间。

(出示课件《文明礼仪伴我行》)

詹老师给同学们带来了一首儿歌，我们一起来读一读。(学生齐读儿歌《文明礼仪伴我行》)

学做人，讲礼貌，礼仪之邦人知晓；
有礼节，互尊重，礼貌待人好品行；
“您好”“谢谢”“对不起”，文明语言通情理；
坐立走，要端庄，举止文明有修养；
同学间，邻里情，民族习惯要牢记；
见外宾，要大方，彬彬有礼树形象；
重礼节，讲礼仪，社会生活铺路基。

小结：文明礼仪是打开心灵的窗口，文明礼仪是人际交往的法宝，让我们铭记上面这些法宝。

2. 让礼仪之花盛开——合种“礼仪之树”

师：“不学礼，无以立。”（手势请出主持人）

主持人甲：文明礼仪就像一缕春风，滋润着我们茁壮成长。

主持人乙：就像阳光雨露，流进了我们的心田。

甲：文明，让人举止文雅。

乙：礼仪，让人风度翩翩。

师：为了表达我们中队对本次队会的支持，我倡议，全班同学合种礼仪之树。下面请同学们拿出课前准备好的礼仪之花，把收集的名言警句写在礼仪之花上，让我们把礼仪之花贴在黑板的这棵礼仪之树上，伴着歌声与微笑，让礼仪之树开出绚丽的花吧！大家行动起来。（播放歌曲《歌声与微笑》）

（学生拿出亲手制作的礼仪之花，读出花上有关礼仪的名言警句后，把花挂在礼仪之树上。）

总结：文明礼仪是一颗有生命力的种子，只要我们在心灵深处播下这颗种子，它就会生根、发芽、开花、结果。让我们手拉手，从现在做起，从小事做起，争当“文明礼仪之星”吧！全体起立，让我们响亮、有力地喊出我们的口号——崇尚礼仪美德，学做文明新人。（贴板书）（学生拉手齐喊口号：文明礼仪伴我行，让文明礼仪之花开遍校园，开遍社会的每一个角落！）

谢谢大家！

同事评价

詹老师到我们学校工作有十来年了。我和詹老师同事多年，同一个办公室，同教一个年级，也曾经是邻居。对詹老师我是比较了解的，她是一名非常优秀的教师，工作责任心非常强，是我们学校出名的“拼命三郎”。

她作为一名辅导员，总是一心一意扑在工作上，对班级的关心甚至超过对自己家的关心。她关爱每一个学生的健康成长。她带过的班级，学生不仅成绩好，纪律也非常好，班风、学风在学校总是名列前茅。她的学生也经常代表我们学校参加区里或市里的比赛，总能获得好名次，为学校赢得荣誉，增添光彩。因此詹老师也深得学生、家长和同行的敬重和喜爱。

作为一名语文老师，在教学上，詹老师不仅是学校的骨干，也是区里的骨干。她十来年来总是勇挑重担、任劳任怨，只要是学校交给她的任务，她总是无怨无悔地接受，而且全心全意地完成。每次她都不负众望，载誉而归。多年来，詹老师为我们学校赢得过无数的荣誉，她的行为影响着很多人，也感动着很多人，她无疑是我们前行的榜样。

我与文字的不解之缘

每个人的心中可能都有一个美丽的梦想，这梦想可能是心底最纯真的渴望。无论能否实现，梦想都是支撑一个人奋斗下去的动力。

我出生于贫困山区，很小的时候我就明白，女孩子要走出大山几乎是不可能的事，因为家乡的女孩子几乎都不能读书，有的人甚至连书长什么样子都没见过。即便能上学，所用课本也是好几茬人用过且破旧不堪的。祖辈们大多认为女孩子读书没什么用，到了上学年龄却没上学或半天上学半天出来挣钱的比比皆是。我看过许多女孩子被迫放下书包跟着大人干活，一辈子目不识丁。尽管如此，我心中藏有一个梦想——文学梦，它一路支撑着我去考大学，最后成了一名真正的教师。

我之所以这样幸运因为我的爸爸是个小学老师，近水楼台先得月，我得以经常翻看爸爸泛黄的课本或课外书物。“窃读”是一辈子的记忆，那滋味如今想起来仿如昨日。也许就是从那时候起，我爱上了文字，每次只要考得好，奖励一本书远远比奖励一把糖果更得我心。那时候的我，梦想着终有一天凭着读书、凭着文字走出大山，去看看外面的世界。后来渐渐长大，渐渐明白家乡的状况是中国许多地方的状况，于是，我的梦想也渐渐清晰了起来……

无数个安静的夜，我坐在台灯前写着属于自己的文字。文字有点青涩，但记录着我的成长。生活就好像是在彷徨中前进，索然无味。我犹如独行在沙漠中的疲倦侠客，寻找着传说中的那片绿洲。曾经的热血已冷却，激情已荡然无存。步入中年，我的生命本该绚烂多姿，可柴米油盐的生活开始让我迷失……

2014 年春节，我正在外面聚餐，我们工作室的负责人郑冬梅老师一个电话打过来，告诉我她在整理我的文稿，希望我能出一本书，还说这是工作室给我的重任……这一番话瞬间重燃起我的文学梦，感觉那个远去的文学梦似乎再一次清晰起来。

从那时候起，我又开始留意观察身边的一草一物。每每看见在大门口摆地摊的人，我心中更多了几分敬意，那熟悉的叫卖声及那份对生活的执着不断鼓舞着我、鞭策着我……

闲下来的时候，我总喜欢坐在台灯下，一不留神，留下的那些只言片语全是自己的情绪。它有失落，有失望，有悲伤，有遗憾，有冲动，有莫名其妙，还有一些连自己都不明所以的情绪。可再次翻阅的时候，在体会那时那刻的酸涩、无知的同时，我也看到了自己的脚印，不禁会对自己笑言：原来我也曾这般幼稚与狂妄。

那些随着时间演变的文字里记录的点滴都是生活的味道，每每阅读总能让自己脸上的表情变化万千。看着那些记录着哭声的文字，心跟着隐隐作痛；看着那些记录着笑声的文字，心跟着欢乐；看着那些无聊的琐事，心也微微飘摇。

出发了，便不问终点在哪里。我只顾风雨兼程，做个经历过人世的过客。这一路，能用文字记录心情，收藏过去的美好时光，那是我的幸运。即便飘零，能怀着一颗感恩的心且用好奇的眼光来欣赏这个世界，此生亦足矣！

因为文字，我变得淡定，变得宁静。

文字呀，你若不弃，我定相随！

一路前行

和孩子们相处的每一天，都会发生很多有趣的故事，我从中收获着自己的快乐和幸福……

今晚看到家长群发来的一张黑板报的图片，我心里有种特别想哭的感觉……不是因为孩子们画得好，不是因为这次黑板报都是他们自己设计、绘画、构图的，也不是因为我外出的时候他们能自己布置作业，而是因为这几个静如幽兰的孩子执着、认真地做着这件事，不需要我的表扬、参与和过问。是孩子们纯真的责任心和这份坚守感动着我，使我警醒，不敢懈怠。

与这些孩子相处快两年了，回忆过往，我感慨万千！一路同行，他们一直在前进：去年区文明班他们拿到了，今年区红旗中队评选，他们也列入行列。如今想来，课堂上一双双渴望的眼睛、一张张稚嫩的脸仍历历在目，课间欢声笑语依然清晰；我的抽屉里还装着他们做错事后写下的一份份保证书，柜子里还珍藏着他们亲手制作的五彩缤纷的小礼品；办公桌上粘贴着和他们的合影，……当我平和而自然地走进他们的心灵，真诚平等地向他们敞开心扉时，教育之舟便已驶入成功的彼岸。我应该继续前行！

这段日子我忙得不可开交：上展示课、整理书稿、演奏钢琴、开展工作室活动、上市大队委干部讲师团的课、参加文学社活动……真的没有多少精力顾得上他们，但我无数次告诉自己要坚守。无论前方有什么艰难险阻，我都会一往无前。受挫了，笑一笑；受伤了，忍一忍；跌倒了，爬起来。我要做的，唯有继续前行……

从校园毕业，很快又进入校园，于我而言虽然角色发生了变换，但骨子里的那些东西依然固执地占据着我的心灵。因为缺少阅历，见识面狭小；因为想法单纯，做事拘泥；因为天生气质柔弱，缺乏霸气。于是我竭尽全力地奔跑，想让自己强大起来，希望自己永远不要被生活的困难和苦痛击倒。10多年过去了我才明白：原来真正的强悍不在于外表，最终归属还是在自己的内心。

感谢孩子们！我怀揣着他们颁发的儿童世界通行证，畅快自由行。

和孩子们相处的每一天都是幸福的。我一直在努力，想让每一堂课都成为孩子放飞梦想的基石！但愿我能用温暖的双手牵引他们走好每一步，但愿我能用智慧、温情和坚韧点燃那盏照亮他们前行的灯。

美丽的教育梦

生命的旅程像花絮，珍惜为梦想写下的每一片絮语。

——题记

青青子衿，悠悠我心。每个人的心中，都应该有一个美丽的梦想，这是心底最纯真的渴望，一生，都为这个梦想而拼搏。无论能否实现，梦想，都应该是支撑我们奋斗下去的动力。

时光飞逝，师范毕业10年了，庆幸自己至今还那么喜欢教师这个职业，依然那样执着，一点也不厌倦；至今还能做着美丽的教育梦，一如既往地以爱心和慧心为支点，引导孩子们寻找属于自己的天空，和他们一起谈心成长，一起阅读写作，在他们迷茫时，指点迷津，在他们确立人生观和价值观的重要时期给予引导。于我而言，和孩子们一起的点点滴滴是美丽的，艰辛拼搏是美丽的，独处孤思是美丽的……经历了不少，想了很多……今天，我给自己的10年教学生涯定位为美丽教育。

不想说自己出身教育世家，但从祖辈开始，爷爷是教师，爸爸是教师，姐姐是教师，自己也做了教师。从学生时代开始，我就有了为美丽教育而奋斗的念头，直到后来真正成为教师。教师虽然是天底下最光辉的职业，可光鲜的背后却隐藏着许多不为人知的辛酸和无奈。选择了教师便注定一生清贫、一生平凡，不会有高官厚禄，不会名垂青史；选择了教师，更注定一生操劳，不会有清闲时光……即便如此，我还是一如既往地选择圆这个美丽的教育梦。纵然两袖清风，但在最漆黑的夜晚，却可以面对内心的灵魂审判；在最彷徨的时候，孩子们是我心中最美丽的慰安；纵然忙碌辛酸，却使更多的孩子感受到了温暖，即使在临终的时刻，也可以闭上无悔的双眼……人生就像一个漫无边际的海洋，我是大海里一艘漂荡的小船。而这个美丽的教育梦，便是我心中永不熄灭的灯塔。我相信，靠着它的指引，总有一天，我终会到达海岸。所以，我既不感到孤独，也不感到惶惑，沿途的每一朵浪花、每一块礁石、每一条小鱼、每一次风雨，我都把它当作风景，伴我，游历一生。

一分汗水一分收获。纯真的教育情怀让我努力做到让孩子们喜欢我，喜欢我的课。在我的“忽悠”中，孩子们喜欢我，喜欢语文课，喜欢阅读……前些日子，收到刚做教师时教过的一个孩子的留言，告诉我她的高考成绩与所考大学。多年没联系了，我真的想不起来这孩子的模样，翻开旧相片才发现：原来是那个一直把自己当“假小子”的从不穿裙子的女孩，回忆桩桩往事，就如浏览一段生长褶皱的时光，难忘又感动……

岁月的风，吹拂记忆的枫叶，时光的雨，冲洗难忘的画卷。10年过去了，回想起当初上讲台的那一幕，似乎还在昨天，驻足回首，不禁感慨：昨天自己还是个刚从校园走出的大学毕业生，如今成长为一个爱岗敬业的人民教师，也在为教育事业添砖加瓦。抬头仰望这片熟悉的天空，这片滋养了我多年的天地，感念教育的日新月异，瞬间也百感交集、思绪万千。每一棵小草都有自己的鲜绿，每一朵小花都有自己的芬芳，每一个生命都应该受到尊重。毕业多年的学生，还会记得我教他们唱的歌，还会记得我和他们一起疯的情节。每每叙起，总会在内心激荡起一种温情。到今天，我的教育梦其实已变得非常简单，就是想让该上学的孩子都能快乐学习，在尽可能大的时空完善自己。

教育的天空不总是春天，有时也会有雷电风霜、暴风骤雨，但因为有美丽的梦，我总有满腔的热忱，用毅力和智慧去抵挡风霜的侵袭。我庆幸自己能一直在校园里，追寻那抹温柔的阳光。我将永怀初心，携带我的美丽的教育梦，不断耕耘、进取和开拓。

我有心田半亩，我有美丽的教育梦，种桃，种李，种青春。倘若有一日能圆我的美丽的教育梦，我想把梦里美丽的五颗水晶送给我的每一届孩子们，那就是伴随一生的善良、诚实、勤奋、自信、友爱……待到多年以后，花发枝满，桃李天下，我们都将不再清贫，不再平凡。

此生，有一个梦想，是一种充盈。

此生，为梦想拼搏，是一种富足。

教育如此美丽

默默耕耘一砚寒，桃李芬芳，李熟枝残，种花容易育人难。

爱的教育心换心，德满课堂，唤醒启智，教学相长情意长。

——题记

孩子们的心是一颗颗圣洁璀璨的水晶，他们能把已蒙尘的成人的心也变得透明。从孩子们的心灵中能深深地感受到世界是那么的纯真、烂漫、温暖而美好！从那一双双明亮、纯真而充满智慧的眼睛里，我看到了光，看到了亮，看到了本真和希望！从孩子们那一句句稚嫩、淳朴而温暖的话语中，我一次又一次被感动着，感动的暖流璀璨、绚烂着我生命中的每一天！

抱紧我，就不冷了

从教第10个年头，我第一次迎来了一年级的“小不点”，看着一群单纯又可爱的“小不点”，我告诉自己要充分了解他们，注意他们的个性，努力读懂他们的心，不失时机地教育他们，要坚持用爱心、细心、慧心去理解与信任他们，并尽可能地用儿童的思维去揣摩他们的内心世界，让每一朵花儿都开得更灿烂，让每一棵小树都长得更茁壮！深圳的冬天很奇妙，像个坏脾气的公主，阴晴不定，说降温就降温，昨天还热得恨不得穿短袖，今天就得出动厚大衣了。那天，是我的早读课，去教室时走得比较仓促，没有穿外套，一出门就觉得冷冷的，却懒得回去穿了，想着进了教室就暖和了。刚走上讲台，从门口吹来一阵凉风，不禁打了个寒颤，我条件反射地搓搓胳膊，说：“好冷！”下课时，我们班的“小调皮”皓皓跑过来拉起了我的手，我奇怪地问道：“怎么了？有事吗？”他说：“老师，你不是很冷吗？靠近我，温暖你！嘻嘻。”我拉着他的小手说：“老师的手大，你的小手是捂不热的！”他听完我的话后立刻抱着我说：“老师，我抱紧你，你就暖得快了。”抱着那软乎乎的小身体，一阵阵暖流让我在这样的寒冬里无所畏惧。

每每想起，似一道暖流，淌过胸膛！

温热的糖

给孩子一个微笑，他会给你一个明媚的春天。他叫小源，脑子活，反应快。为了哄孩子们上课，我的口袋里，总是放着许多小糖果。当我要表扬或鼓励某个孩子的时候，我就会变戏法，奖给他（她）一颗糖。那天，小源上课坐得很端正，我便说下课给他一颗糖。下课了，他欣喜地拿过糖，却一字一顿地说：“老师，我有点儿感冒，我必须吃温热的糖！”啊，我哪来温热的糖？看着他眨巴着的小眼睛，我笑了，说：“好吧，下次我再给你温热的糖。这颗糖你拿回家，让奶奶用开水烫一下再吃，好吗？”他点点头，高兴地走了。后来，他上课能安静地专心听讲了，温热的糖成了我和他之间的小秘密。

没有说出的“爱”

从河南出差回来，第一节语文课。我推开门走进教室，热烈的掌声响起来，我抬起头一看，黑板上写着几个大字“詹老师，欢迎回来，辛苦了！一六（2）班。”瞬间感受到孩子们暖暖的爱，我微笑着面向他们，“谢谢同学们！”掌声再次响起。“上周，老师不在，你们还拿回了两面标兵班牌真了不起！老师也把掌声送给你们。”此时无声胜有声，我给他们竖起了大拇指，告诉他们“你们是最棒的！”清楚地记得离开深圳的第一天下午，就收到一个孩子的信息：“詹老师，你才走了半天，我就开始想你了。祝工作顺利！”此时此景，我对他们说，“詹老师想你们了！”52 双手都高举起来，异口同声地说："老师，我们也想你！"我做了个手势，本想说一句"老师永远爱你们！"这句话到嘴边又咽下了，憋在心里，一直没说出来。

因为离别总是伤感的，孩子们，与你们相处六年了，或多或少有些不舍。抽屉里还装着他们做错事后，写下的一份份保证书；柜子里还珍藏着他们送的五彩缤纷的小礼品；办公桌上还粘贴着几年前和他们的合影。我的孩子们，就要远行，我们彼此真的准备好了吗？

话说离别

记忆之门总是无锁，悄然打开，点点滴滴、一幕一幕……整整六年的漫长时光啊！将近两千个日子里——孩子们真的长大了！有泪有笑，有喜有忧，有花有果。清楚地记得运动会接力赛获得第一名时，他们一蹦三尺高的喜悦与激动；清楚地记得他们因为一点鸡毛蒜皮的事，与同学发生矛盾时的不理智与冲动；清楚地记得他们考试没考好时的伤心与难过；清楚地记得他们集体犯错误时，我苦口婆心的教诲；清楚地记得在军训中，他们第一次远离父母，在热泪中学会了坚强，感受到了集体的温暖……还有一个多月，他们就要离开我、离开母校了，我想"我永远爱你们"这句话留到最后一天毕业话说分别时说更有分量，可是"我永远爱你们"这句话到最后的一节语文课也没说出口。

一晃六年的时间过去了。孩子们告别了天真，走向了沉稳；脱去了童年的稚气，获得了自信；抛弃了依赖，学会了选择；懂得了自尊、自立、自强。他们每个人都走进了我的记忆深处。我会记住与你们朝夕相处的每一个日子、每一片记忆，将它们珍藏在心灵最深处。离别之时，我告诉孩子们：人生的戏剧舞台上，日日夜夜都在演着伤离惜别的故事，就像天上的云时聚时散，但分别不是结束，故事又已开始。汗为路洒，泪为梦流。带着母校对你们的期待，带着老师的叮咛，带着同学的祝福，带着自己的梦想踏上新的征程。母校会记住你们，老师会一如既往地关注着你们的成长。希望你们在今后的学习和生活中，拥有积极乐观的人生态度，做一个诚实守信而又富有爱心，奋发进取而又脚踏实地，善于合作而又谦虚谨慎的人！一切的语言似乎特别苍白，我奋笔疾书，随手写下了一首诗歌送给我的孩子们。

六年前的秋天
生命的列车上，我们相遇了
一路同行，课堂上一双双渴望的眼睛、一张张稚嫩的脸庞历历在目
一路同行，课间我们的欢声笑语依然清晰
一路同行，我们成了朋友，甚至成了兄弟姐妹
今天我们依然在路上，明天你们就要远行
从一个课堂到另一个课堂，从小学到中学
这将是一次充满阳光、风雨兼程的旅行
这条路或许平坦，或许布满荆棘，或许机会与挑战并存
我的孩子们，我生命列车上曾经的同行者们——
即将远行，你们准备好了吗？
请接受老师深深地祝福吧，在彼此的行囊中留下美好的回忆

请记住：这里弥漫着你们一串串的欢声笑语，这里印记着你们灿烂的笑脸，这里见证着你们用欢笑与勇敢、创意与奋进踩方踏圆的足迹，这里诉说着无数个美好的愿望，这里点燃了希望的火种……孩子们，乘着歌声的翅膀走进新学府。

母校，永远是你们的家

孩子们走了，看着空荡荡的教室，一丝丝忧伤瞬间涌上心头，离别总是伤感的。六年的时光，在彼此心中留下的记忆是永恒的。“毕业”也成了这个炎热夏天伤感与怀旧、期待与憧憬的代名词。这是他们人生阶段中一个小的站台，只做片刻停歇，积蓄力量，为的是开拓下一个崭新的征程。说好了不哭的，但还是忍不住……道不明是不舍，是叮咛，是祝福，还是期待……

教育因探索而美丽，因为探索的成功点缀了生命教育的底色；教育因拼搏而美丽，因为拼搏的汗水浇灌了生命教育的花朵；教育因执着而美丽，因为执着的信念透出了生命教育的不屈光泽。

教育如此美丽，因为教育永远跳跃着爱的乐章，激荡着我的心灵。

且教且思

教育教学是一个不断探索的过程，一个不断积累的过程，一个在行走中不断播下知识种子和收获爱的过程……教无止境，且行且思。

用手抄报形式解读《青铜葵花》

《青铜葵花》是我和孩子们一起分享的第三部作品。青铜和葵花两位主人公鲜活的形象、表现出来的真性情感动着我们，作品中的细腻描写和咏叹宛如一股温暖清澈的春水，明艳了学生的世界。为了引导孩子们正确追寻真、善、美，我思考着该怎样解读这个唯美的故事：佳句赏析？读后感？表演或朗诵？讲解重点内容？深思熟虑以后，我决定用手抄报的形式带领孩子们来解读《青铜葵花》。

手抄报的特点是图文并茂，在制作手抄报的过程中，学生的动手动脑能力可以得到培养，审美能力、设计能力、创新能力可以得到激发，上网搜集信息能力、书法水平等也可以得到大大提高。在品读《青铜葵花》之余，让学生把纯净唯美的文字摘抄下来，把高雅清远的意境创作成画，教学效果可想而知。那么，如何指导学生办好手抄报呢？

为了避免主题不突出、排版无序、缺乏个性等这样或那样的问题，我结合平时的教学实践以及自己对“青铜”“葵花”两个角色的理解，对学生提出了以下几点要求：要体现主人公的苦难与美好以及他们的真情与大爱，要充满生机与情意，尤其是要挖掘出他们的人道主义光辉。明确本手抄报的主要内容、主题、报头名以后，我引导孩子们主要从以下几点入手。

一、激发情感，促进认知，做好准备

“磨刀不误砍柴工”，把准备工作做充分了就可以事半功倍。我先引导孩子们着手准备一些基本的材料与工具。

德国教育家第斯多惠曾说：“教学的艺术不在于传授本领，而在于激励、唤醒、鼓舞。”孩子们纯净的心灵恰如那一汪泉水，投一颗激情的石子，怎么会不荡起感情的涟漪呢？课堂伊始，我点明了主题：在我们生活的这个世界，并非到处都是美好，其实还有很多痛苦。主人公青铜与葵花的家虽然十分贫穷，但他们是快乐的。故事中的场景很美，人物的外表很美，心灵更加美。在这一个故事中，时时有着一股爱，一股充满生机与情意的爱在流动。作者将苦难、美和爱写得淋漓尽致，以至于当我第一次读时竟红了眼圈。这样一个可悲可泣的故事今天要在你们笔下演绎出来，我很期待。

在我的调动下，孩子们兴趣盎然，为接下来制作手抄报鼓足了劲儿。

二、大胆想象，场景入手，正确排版

排版是手抄报的关键所在，布局好，整体才美观。选择手抄报的排版类似于玩跳格子游戏，想赢得游戏，首先得知道游戏规则。在指导学生排版时我要求孩子们：对需要编辑的内容进行整理，文字和画面的穿插要天衣无缝，给人眼前一亮的感觉，不能整张全是画或全是文字；段落与段落之间，书写的文字之间要有间隔，不能挤得太紧，不能忽大忽小，要注意审美，整个画面要有层次；文字可以横排或竖排，搭配合理，给读者轻松愉快的感觉；版面的画面要自然，不能太拘谨；内容要丰富，不能太单一；在文章与文章之间可以做些边框，让版面清晰，花边可以是方形、圆形，根据内容适当调整；版面不能太饱满，要稀疏有度，尤其边距需要空出 2 厘米；主题是手抄报的眼睛，必须简明，夺人眼球；丰富内容的同时，各篇文章的位置也要安排妥当，做到井井有条；板块设计可以横画，也可以竖画。

三、抄写文字，美术指导，小组合作

手抄报的抄写内容要弘扬正能量，突出场景，所以绘画和选择至关重要。抄写的内容要丰富多彩，要突出主题思想，不能“眉毛胡子一把抓”。我引导孩子学会抓重点，如如何把曹文轩笔下的青铜和葵花的命运通过手抄报的形式淋漓尽致地表现出来，苦难、美和爱在画中如何体现。我提醒孩子们摘抄文段时紧扣主题。作品中主人公曾经遭遇熊熊大火，无情水灾、蝗灾，但风雪压不住、严寒冻不死、饥饿奈何不了，在紧急关头，全村人无不“把腰杆挺直，挺成一棵树”……这几个场景有的同学也利用得非常好！例如，葵花走向大河时，雨季已经结束，多日不见的阳光，正像清澈的流水一样，哗啦啦漫泻于天空。有个同学用水墨画把高雅清远的意境淋漓尽致地表现了出来。

四、交流展示，美化过程，升华主题

完美的艺术来源于精雕细刻。等孩子们把文字抄写完毕后，我建议孩子们根据内容的需求，在相应的位置用插图和花边、尾花来点缀。这个改动中修饰、修饰中审美、审美中提升的过程是制作手抄报的关键过程。大功即将告成之时，我让孩子们把作品贴到黑板上展示，全班交流，互动，提建议，我恰到好处地点评。在这一夸、一批、一评中，每幅作品都呈现出了亮点与缺点。最后我们在成果分享中深深地被勇敢坚强的鲜活人物形象所感动着，感染着。我最后做出总结：尊敬痛苦，体会苦难，这样才能体会人生的价值，找到生活的真谛。

本次选择用手抄报形式来解读《青铜葵花》，通过文字阅读和绘画再造新形象，学生的审美情趣和审美能力得到了培养，阅读理解能力得到了提高，对文字作品及其他文体中的描述性文字的阅读能力得到了训练。对文本的深入解读，让他们懂得了崇尚真、善、美，让他们懂得了发现美、认识美、创造美。

由一节作文课想到的

前些天，我参加了福田区小学语文教研中心组织的教研活动，听了景鹏小学余云德老师一节名为“拥有好心情”的口语交际课，感触特别深。快乐是一种选择，懂得快乐才能快乐！无论做什么事情如果都能换位思考，那么快乐就会无时无刻地存在着。我正尝试着给三年级的孩子们上一节命题作文。以什么为题呢？听了“拥有好心情”一课，我灵机一动，就以“快乐”为题吧！

于是，作文课上，我兴致勃勃地问学生：“孩子们，你们曾经为什么事情而感到快乐？”学生们冥思苦想，一一诉说着“快乐”。“昨天，妈妈带我去吃麦当劳，我感到很开心，很快乐。”“今天，老师表扬了我，我感到很快乐。”“去年，我参加校运动会 50 米跑得了第一名，我感到很快乐。”“前天是我的生日，爸爸妈妈给我买了一只大蛋糕，还烧了一桌好菜……”

看似热闹的一堂课结束了，我陷入了深思：快乐究竟是什么？快乐的含义仅仅在于此吗？不！它还包括很多很多……

一番思索之后，我再一次走进了课堂：“同学们，上节课大家讲了很多自己的快乐，看到你们快乐老师也很快乐，可是你们的快乐仅仅是因为有所得。其实，快乐的含义远不止于此。昨天，鄞岱莎同学告诉我这么一件事情：她的表叔得了一种怪病，整天疯疯癫癫的，喜欢砸东西，看见人就想打。家里的人每天都在为此事提心吊胆，变得越来越忧虑。实在没办法，家人就把表叔锁在了房间里。表叔平时最喜欢莎莎了，现在表叔得了这种怪病，莎莎也难过，但莎莎可勇敢了，她自己主动来到表叔的房间，安慰、劝解表叔并和他谈心。不到一个星期，表叔不砸东西不打人，也吃饭了。全家人眉开眼笑，把表叔放了出来。莎莎一下子觉得心情变得特别开朗。虽然这件事情过去很久了，但每次想起这件事情，莎莎心里都美滋滋的，她觉得帮助别人得到快乐，自己也会获得快乐！”

随后，我请大家欣赏了一段从大队辅导员那里借来的录像（内容为班级中的“英语小先生”教社区的老人学英语），又采访“英语小先生”：“请你向大家介绍一下这是怎么一回事好吗？你快乐吗？为什么？”“英语小先生”侃侃而谈：“刚开始的时候，老人们怎么也学不会，我们感到有些泄气。可是，老人们学习的劲头很高，我们就坚持一遍又一遍地领读。最后，老人们能准确说‘My name is......’‘Good moring!’了，老人们笑开了花，一再地感谢我们。”

接着，我让孩子们欣赏了一段录像（内容为在大雨中雷锋叔叔冒着狂风暴雨，踩着泥泞的道路，抱着孩子，扶着年迈的大娘，送大娘回家），然后问孩子们：“雷锋叔叔累吗？快乐吗？”孩子们纷纷说了自己的看法。

我继续引导：“孩子们，快乐既源自收获，也源自付出。快乐就好像玩回力球，一旦抛出去，全世界都会感染到爱和快乐的气息，包括你自己。想一想，你有没有因为付出而得到过快乐？”

一石激起千层浪，学生的思维再一次拓展开来。

有学生说：“我在小公园遇到一个脚扭伤的小弟弟，我把他送回了家。”

我称赞他：“助人是快乐的，因为你在奉献爱心。赠人玫瑰，手有余香。”

有学生说：“我与小伙伴合作解出了一道奥数题。”

我勉励他：“合作是快乐的，因为和别人的沟通交流能共同创造价值。”

有学生说：“我参加了学校运动会，在100米比赛中夺得了第一名，我感到很快乐。”

我鼓励他：“拼搏是快乐的，因为无限风光在险峰。”

有学生说：“我的小伙伴做错了一件事情，现在，我原谅了她。我感到很快乐。”

我称赞他：“大戏剧家莎士比亚说宽容像细雨滋润大地，它赐福被宽容的人，也赐福宽容的人。宽容是快乐的，原谅别人的缺点，给别人一个改正的机会，也给自己心灵一个自由的空间。”

这时候，平时最不爱说话、一开口就结巴的小伟也开口了：“我也要说一件小事。一个阴雨绵绵的早晨，我去上学，不知道为什么心情十分烦闷。走到离学校不远处，我遇到了徐涵，我们看到一个低年级的小男孩在墙角小声哭泣。向来很有正义感的徐涵就上去询问原因。原来小男孩忘记戴红领巾和校徽了，怕老师批评，也不敢冒雨回家，急得哭了。我一想起书包里还有多余的校徽和红领巾，就拿出来给了那个小男孩。小男孩感激地说了声谢谢，快乐地跑了。我一下子觉得心情变得开朗起来。给别人快乐，自己也能获得快乐!”

开始叙述时小伟浑身不自在，我尝试着用鼓励的眼光与他沟通。后来，他成功了，虽然声音较小，但全班都报以热烈的掌声……我及时称赞他说：“这虽然是一件小事，但可以看得出我们的小伟是个乐于助人的好孩子啊!”这次发言以后，小伟胆子大了些，说话也没那么结巴了，变得开朗、活泼多了!

……

最后，我告诉学生，在我们的生活中，快乐是无处不在的。但快乐有时是稍纵即逝的，要靠我们用心去捕捉。我要求学生开展一次快乐行动，两天后上交一篇以“快乐”为题的作文，可以记录以前获得的快乐，也可以从今天起开始行动，在行动后记录自己的快乐。

两天后，读着孩子们用心写的一篇篇文章时，我真切地感受到了字里行间快乐情感的涌动。《义务教育语文课程标准（2011 年版）》明确指出：“写作教学应贴近学生实际，让学生易于动笔，乐于表达，应引导学生关注现实，热爱生活，表达真情实感。”可见，作文教学不仅要着眼于学生书面表达能力的提高，还要关注学生自我意识发展和精神世界的构建。对写作的要求则强调作文教学要真实地展现学生生命的本色，要生活化。“你是否还记得，你曾为什么事情感到过快乐?”很多同学认为参加了活动、获得了荣誉、得到了奖励才是快乐。教师可以以事例和采访的形式引路，在对话中搅动积淀在学生心底的生活积累，让学生回忆自己的生活，从而触动学生心灵深处的情结，让他们明白快乐是一种获得，也是一种付出，这就是快乐的奥妙。

“想一想，你有没有因为付出而得到过快乐?”教师时时撩动着学生的思绪，在不停地求异、求新的思维中帮学生把握生活的脉搏，让学生在不知不觉中“思接千载”“视通万里”，使他们产生写作的冲动，让语言的激流宣泄出来。

两天的“快乐行动”是教师给予学生充分的时间去亲身实践，去获得真实情感体验的过程。“纸上得来终觉浅，绝知此事要躬行。”学生经历了活动的全过程，真实体验了其间的乐趣，有了亲身感受，当然有话可说，有感可发，有情可抒，做过的事、想说的话就会自然涌到笔端。

两天的“快乐行动”无疑是一个关心他人的活动，正如陶行知先生所说：“千教万教教人求真，千学万学学做真人。”在教作文的过程中也要教学生做人，使学生成为热爱生活的、有品位的人。

现代信息技术为探究性学习注入新的生命力

“工欲善其事，必先利其器。”现代教育技术的运用优化了课堂，并为教育教学注入了新的生命力，开创了课堂新局面。在科技日益发达的今天，在语文课堂教学中恰当地运用网络多媒体来辅助教学，可活化课堂教学，激发学生的创新思维，提高学生的学习兴趣。多媒体的直观性、交互性、智能性在教学中得到了充分的体现，其图、文、音、像并茂，充分调动了学生学习的兴趣和思维的积极性。现代信息技术作为一种先进的行之有效的教学手段走进了课堂，而传统的教学手段也因它的诞生而黯然失色。作为新时期的教育工作者，我们应当如何顺应时代的潮流，巧妙地、恰到好处地运用现代信息技术，为我们的课堂增光添彩，为探究性学习注入新的生命力呢？下面谈谈我个人的几点意见。

一、借助多媒体，创设情境，激发学生学习兴趣

法国著名的昆虫学家法布尔曾把兴趣比作“炸药”，说“兴趣能把精力集中到一点”。爱因斯坦也说：“兴趣是最好的老师。”的确，兴趣可以使学生对学习充满热情，并推动学生积极探索、敏锐观察、丰富想象、深刻思考，集中精力去获取知识，创造性地完成学习任务。所以，我们就要考虑如何创设一种具体、生动的教学情境，让学生深深地融入其中。

在传统的课堂中，课本提供的只是一个不动的画面，难以激发学生的兴趣，而多媒体集声、文、图、像于一体，能化静为动，化远为近，化小为大，化虚为实。多媒体能全方位、多角度、跨时空地展示声音、画面，使学生同时受到视觉、听觉方面的冲击，很快进入情境，兴趣盎然，思维呈活跃状态。这些声、文、图、像时时刻刻都能让学生置身于新奇的环境之中。在这样的环境中，强烈的好奇心和求

知欲望时时产生，不可抑制，学生的学习过程将实现“要我学”到“我要学”的转变。新课标倡导在实践中学习，鼓励学生观察大自然、观察社会、注重情感体验，能就感兴趣的内容质疑。教学中，我通过现代信息技术创设情境，营造轻松、自然的学习氛围，使学生如身临其境。这样一来，学生就能展开想象的翅膀，大胆质疑，自主学习，效果良好。

二、借助多媒体，营造氛围，激起学生情感共鸣

儿童的情感是易于被激起的，如果他们的认知活动伴随着情感，那么他们对客观世界的认识会更为丰富、深刻，也更为主动。如果老师的语言、情感、教学内容连同渲染的课堂气氛成为一个广阔的心理场，作用于儿童的心理，从而促使他们主动积极地投入整个学习活动中，一定能达到儿童整体和谐发展的目的。现代信息技术无疑为营造氛围、激发学生情感提供了最大的可能性和最佳的视听效果。

从语言学角度来看，语言是表情达意的一种工具，这就决定了语文教学的情感性。由于语文教学渗透着强烈的情感教育，因而在培养学生对情感的感悟力方面有着得天独厚的条件。在阅读教学中，如能注意综合运用声、光、电等多媒体，营造一种情感氛围，轻轻地拨动学生内心深处的情感之弦，激起学生的情感共鸣，学生的思维也会随之活跃而灵动。

例如，上学期我教学《海底世界》时，在学生充分感知并理解课文内容的基础上，我关上了教室的灯，拉上窗帘，打开了准备好的课件。此时，出现在屏幕上的是一个神奇的世界。伴随着配乐朗诵，学生仿佛置身于海底世界。他们跟随镜头欣赏了美丽无比的海水、丰富的水产、美丽的贝壳、各种各样的海鱼、笨重的海龟，似乎一路都在侧耳倾听海底动物的窃窃私语。学生已经进入多媒体课件所呈现的情境中了，他们思维活跃，主动探求，为下一步的学习营造了良好的氛围。

我曾记得有位老师教学《草原》时的情景。在学生充分感知、理解课文内容的基础上，授课教师运用多媒体给学生展示了辽阔的大草

原的美景，配上了腾格尔带有蒙古族特色的音乐《天堂》。在悠扬舒缓的音乐声中，学生的情感一下子被调动了起来，他们仿佛已置身于美丽的大草原，在配乐朗读的时候读得声情并茂。文章读完了，学生意犹未尽，急切地想说些什么。授课教师适时引导学生展开想象，诱发着他们的创新思维，说："在这种时候，老师真想低吟一首小诗来赞美草原，相信你们也有同样的愿望。你想写一首赞美草原的小诗吗?"真可谓"厚积而薄发"。此时，学生个个情绪高涨，奋笔疾书，即兴创作起自己心中赞美草原的小诗来。

正是因为现代教育媒介通过鲜明可感的形象、悦耳动听的声音营造了一种特定的氛围，才激起了学生的情感共鸣，使他们的情感处于最佳状态。教师辅以适时的点拨、引导，才诱发了学生的创新思维。

三、借助多媒体，展示画面，引领学生感悟文中之美

小学语文教材中不但有壮烈的篇章，还有优美的语句、有趣的童话、富有哲理的寓言……它涵盖了自然美、社会美、科学美和艺术美的内容。语文教师的重要任务就是要引领学生感悟人物美、体会人情美、欣赏语言美，让学生在五彩斑斓的美的世界里，采撷一串串闪光的珍珠。而其中一个重要途径就是借助现代教育媒体，将一些文字和意境都很美但学生又较难理解的课文，通过形象、具体、生动的画面展示出来，创新思维的火花随之点燃。

例如，面对一篇蕴藏着自然美、语言美的课文，该如何引领学生感悟文中之美呢？我曾看到过一位老师在教苏教版小学语文第四册《台湾的蝴蝶谷》一课时，利用多媒体向学生展示了这样一幅图：一群群色彩缤纷的蝴蝶飞过花丛，穿过树林，越过小溪，赶到山谷里聚会，有一种黄颜色的蝴蝶在阳光的照耀下金光闪闪。游人一到山谷，立即被蝴蝶围住，蝴蝶仿佛争着让游人欣赏自己的舞姿。面对如此美妙的画面，学生深深地陶醉了。随即授课教师又播放了优美的乐曲，还进行了声情并茂的范读，学生一下子被吸引住了。他们屏住呼吸，全神贯注地听，尽情领略那诱人的美景。这样，蝴蝶谷的迷人景象自然而然深深地烙在了学生的脑海中。授课教师适时抛出问题："假如

你是一名游客，你会怎样赞美蝴蝶谷的美景?”孩子们小手林立，都争着描述、赞美这自然界的奇观。

四、借助多媒体，拓展空间，发展学生的创新思维

创新思维是创新能力的核心，然而小学生因为认知水平低、生活经验的积累有限，在思维创新的过程中往往会有这样那样的局限或偏差。教师应充分利用现代教育媒体，拓展空间，使教学内容和方法突破时间、空间的限制。教师适时加以引导、点拨，调动学生学习的积极性和主动性，可以帮助学生在更宽广的时空范围内提出假设、寻找答案、表达见解、求异创新。

例如，苏教版小学语文第一册《小河与青草》一文以童话的形式，通过小河与青草的对话，展示了小河的水之清、小草的色之绿，从而揭示了这样一个道理：小河与青草是息息相关、相互依存、缺一不可的。教师如果光凭课文中一段简短的对话就想让一年级学生明白自然界中事物之间的相互依存关系，确实比较困难。此时，借助多媒体来展示森林与大山的资料片段等相关内容就显得恰恰如其分了。当学生看到当森林被砍伐后，大山也逐渐变得光秃秃、水土流失严重、动物失去家园的情景时，他们幼小的心灵受到了强烈的震撼，思维也变得活跃起来了。有的说：“我要在大山上多栽些树，让大山变绿。”有的说：“我要在大山上多栽些花草树木，还给动物一个快乐的家。”……在这些童言稚语中，保护环境的意识已悄然萌发。

又如，在苏教版第一册课文《家》的教学中，教师运用多媒体展示一幅幅鲜活的画面，引导学生理解课文内容。在此基础上，教师再次运用多媒体课件将课文内容拓展、延伸，只见屏幕上清晰地出现了一幅幅画面：树林中小鹿、兔子在奔跑，大海中海豚在跳跃，月亮在宇宙中沉睡，蚯蚓在泥土中蠕动……学生被这一幅幅画面吸引住了，思维异常活跃，当老师让他们说说哪儿是谁的家时，他们几乎是脱口而出。

由此可见，多媒体可以形象、直观地作用于学生的感官，拓展学生的眼界，激发学生的兴趣，激起学生的情感共鸣，让学生感受美、体验美，并在此过程中发展创新思维。

因此，语文课上，在学生自主学习的过程中，恰当地运用多媒体辅助教学，能刺激学生的感官，使它们都动起来为学习服务，从而活化语文课堂教学，让学生愉快地学习。

五、借助多媒体，成功赏读，加强课程改革整体组合

在交流评读阶段，主要让学生进行交流性朗读，并在交流中通过自读自评、师生互评等方式，加深对课文的理解，加深情感体验，促进语感发展，提高朗读水平，逐步达到熟读成诵的要求。而在成功赏读阶段，主要体现自我表现，通过个人或集体表演性读、分角色读、背诵等形式，让学生享受成功的喜悦，达到在愉悦中积累的目的。

听觉媒介（录音机）不仅具有播放功能，还可以把学生的朗读录下来，放给学生听，以增强学生的成就感。学生录音与录音范读进行比较、分析，可以帮学生寻找不足、积累经验，为今后的朗读训练提供借鉴。要提高学生的成就感，就要运用现代信息技术，充分发挥多媒体的积极功能。我在平时的教学中就尝试着将这两种媒介组合起来，先把学生的朗读用录音机录下来，请学生评价，然后根据学生读的情况让计算机发出各种鼓励性的语言，既让学生有了成就感，又活跃了课堂气氛，将教学推向了高潮。只有把现代信息技术与小学语文教学整体改革结合起来，创造性地运用现代信息技术，并注重和传统教学媒介的优化组合，才能激发和强化学生学习的兴趣和积极性，变抽象为直观，提高教学效果，节省时间，加大课堂教学容量，使每个学生的多种感官都能发挥作用，最终达到提高小学语文阅读教学质量的目的。

实践证明，多媒体为学生的自主探究构建了“开放、互动、多元”的教学环境，能突破时空限制，帮助教师寻找文本与学生兴趣、学生经验的交叉点，并以其得天独厚的优势越来越广泛地运用于现代教育教学中。它的直观性、交互性、智能性在教学中得到了充分的体现。其图、文、音、像并茂，充分调动了学生学习的兴趣和思维的积极性，能让学生主动质疑，大胆辩驳，展示自我，使课堂真正成为学生主动参与、自主探究的场所。

“引”与“探”结合，上好语文课

安静、井然有序的课堂固然有它的好处：老师只要轻松地扮演好自己的角色，不用分心注视某个学生，阻止他的小动作，呵斥他们“插嘴”。但是，这样的课堂中，我们是否尊重过学生的意愿呢？他们在这个过程中又扮演了怎样的角色呢？大约充其量不过是个被教师摆布的听众罢了。

吕叔湘先生曾说过：“成功的教师之所以成功，是因为他（她）把课教‘活’了。”建构主义者也认为学生是自己的知识的建构者。学生的主体性不是我们赋予他们的，而是他们作为学习者天然具有的。作为语文教师，我们应该突出学生的主体性，从学生的年龄特点出发，力求形式灵活多样，融知识性、实践性、趣味性于一体，激发学生的兴趣，使他们乐于参与、主动学习，让他们当家作主，做裁判、当演员、当主持、当听众……让学生自主学习、活动和实践，通过动脑、动口、动手去发展思维、陶冶情操、开拓视野、探索知识、发挥潜能，并将其内化为自己的素质，真正让我们的课堂艺术化，让我们的课“活”起来。

那么，如何突出学生的主体性，如何上好语文课？我认为“引”与“探”巧妙结合是最好的途径。

一、恰到好处地“引”，把课堂还给学生

课堂是学生求得发展的场所，不是教师尽情表演的舞台，教师只是导演，学生才是演员。长期以来，我们的课堂以教师在讲台前主讲、学生坐在下面听记为基本形式，突出教师的权威性。课堂成了教师灌输知识的场所，成了教师唱独角戏的舞台，很多时候都忽略了学生的存在，才使得语文课变得沉闷、压抑，甚至枯燥无味。身为语文工作者，我们必须改变陈旧观念，把在课堂上获取知识的主动权交给

学生，让学生成为信息的主动摄取者和加工者，以自身的力量主动作用于教师所授的内容；充分挖掘学生自己的潜能，使学生从被动的“要我学”转化为“我要学”，变“学会”为“会学”。

（一）营造乐学氛围，唤醒主体意识，构建民主、平等的师生关系

英国教育家洛克指出：“你不能在一个战栗的心理上写上平正的文字，正同你不能在一张震动的纸上写上平正的文字一样。”创设民主、和谐的学习氛围，有助于发挥学生学习的主动性和积极性，起到潜移默化的作用。

教师首先要冲破“师道尊严”等传统观念的束缚，把民主平等的师生关系带进课堂，唤醒学生的主体意识。著名的皮格马利翁效应也证明，教师对学生抱有期望，并且通过态度、表情和行为等方式将期望传递给学生，学生就会受到鼓舞，从而信赖教师，给教师以反馈。课堂上教师要善于控制自己的情绪，不要把课外不愉快的心情带进课堂；要尊重每一个学生，让每一个学生都有平等的受教育的机会；站在讲台上，时刻不忘学生是学习的主体，不要盛气凌人，使学生望而生畏。

课堂上教师应循循善诱，给孩子们自由天地，鼓励他们上讲台，鼓励他们“七嘴八舌”，鼓励他们标新立异讲出自己独特的见解，并加以肯定和鼓励，让孩子们在讲述中不断产生新的、有价值的想法，以培养思维的求异性、创新性和灵活性。在活动中可以让学生动手摸摸，亲手做做，大胆尝试。

课堂上，教师要做到：学生答错了允许重答，答得不完整允许补充，没有想好允许再想，不清楚允许发问，有不同意见允许争论，教师错了允许批评。学生回答错误或不完整时，教师应婉言引导，不讽刺、不挖苦、不训斥、不指责，如可以告诉他们：“你说得很流利，声音响亮些会更动听。”“你是第一个举手的，可能没想好，再想想，好吗?”利用这些语言，再加上适当的动作、眼神、表情等体态，可以激起学生的上进心、自尊心、荣誉感。

总之，课堂上要努力营造最佳学习氛围，调动学生最佳精神状态，使学生以最佳的主体意识参与学习。

（二）激发学生的学习兴趣

“治学以兴趣为主。”实践证明，有了兴趣，学生就会自觉地克服困难，主动地参与学习，发挥自己的主体作用。

在语文教学中，教师可以借助音乐渲染、扮演角色等形式来激发学生的学习兴趣。合适的音乐可以烘托、渲染课堂气氛，让学生得到美的启迪，有助于学生对课文的理解。小学生好动，喜欢跟着音乐节奏或模仿动物形态做动作。教师要抓住时机，让学生扮演其中的角色，为他们提供展示的空间，使教材中静止的语言文字转化为学生的动态表演。

如在教学《春风吹》一课时，我就选择了有春天韵味的音乐来作为语言文字的背景音乐，随着诗句语言的抑扬顿挫，加之音乐节奏的松、紧、快、慢变化，学生似乎进入了大自然的春天，被春天的气息深深地吸引，这样就为学习课文打下了良好的基础，也陶冶了学生的情操，丰富了学生的想象。在教这一课时，我还找来几位学生戴上头饰分别扮演春姑娘、柳树、燕子、青蛙，按课文的发展顺序进行表演，让学生揣摩各个角色的形态、变化、语言、神情等，加深对课文的理解。在表演过程中，课堂气氛十分活跃，学生学习兴趣很浓。

（三）着重落实“三允许”，调动学生主动性

爱动、好说、好奇是孩子的特性，我们应宽容对待，不能束缚和压抑。课堂要避免“乱”吗？避免“散”吗？其实，“形乱而神不乱，形散而神不散”的局面，更是学习的好氛围，无论怎样乱怎样散，只要学生的思维在动，在指向创新和求解，这种“散”“乱”就是有价值的。“一潭死水”是课堂上“搞科学”的“大忌”。要让课堂“活”起来，还需做到“三允许”。

允许“乱”。规规矩矩地坐着，甚至背手坐，是不能上好课的，要允许学生“乱动”，让学生在“动”中育智。不必使学生局限于坐或站的姿态，甚至于自己的那张课桌。课堂上的“控制不住”“情不自禁”并非坏事，我们应该解放学生，让他们自由地动。在学生动的过程中，教师要当好导演，“动”前要使学生明白要求，“动”中相机点拨，“动”后及时小结，使学生“动”中有质量，“动”中获取知识，“动”中提高能力。只有这样，才能使学生处于主体地位、激活状态。

允许“插嘴”。每次发言，每次说话都必须经过老师的同意吗？不少老师总喜欢打断或限制学生的“插嘴”，想直奔主题，速战速决。于是一路横扫“学生乱说”之类的障碍，而这往往事与愿违、欲速则不达，会阻碍学生的发展，剥夺学生的自主性。其实，问题不争不明，争论越是激烈，越有利于学生发展。

允许“乱问”。提出问题比解决问题更重要，我们应该把学生提的任何一个问题都看成有价值的，不管学生提的问题多幼稚、多无理、多奇怪，他们都是经过思考的。作为老师，我们必须鼓励学生大胆地说、大胆地问，说出自己的想法，发现自己的思路，阐述自己的观点、理由；鼓励不爱说的学生无所顾忌地说，给他们不拘形式说的权利。教师要成为学生心声的扩音器，而不是消音键。

二、巧“引”巧“探”，培养质疑能力

教学设计是预测教学内容、学习环境、教师行为所引起的效果，并依此规划自己的教学行为而形成的教学设想。教学设计和工程师的编制设计、画家的构图设计、音乐家的乐谱设计一样，具有很强的艺术性和创造性。在课堂教学中要使学生动眼、动脑、动手、动口，灵活、主动、愉快地参与学习，使课堂教学富有成效，教师精心、巧妙、有艺术性地设计好每一个教学环节是基本前提。

（一）从活动入手，营造质疑氛围

爱玩是孩子的天性，如能配合新课内容设计游戏，从玩入手，就可以唤起学生热烈、高昂的欢快情绪。我教复韵母“ai”时一开始是这样设计的：让大家做“火车头”的游戏，请一位同学手举一幅火车头图片，一边跑跳，一边唱：“火车开，火车开，挨、挨、挨，挨着次序上车来！请××同学上车来。”这位被请的同学就把手搭在“火车头”同学的肩上，再往前开，继续唱。当“火车”上坐上了五位同学时，课堂情绪已经异常热烈。这时，我喊火车停下来，说：“对，要挨着次序上车，这个‘ai’是由哪些字母组成的，谁知道？”学生回

答后，我说："完全正确，是由单韵母'a'和'i'组成的。这种由两个单韵母组成的韵母，我们叫它'复韵母'。好，今天老师就带领大家学习复韵母。"由游戏唤起的热烈情绪，就很快被引导到课堂学习当中去了。

（二）发散求异，培养思维灵活性

一位留学生归国后说："如果教师提出一个问题，10 个中国学生的答案往往差不多；而在外国学生中，10 个人或许能讲出 20 多种不同的答案。"作为语文教师，我们应把握课文内容，巧妙设计，在语文课堂教学中训练学生思维的深刻性、变通性、独创性，使他们养成从多方面、多角度思考问题的习惯。如教《司马光》一课之前，我就利用孩子们的好胜心，精心设计、编排了这样的问题："同学们，司马光为了解救落水小孩，把缸砸了。如果是你，你还有什么可行办法能救出掉进缸里的小孩呢?"有的学生说："我会拿一根棍子让他握住并拉他上来。"有的学生说："我会搬一块石头垫脚，再去拉他。"有的学生说："我会蹲下去让别人踩在我的肩上去拉他。"热烈的讨论中，学生个个情绪高涨。

语文的教育天地是广阔的，我们必须在语文课堂上主抓"活"来训练学生思维的敏捷性，有效完成教学目标，达到动中求思、思中求知、知中求新的目的，让他们在语文课堂的"活"中得到锻炼，百炼成钢。

浅谈小学语文多媒体教学的利弊与对策

多媒体信息技术为学生的自主探究构建了开放、互动、多元的教学环境，它能突破时空限制，寻找文本与学生的兴趣、经验的交叉点，并以其得天独厚的优势越来越广泛地运用于小学语文教学中。

小学应用多媒体手段进行教学主要体现于课堂教学形式上，通过电化教学设计，使教育信息能够高速、准确、全面地传授给学生。在小学语文教学中应用多媒体，促进了教学形式的丰富多彩、教学过程的优化组合和教学质量的普遍提高，给教学注入了新的活力和生机。运用多媒体信息技术优化小学语文课堂，巧妙地将声与像、动态与静态完美地结合起来，开创了课堂教学新局面。在科技日益发达的今天，在小学语文课堂教学中，恰当地运用网络多媒体来辅助教学，可活化课堂教学，激发学生的创新思维，提高学生的学习兴趣。在这样的学习环境中，学生不再是单纯地接受教师灌输，而有了主动参与的可能。

但目前在小学语文多媒体教学中，也存在着一些误区和不足，未能遵循小学语文学科的特点，也影响着学生语感能力与自主创新学习能力的发展，影响了课堂教学效率。

在小学语文多媒体教学实践中，我初步探索出一条利用多媒体辅助小学语文教学，选准多媒体教学与语文教学的最佳结合点，提高小学语文多媒体教学实效性的路子。同时，结合自己使用多媒体教学的体会，针对小学语文教学中运用多媒体辅助语文教学存在的一些弊端，提出一些相应的解决对策。

一、巧用多媒体，优化小学语文课堂教学

随着课改实验的不断推进，在小学语文教学中，传统的课堂教学结构正在不断完善。教师从小学生心理特点和年龄特征出发，将所传

授的知识转化为形象生动的画面和动听的声音，既能激发学生的兴趣，让学生在轻松愉快的情境中获取知识，又能减轻学生负担，向课堂40分钟要质量，提高教学水平。运用多媒体辅助教学总起来说有以下几方面的优点。

（一）借助多媒体调动学生的积极性，激发学生学习兴趣

教学活动的主体是学生，教师设计教学过程必须充分考虑学生的心理特点和年龄特征。小学生年龄小，有意注意时间短，持久性差，而兴趣始终是小学生学习动机的稳定组成部分。

1. 调动学生学习汉语拼音的积极性

对于刚入学的小学生来说，让他们学习抽象的汉语拼音真有点难度。可是汉语拼音是语文学科学习的基础，是学习汉字、进行阅读和学好普通话的重要保证。如果只是单纯地让小学生看课本学习，或者单靠教师的讲授来学习就非常容易出错，学生学起来也很困难，往往会产生厌烦情绪。我们曾试着编了一些顺口溜来激发学生的积极性，可还是有一些学生有口无心，背诵得很好，但运用起来很差。后来通过尝试利用多媒体进行辅助教学，我发现学生轻而易举地就能够掌握并运用拼音了。

如教学声母“p”时，我让学生先看屏幕上“一盆泼出去的水”，形象地引出了“p”的形状，再随播放的声音读其声，这样小学生就容易识记。教声母和韵母相拼的时候，利用多媒体教学更是一目了然。如“p”和“á”相拼，让学生首先看到的画面是一片绿油油的山坡，接着屏幕出示并读出“p”，紧接着画面上又出现一个可爱的胖乎乎的小娃娃，顺着绿色的山坡往上爬。这些刚刚入学的小学生被深深地吸引住了，情不自禁地跟着大声读了起来“p—á——→pá”。教师再稍微点拨，加以训练，学生掌握起来就牢固得多。如此，学好了汉语拼音，为提高听、说、读、写等能力奠定了良好的基础。

2. 激发学生学习汉字的兴趣

识字、写字是阅读和写作的基础，是低年级语文教学的重点。语文课程标准指出，语文教学应激发学生的学习兴趣。要使学生愿学、乐学，首先要调动他们学习的兴趣。从“识字”这一要求出发，结合新课程标准，力求让学生喜欢学习汉字，有主动识字的愿望；如果只是为识字而进行教学，学生会觉得枯燥无味，注意力不集中。怎样才能形象地引导学生学习汉字呢？这时候，运用多媒体教学来激发学生的兴趣，创设最佳情境，教学效果会更加出色。

如执教《我多想去看看》一课的生字时，教师充分利用多媒体进行辅助教学，把生字词出示于液晶屏幕上，采取各种方法让学生朗读：指名读、小组读、开火车读、找朋友读，等等。接着又引导学生看着屏幕上彩色的生字，用猜谜语、加一加、减一减等方法来识记生字，让学生掌握识字的方法。指导学生书写生字时，教师先让学生观察屏幕上田字格中的生字，然后让学生指导教师在黑板上写字，教老师怎样写“广”“升”字。写完后，教师又让学生评一评教师写得如何，对此，学生跃跃欲试，自已练习写字就得心应手了。学生写完后，教师又选取有代表性的作业，放在实物投影上，让学生来评一评写得如何，从而让学生吸取别人的优点，弥补自己的不足。这样他们不仅学会了写字，还学会了方法。教学从单纯注重传授知识转变为引导学生学会学习了。

（二）借助多媒体辅助教学，突破教学重点和难点

教学过程中，遇到学生难理解但又必须掌握的知识，教师使尽浑身解数，学生还是难以掌握，有时真有点束手无措。例如，《詹天佑》一课中，对居庸关、八达岭隧道施工的不同方法的运用等内容，学生理解有难度，但是这些对文章所表达的中心思想又有很大的作用，如果掌握不好，就不能理解文章的重点——詹天佑修筑京张铁路遇到的各种困难以及他是怎样克服的，也就不能更好地体会詹天佑是“杰出的爱国工程师”。这时候如果播放录像演示居庸关、八达岭隧道示意图，引导学生了解居庸关、八达岭的地形特点，让学生说说什么叫“从两端同时向中间凿进的办法”，什么叫“中部凿井法”，说完后再演示，这样学生自然就能理解詹天佑为什么采用这样两种不同的方法以及这样施工有什么好处了。接着演示“人”字形线路的动画，让学生说说火车的走法，学生就能形象地体会这一设计的大胆和方法的巧妙了，从中感悟詹天佑勇于实践、大胆创新的精神。这一课的重点和难点就这样被解决了。

我们在教学中还可以用实物投影展示学生的作品，激发学生的成功欲望。随时让学生充分地展示自己的作品，如作业、试卷、给课文内容设计的图画等，不仅能激发他们的兴趣，也能让他们感受到成功的乐趣。总之，运用多媒体进行辅助教学，将形象生动的画面展现在学生的面前，使课堂教学变得有声有色，教学质量随之提高，达到了预期的效果。

（三）借助多媒体成功赏读，加强课程改革整体组合

广播、录音是借助电声、音响来传输信息的方式。在语文教学的朗读能力训练中，利用它们可以指导学生正确、流利、有感情地朗读，较好地达到教学目的。一方面，朗读录音用响亮、清晰的语言转换了书面文字语言，恰到好处地再现了文章的语言、节奏、格调乃至其中蕴含的情趣、意味，能给学生提供语言、节奏、语气、语调等方面的示范。另一方面，录音教材还具有可重复的特点，因而运用录音教材来进行听说、朗读训练，效果颇佳。

以诗歌《周总理，你在哪里》为例。这首诗的内容感人至深，可是对于现在的学生来说，这首诗所表现的内容和抒发的感情离他们比较远，他们对此难以在感情上产生共鸣。在教学中，教师可以先简略地介绍周恩来的生平事迹，然后再放一段配乐诗朗诵。沉重的乐曲、充满感情的朗读能很好地体现“总理爱人民，人民爱总理”的主题思想，使学生深受感动。在此基础上，让学生反复跟着课文录音朗读，特别是一些重点小节，能帮助学生体会诗人在其中表达的感情，理解诗歌的内容，能强化学生的记忆，有助于学生识记能力的培养，还能使学生体会朗读的对停顿、延长、轻音和重音等方面的一些处理技巧，有助于提高学生的朗读水平。

二、小学语文多媒体教学中存在的弊端

实践中，许多所谓的多媒体课件，只是简单的文字加图片，再配上音乐、动画等元素，甚至有的图不对文，缺乏印证，牵强附会……课堂上，学生的兴趣是有了，但热热闹闹的一节课过去之后，似乎什

么也没有留下。日本作家清冈卓行在《米洛斯的维纳斯》一文中说："米洛斯的维纳斯虽然失去了两条由大理石雕刻成的美丽臂膊，却出乎意料地获得了一种不可思议的抽象的艺术效果，向人们暗示着可能存在的无数双秀美的玉臂。""米洛斯的维纳斯正是丢失了她的双臂，才奏响了追求可能存在的无数双手的梦幻曲。"一件伟大的艺术品需要给欣赏者留下想象的余地，小学语文教学也是一门艺术，它也同样需要给学生留下想象的空间。传统的语文教学中抽象的文字虽不能像直观的图像那样给学生视觉、听觉的直接享受，却给学生留下了想象、创造的空间，可以使学生获得间接的享受。

多媒体课件以其巨大的容量、更丰富的表现形式、更直观的感受迅速得到人们的青睐。传统教学下的语文教师在备受指责的困窘中似乎看到了曙光，也做了许多有益的尝试。特别是在一些公开课、观摩课中，多媒体课件的应用效果极佳，无可挑剔。但是，也有很多语文教师走向了极端，似乎离开了多媒体就无法教学。

（一）多媒体课件违背语文教学规律和课改理念

按照全新的教学理念，语文教学应培养学生的听、说、读、写能力。教师通过创设合作探究式学习情境，充分发挥学生的主观能动性，切实提高学生的学习能力，为学生创设一个尽可能真实的情境。但教师在注重发挥多媒体的强大的信息功能的同时，却无意中把教学过程程式化了，固定的程序控制了整个课堂。在一个多媒体课件中，教师设定了一个固定的程序，体现的是教师上课前已有的教学构思。教师在课堂上只是顺着这样的程序去操作、演示、教学，要学生按教师的"圈套"发展，就得引导学生"上钩"，一旦学生"不配合"，就只好代替他们回答。这种课件的程式，无法发挥学生的主体参与作用，学生的探究能力、审美能力何谈提高？在多媒体课件图文并茂、声色俱全的诱导下，学生便很少有兴趣、有时间来关注课文本身，更别说用心体悟文章的语言文字了，留在学生知识库存里的只是被教师"咀嚼过了的面包"。对于一个语文工作者来说，没有比这样的教学更乏味的了，又何谈探究式教学呢？什么东西都是按部就班地进行，没有了语文课堂的灵活、机智、生动、活泼，这是有悖于先进的课改理念与课改精神的。

（二）多媒体课件“统治”课堂，师生难以情感交流

新的课程标准注重对学生认知方法的培养，倡导自主、合作、探究的学习方式。语文实践教学中，教师应着重引导学生通过发现、探究和意义构建的途径获取知识。也就是说，教学中多媒体课件应该是学生进行发现、探究、认识社会、接受新信息并最终完成意义建构的手段，而不应该变成教师讲解、演示的工具。课件“统治”课堂，人性化的师生人际交流被冷冰冰的“人机交往”取代，严重妨碍了师生课堂情感的互动。

在运用多媒体的过程中，如果过分突出教师的“表演”，教师口若悬河、滔滔不绝地唱独角戏，连珠问之后继之以精彩解说和绚丽的演示，必然导致学生缺少必要的课堂读书、思考与讨论的时间，缺少主动参与学习过程的机会。这样一来，学生的学习主体地位便被教师自觉或不自觉地剥夺了，学生缺少主动参与学习过程的机会，缺少应有的思维与语感训练，其语文学习能力显然难以提高。从这个意义上来说，所谓多媒体教学，就是通过现代高科技的手段和花样的包装之后的教师意志的倾泻，是一种现代化手段的灌输和“填鸭”。

因此，在运用多媒体教学过程中，教师在“教”中的引导者地位，不能以“机”取而代之。在多媒体的使用方式和时机上，要突出学生在学习过程中的主体地位，要有利于发挥学生的主观能动作用。如果用课件的演示代替教师的讲解，那教师在课堂上要做的便只是不断地点击鼠标，用事先设计的课件流程去取代学生思维的发展轨迹，学生就成了始终仰着脖子的观众。

（三）喧宾夺主，图文脱节，干扰视听，分散学生注意力

多媒体教学手段的运用，有助于设置生动的教学情境，增强教学的直观性，引导学生入情入境，从而提高课堂教学效率。但若教师一味追求新奇、刺激，迎合学生好新鲜的口味，将插图弄得过分夸张、变形，在不该插图的地方插了图，或者插上与授课内容毫不相干的图片，纯粹只是为了点缀画面，求得所谓的美化效果；课堂上播放的音乐不经过严格的挑选，与教学内容不融洽、不和谐……这样就势必造成学生注意力分散，给课堂教学带来负面影响。

我观摩过不少利用多媒体的课堂教学，实际上，现在许多所谓的多媒体课件只是简单的文字加图片，再配上音乐、动画等元素，有些甚至图不对文、缺乏印证、牵强附会。课堂上，学生的兴趣是有了，但热热闹闹的一节课过去之后，似乎什么也没有留下。

1. 为用而用

教师往往抱着“不怕胡用，只怕不用”的心理，强拉硬扯，将多媒体拖进课堂。有位教师在教学《致橡树》时，将《梁祝》中的《化蝶》一曲引入了课堂。尽管“化蝶”与《致橡树》都涉及爱情这一相同的题材，但《致橡树》重在表现一种现代爱情观，即木棉（女性）在橡树（男性）面前的独立和自尊；而缠绵悱恻的《化蝶》则表现了古人在追求自由爱情而不得时的那种无奈和伤感。细细比较，两者相去甚远。再如，一位教师在教学《我的空中楼阁》时，请美术教师画了大量意在表现“空中楼阁”独特意境的图片。我认为，图片的表现力并不能与文字所能提供给读者的无限想象空间相比。

实际教学中，这样的例子并不少见，教师往往出于狭隘的功利主义，运用多媒体来迎合某些已走入形式主义的标准，而全然不顾所选乐曲是否与课文的主题合拍，所用图片是否能帮助学生进一步理解课文。这种应用只能使课堂徒增无效信息，干扰学生的注意力，不仅不能促进教学，反而会影响课堂教学的效率。

2. 盲目“拿来”

目前，真正能利用计算机制作课件上课的语文教师并不多。在这种情形下，教师想借助多媒体辅助教学，怎么办？当然是不管三七二十一，先“拿来”。现在市场上、互联网上各种课件很多，有心者自然可随意取用。平心而论，在多媒体辅助教学起步的初级阶段，能主动取用，应该是值得肯定的。问题的关键是有些教师对制作课件缺乏必要的认识。一个成功的课件是制作者在深入钻研教材、认真分析学情的基础上，结合其教学理念、教学环节安排等诸多因素设计、制作而成的，它不可避免地凝聚着制作者的教学习惯、教学思想、教学风格，以及他对教材的理解、对学生学习水平的认识等主观因素，就这个角度而言，课件是个别的，不可移植的。教学中，对象不同、地区不同、学校不同、教师不同，课件的内容、流程也应不同。如果忽视了这一点，盲目引进的结果只能是造成机械、僵化、缺乏个性。

（四）本末倒置，过分追求多媒体课堂教学的高密度、大容量、快节奏

语文多媒体教学的高密度、大容量、快节奏已成事实，这为提高语文教学效率创造了便利条件。但语文多媒体课件中图片、音乐素材的“多”和“滥”容易掩盖语文固有的学科特点。就语文学科而言，并非每篇课文都适合用所谓的多媒体进行教学。课文的背景材料，诸如作者的生平与思想、作品创作与发表的时代特征、作者的创作意图、作品的社会影响与人们的评价以及对作品主旨的争鸣等，教师都可以从相关资料中下载并展示出来。但凡事皆有“度”，适“度”才有可能收到预期的效果；过“度”则会事与愿违，适得其反。因此，语文多媒体课堂教学要恰当控制教学容量、密度与节奏，要以有助于学生接受与消化为前提。

三、解决问题的对策

随着现代教育技术的普及应用，小学语文课堂越来越多地运用多媒体教学，并收到良好的效果。但是怎样才能更好地发挥多媒体的优势，避免进入喧宾夺主、鸠占雀巢的误区呢？通过教学实践与思考，我初步得出解决这种弊端的一些对策。

（一）认识多媒体

多媒体其实是一种工具、一种方法、一种手段。因而，利用多媒体教学必须正确认识和处理各种辩证关系，不能盲目利用。

多媒体是手段，目的是培养学生的语文能力。手段是为实现目的服务的，因此，制作多媒体课件时，既要进行教学手段性的思考，更要进行教育目标性的思考，同时还要注意多媒体与主媒体的关系：课件是多媒体，课本是主媒体，课件的根据是课文，我们必须以大纲为主，以课文为主。

我们要弄清电脑与人脑的关系：人脑为主，电脑为辅。人脑决定电脑，电脑多媒体的使用，要掌握得适时、适处、适量、适度，力求科学、合理、生动、有效。

不可盲目地一味依赖多媒体，合理正确运用多媒体教学是提高教学实效性的关键。我在教学实践中体会到，选准小学语文教学与多媒体教学的最佳结合点，是提高语文多媒体教学实效性的关键。例如，在教学《会摇尾巴的狼》时，考虑到能真正了解狼的学生并不多，如果单靠课本中的画面以及文字的描述，很难让学生对狼有更深刻的认识。为了更好地揭露狼凶残、虚伪、丑陋的一面，我借助多媒体课件，展现了一只龇牙咧嘴的狼正在用生硬的话语乞求老山羊的同情，为了体现自己善良的一面，狼竟然还摇起尾巴来，卷起了阵阵的尘土。画面逼真、形象，狼摇尾巴的画面深深地印在学生的脑海里。狼的本性被揭露得淋漓尽致。

苏霍姆林斯基指出，认识本身就是一个激发生动的、不可熄灭的兴趣的最令人赞叹、惊奇的奇异的过程。在苏霍姆林斯基看来，一切学习活动，包括语文学习活动在内都应该有浓厚的兴趣伴随。作为语文教师，应该在整个教学过程中、在教学的每一个环节上，注意调动学生的学习兴趣。只要认真研究、敏锐捕捉，我们就会拥有多种激发语文学习兴趣的手段和方法。只要我们在语文教学中正确利用多媒体，那么，摆脱那种以知识灌输为能事或以支离破碎肢解教材为乐事的课堂教学状况指日可待。相信语文的教与学会是一件愉快的事情。

（二）运用多媒体辅助教学应坚持学生的主体地位，以人为本

设计多媒体课件时，教师始终要坚持学生的主体地位和以人为本的教学思想为指导，研究课堂教学中学生学习的几个重要环节，如，“自主学习—小组讨论—构建知识结构—知识迁移形成能力—拓展知识开阔视野”策略的实施，并将其编制在课件的主界面上，使学生明确一堂课的主要任务并能主动选择学习的内容。同时，在教学环节的设置上，应该着重考虑留给学生思考、讨论的时间，注意与学生的交流，并根据学生的情况调整课件，真正做到课件为人所用，而不是人为课件所役。那么，怎样才能发挥多媒体辅助教学的优势，将课堂的中心转向指导学生进行自主学习，坚持以人为本的教学思想呢？我认为可以采用以下几种方法。

1. 运用人机交互，激发学生学习的主体意识

在以往的教学中，教师只是一本书、一张嘴、一支笔，或者再多上一张挂图、一块小黑板。教师教得累，学生学得也累，有些学生甚至失去了学习的兴趣。提高学生上课的兴趣，成了提高课堂教学效率的关键。在语文教学过程中，我采用多媒体教学，在课堂上提供信息，激发学生的学习兴趣，再以人机“对话”的交互方式引导学生思考，使学生的兴趣提高了，上课能积极回答问题了，教学效果也就有了显著的提高。

现代教育媒体进入课堂，教师利用各类教学软件引导学生学习新课，美丽的画面、悦耳的声音能给学生留下深刻的视听印象。《迷人的张家界》是一篇新的阅读课文，文章用优美的语言叙述了张家界迷人的自然风光。在学生充分阅读课文后，我问学生：“你最喜欢张家界的哪一个画面？现在你能不能当一当张家界的导游先生或导游小姐，利用老师事先准备好的画面或录像剪辑片段，结合课文向大家介绍一下这几个地方的迷人之处?”学生很快行动起来，有的读课文，有的观察图片，有的欣赏录像上的优美风景，有的已经绘声绘色借助这些内容进行导游。这样，发挥人机交互式教学的优越性，用兴趣激发学生学习的主体意识可以获得比较理想的效果。

这节课我以激发学生学习兴趣为出发点，通过动画、录像引起学生兴趣，从而达到了教学目的。兴趣是人的认知需要的情绪表现，这种方法在学生的学习过程中起了极大的推动作用，增强了学生学习的自主性，使学生在学习的过程中体会到了成功的喜悦。发挥学生主体作用的关键在于教给学生学习的方法，让学生由“要学”到“学会”，再过渡到“会学”。在教学过程中，我注意通过多媒体教学课件创设问题情境，让学生将自己放在特定的情境中，结合先前所学知识思考问题，参与解决问题，从而提高了学生处理、解决实际问题的能力。

2. 运用多媒体网络，引导学生自主学习

自主性学习主张以学生为主体，教师不是学习的主宰者，而是学习的指导者。教师应树立正确的学生观，调整好与学生之间的关系，

把自己变成一位顾问，一位交换意见的参与者，一位帮助发现矛盾论点而不是拿出现成真理的人，从而努力改变学生的学习方式，变接受型的被动学习为探索型、发现型的主动学习。

提供自主学习目标的意义在于体现学生学习主体的地位。教师针对学习内容明确相应的任务，进而围绕目标让学生主动动手操作、动脑思考问题，积极、主动地参与学习活动，在学生探究新知的过程中暴露他们感知、理解新知的矛盾和差异，把他们弄不懂的地方、错误的地方都摆在桌面上，再引导他们通过独立思考，摒弃错误，发现真理，实现由感性认识到理性认识的转化。这样，通过活动，学生自己发现要学习的东西，能够积极地被同化，因而容易更深刻地理解学习内容。

电脑最大的特点便是其交互功能。教师充分利用这一特点可以在指导性教学中选择和准备种种教学资料，指导学生利用电脑网络获取与学习有关的信息，完成学习活动，从而提高学生学习的自觉性、主动性和创造性。如教学《颐和园》一课，教师可以提供一个平台让学生进入“颐和园”游览、搜寻有关知识，然后让学生结合对课文的理解，解决教师在程序中设计的各类与课文相关的问题来对自己的学习进行检测。学生通过多媒体教学接受知识信息，在个别化学习过程中还可以根据自己的需要和进度安排自己的学习；同时，教师也可通过平台及时监控和指导学生学习。学生利用多媒体教学网络既可以同时回答问题，也可以分为一对一、一对多、多对多的小组进行语言交际活动，使每个学生有更多的机会得到训练。学生在学习过程中没有压迫感，没有自卑感，答错了也没有人笑话，学习的主动权掌握在自己手中。

3. 利用资料库进行人机交互，拓延课堂的时间和空间

在常规教学中，由于教学手段限制，极大地制约了教师在教学中的表现力。借用人机交互式教学就可以打破时空的界限，拓延课堂的时间和空间，进而增加课堂容量，减轻教师劳动强度。如《太阳》是一篇常识性课文，根据教材特点，教师首先引导学生质疑：面对太阳，你想了解有关太阳的哪些知识呢？你们提出的这些问题该如何去

寻找答案呢？“学生在提出问题后自己设计了解决问题的方案：一是从课文《太阳》中寻找答案；二是上网阅读有关资料进行了解；三是有的问题我们人类还没有得出结论，要靠我们去研究、去解答。学生自己提出问题，自己围绕自己提出的问题去寻找答案。课文学完了，学生的头脑中还存在许多问题，如太阳是怎样形成的？太阳光是什么颜色的？太阳是固体还是气体？对太阳了解较深入的学生会提出诸如太阳的运动、太阳的引力、太阳的黑子、日食之类的问题。课内对这些问题进行讲解，不仅费时，稍不注意，一堂语文课就变成了一堂科学课。这时，如果教师因势利导，启发他们利用课外时间阅览教师制作的网页或上相关网站搜寻资料，既能满足学生的好奇心，又拓宽了学生的课外知识，同时体现了学生学习的主体性。

4. 利用人机交互，进行综合素质训练，发展学生个性

21世纪是一个信息时代，也是国际竞争更加剧烈的时代。人才是竞争的焦点，信息社会所需人才必须具备两种重要的能力素质，即创新能力和信息能力。现代教育越来越重视学生素质的培养，并注重发展学生的个性，利用人机交互式教学培养学生综合素质不失为一种好的方式。如教学古诗《宿新市徐公店》，理解全诗后，为了体会诗的意境，教师让学生根据诗意利用《超级小雪》软件创作一幅名为《儿童捕蝶图》的动画，指导学生语文课的内容，兼收美术的技法，并以电脑为创作工具创作动画，学生在创作中可以充分发挥自己的才能，展示个性特点。这种以信息技术为基础的多媒体图文训练打破了学科的界线，实现了知识的重新组合。学生在学习的过程中将他们所学的知识转化为综合的应用，发展了个性特点，提高了综合素质。

小学语文教学中，由于网络的逐步发达以及课件制作水平的进一步提高，可供选择的教学课件越来越多，但是并非所有的课件都能派上用场，反映同一内容的课件的质量和难易度往往也相差较大。因此，在教学中要坚持学生的主体地位，以人为本，还应根据学生的实际情况，灵活地选用、调整课件。例如，新沙小学地处深圳福田中心区的西南，这里流动人口密集，大多数学生家庭的文化水平偏低，学生的知识素养偏低，知识面较窄，学习能力存在较大的差异。备课的

时候，我总要对不同的课件进行分类和选择，对于学习基础较薄弱的班级，我选择课件中的基础题来教学；对于学习能力较强的班级，我就选择其中的能力提高题进行教学。使不同层面的学生都能学得通，消化得好，吸收得好。

（三）多媒体课件的使用应是必要的、灵活的、易用的

我们在制作课件前，首先要考虑的是课件的教学价值，即这堂课是否有使用课件的必要，如果传统的教学模式就能达到良好的教学效果，就没有必要花费大量的精力去制作课件。因而，在确定制作课件的内容时，要注意选取那些用传统的教学模式很难达到效果的内容，即课件是必要的。

初入行的时候，我赶上了提倡运用多媒体进行辅助教学的大趋势，当时的我在初尝使用计算机多媒体教学的甜头后，便一味地赶潮流，却不知计算机多媒体教学固然有其他教学手段无法比拟的优越性，但其他教学手段的许多功能也是它无法完全取代的。忽视常规教学手段的我在相当长的时间内无法形成自己的教学风格。在专家及同行的引领下，我如一梦初醒，明白了多媒体的“辅助”功能定位。于是，我根据教学内容的实际需要，对实物、粉笔字、简笔画形式等选择性地结合运用，逐渐地形成了自己鲜明的教学风格。这使我深深地体会到，作为教师，应该合理地选用课件，使多媒体与常规手段有机地结合，才能取长补短，发挥最大的教学效率。

课件在素材的组织上应是灵活的，准备的素材要多，将它用菜单的形式提供出来。在上课时，教师可以根据学生的课堂表现，适时调整，确定哪些该用，哪些可以不用；哪些该详细讲，哪些该粗略讲。同时，教师要能根据课堂教学需要随时调整教学进程。不宜把素材制作成固定的模式，非那么讲不可。

课件在操作上应是简捷方便的，这样可以让教师在上课时把注意力集中在组织教学上。要确保教师的教学过程不被操作电脑的过程所羁绊，课件应该能用键盘或鼠标简捷地控制，使每一个画面的继续可以按一下鼠标或用空格键来进行。课件要有较强的容错能力，可尽量削减教师发生误操作的可能。一旦发生误操作，可以方便地回到出错前的位置。

（四）运用多媒体辅助教学应与传统教学手段相配合

在提倡用多媒体辅助教学的今天，有不少教师为了充分展现其教学水平，也为了使语文课堂更加精彩，更能打动学生和听课者，千方百计地收罗各种课件，填充课堂，有时甚至整节课连一个字的板书也没有，老师成了操作课件的机器，以为这样就能提高课堂教学密度，收到很好的教学效果。殊不知，这样不但不能发挥自己的教学特长，往往还事与愿违，收效甚微。在小学语文常规教学中，教师能用三言两语把某个复杂的问题讲得清楚透彻，并带有强烈的感情色彩和逻辑力量，这是任何现代技术不能代替的，其简便易行又是多媒体很难企及的。又如，传统语文教学中的讲授、背诵、分析等教学方法，虽被抨击得很多，但它仍具有很多优势。多媒体不可能解决教学中的所有问题，因此，夸大多媒体的作用，试图以多媒体教学代替传统教学的做法是不现实的。无论传播媒体怎样先进，不管它的功能如何完善，它们都不可能完全取代传统教学手段。

新课程标准中有一个基本的价值取向，就是为了每一个学生的发展。我们的语文教学难道不正应该以培养学生的人文精神、拓展学生的思维空间为目的吗？片面地追求形式上的丰富，无疑会使我们的教学背离这一目的而走向另一个极端。好的课件不是看它运用了多少制作手段、科技含量多高，而是看它是否适合教学，是否能给学生以启发和引导。也许，我们多一些平常心，少一些功利思想，心平气和地对待它，多媒体教学才能真正发挥它应有的作用。所以，教师在运用多媒体进行教学时，不应该只是考虑怎样更多地运用多媒体，而是应该考虑怎样才能与传统的教学模式相配合，相得益彰。如在教学诗歌时，可以用现成的录音资料来给学生示范朗读，但绝不能用它代替学生自己的朗读；可以用一些图片来对诗句进行解释，但不能所有的诗句都用图片来解释；可以营造诗歌的意境，但不能取代学生自己用心去体悟，用语言来描述。只有认识到这些，才能真正提高学生的欣赏水平，使学生有一定的文化积淀。

因此，在利用多媒体辅助教学时，我们要把握好多媒体的使用时机，正确处理好多媒体和粉笔、黑板、普通教具、语言表达等传统教学手段之间的关系，特别要考虑时间因素，正确处理好多媒体教学时间与适时的课堂讲解、板书、交互、反思的时间的关系。例如，把几句话的结语板书在黑板上，不一定比用幻灯片效果差。在讲复习课的时候，可利用多媒体容量大的特点提高教学效率，但也要注意穿插传统教学手段，如中间的停顿、辅助解释，让学生把要点记下来，或者事先把需要学生做笔记的内容打印出来，课后发给每一个学生，等等。同时，在运用多媒体教学的过程中，教师要注意多媒体教学的应用目的不在于给学生灌输了多少知识，而在于侧重学生能力的培养，应根据教学要求进行课件设计，在教学过程中注意教学理论和教学方法的运用，关注学生，这样才有助于提高多媒体教学的质量。

综上所述，我们应该认识到，运用多媒体辅助语文教学既是现代教育技术的运用，又是对传统教学方法的完善和补充。我们应该相信，如果我们在运用多媒体的过程中能时时注意为教学服务、为学生服务这一点，以人为本，扬长避短，使传统教学与多媒体教学相得益彰，小学语文多媒体教学作为一种新型的教学模式一定会发挥出更大的优势。

给爱涂上最美的底色

——班主任教育个案

一、学生基本情况

徐×是我带的六（2）班的一个男生，基础不太扎实，学习成绩一般对学习有一定兴趣。他想学却不勤奋，有目标但缺乏毅力。他是我班的笑星，班里有好消息都能经由他很快传遍班里每一个角落，哪位同学有不痛快，他能很快为其排解掉。上学期，学校组织的文艺表演中，他和班里其他同学配合获得了一等奖，表现出表演和文艺方面的才能。他天真活泼、调皮、自控能力差，性格耿直、脾气倔强，为人处事总以自我为中心。他上课不遵守课堂纪律，总说话，精神常常无法集中，而且总在当面或背地给老师和同学起绰号。这是他给我的感觉。

二、存在的问题

课堂上注意力不够集中，思想常开小差，经常与同学讲话，无法约束自己。课后作业拖沓，不能及时完成作业的现象严重。对其进行的说服教育、表扬鼓励，奏效的持续性短，学习成绩不太理想。孩子对家庭的依赖心理较重。

三、个案分析

每个人都有自己的长处，学生正处于成长、发育阶段，可塑性很大，只要对他们进行细致的了解和具体的分析，抓住他们的优势、长处，以此为突破口，实施有效的帮带和转化工作。从徐×的情况看，问题主要体现在自我为中心、不守纪律和学习成绩一般三个方面。

怎样使他变得优秀一些呢？

（1）其父母教育子女的方式方法存在一定问题。一开始，徐×的父母对他的期望值过高，特别是徐×的母亲，但不够耐心，看到孩子作业出错、学习不理想，便经常发火、大声训斥、罚写。而孩子比较任性，听到训斥就使性子渐渐丧失了学习兴趣，出现作业拖沓现象。

（2）孩子比较任性，父母感到束手无策。由于孩子小时候家长太过偏爱，孩子形成了蛮横、任性的性格。

四、引导的方法和过程

针对现状，作为班主任，我在家长会上明确了自己的观点，提出小学生应培养自觉学习的良好习惯。我从他的学习抓起，征得家长的同意，采取了以下方法。

（1）明确工作方向。既然是培养孩子的良好学习习惯，就不应急于求得孩子成绩快速提高。只要有了良好的学习习惯，不怕成绩上不去。我选择运用表扬、鼓励的语气激励孩子，并采用“奖星制”，持续、不断地表扬、激励，培养孩子自觉完成作业的习惯，逐渐让他改掉作业拖沓的毛病。

（2）与父母联系，交换教育孩子的方法，使家长拥有教育孩子的正确理念。同时针对孩子注意力不集中的问题，与家长一齐商量对策，通过正常的途径，采用有效的手法积极予以干预，以辅助孩子身心健康成长。定期与父母联系，及时反馈孩子在校情况，指导家长教育孩子的方法，以配合老师完成对孩子的转化工作。家长、老师要有协作精神，每周至少通话一次，及时分析孩子的状况，让他看到自己的进步，有一种成就感，并把它作为动力，激发学习的兴趣，时间长了就养成了自觉学习的良好习惯。

（3）帮带方法。帮带、转化学困生，最重要的是，首先要肯定帮带对象的优长，然后再指导其发挥长处、克服缺点。我在帮带、转化徐×的过程中，在优势中寻找弱势，在缺点中寻找闪光点，以激励为主，批评教育为辅，从抓住特点、抓好重点、狠抓难点入手，主要采取三种方法。

第一是谈心。谈心的目的是调整心理、平和心态，使他能正确地认识和看待自己及周围的人、事。一是与他本人谈。通过面对面地坐下谈，了解他的全部情况、心理承受能力及表达能力；通过电话谈，由于这种方式心态比较放松，可以了解和掌握他不好当面说的想法、事情；通过随机聊天谈，可以在不经意之中了解、掌握他现实中真实的一面。在谈心过程中，诚恳地指出他的不足，肯定他的优长，鼓励他充分发挥自己的聪明才智，明确他努力的方向，在潜移默化之中实施引导、教育。一个学期，我们至少谈心 10 余次，通过交流，师生间达成了相互理解、相互信任、相互尊重的默契。二是与家长谈。了解家长对他的要求和期望，告知家长老师的帮教措施，并每隔一段时间就有的放矢地通报他在学校的情况，在老师、家长和学生间形成一个封闭的帮带链。经过一段时间默契一致的帮带后，他为人处事的心态有了初步转变，开始关心班级、团结同学了，同学们也热情地接纳了他。他在心理上真正成为班级的一员。

第二是帮学。学生的心理压力和自我感觉在很大程度上取决于学习成绩的好坏。为此我利用大量的业余时间为他补课，增强他学习的自信心，让他认识到凭借他自己的聪明和努力，学习成绩还有很大的发展空间。

第三是激励。学生的成长进步，我认为不在于批评多少，而在于激励多少。针对他的特点，我一是在他的聪明劲儿上做文章，为他制订学习计划、明确学习目标，鼓励他赶上去、超过去，取得了一定的成效；二是在他爱表现上想办法，多给他布置工作任务，为他提供展示自我的空间，并适时地予以表扬，让他品尝为集体做贡献时，得到老师、同学认可、赞许的快乐；三是在他以后的发展上动脑筋。

五、教育启示

这个案例，使我得到了许许多多的启示。我们在平时的教学中一定要对问题儿童有更多的关爱、呵护，不能只是一味地训斥、指责，一棒子打死；孩子在低年级阶段，培养他们好的学习习惯、学习兴趣，树立他们的自信心、责任心比传授知识更重要；表扬、鼓励是使孩子健康、全面成长的法宝，我们在表扬、鼓励孩子方面绝不能吝啬；在教育孩子的同时，我们还要对家长进行指导、帮助，特别是针对那些自身素质不高的家长。表扬和鼓励不但对孩子全面、和谐的发展非常重要，对家长也关系重大。针对多数家长片面追求分数、只注重孩子眼前发展的现象，我们应该大力宣传素质教育的重要性，使家长们走出误区，着眼于孩子的未来和终身发展的教育，使每个孩子的身心都能健康地发展，使素质教育真正落到实处。

通过一个学期的帮带和转化工作，徐×发生了较大的变化，得到了家长、老师和同学们的认可。我也深深地认识到，只要抓住学生的特点，充分发挥他们的优长，并通过各种渠道、方法，共同努力做工作，那么他们就能有很大的转变。

借我翅膀，我也能飞翔

现代信息技术声画并茂，视听结合，具有新颖性、趣味性、直观性、准确性、刺激性和艺术性特点，是现代化的信息传递方式，它使得教学的内容和方法突破了时间、空间的限制，变得新颖多样、充满情趣，从而调动了学生学习的积极性和主动性。在阅读教学中，作为一线的教师应重视朗读训练，让学生充分地读，在读中有所感悟，在读中培养语感，在读中受到情感的熏陶。那么如何在语文阅读教学中，恰当、科学、灵活地运用现代信息技术，营造良好的语文学习氛围，切实有效地进行朗读训练呢？本人在此谈几点自己的想法和做法。

一、创设情境，使学生“想读”

要想引发学生读书的积极性，使学生全身心地融入教学的情境之中，唤起他们发自内心的学习愿望，使他们从“要我学”的被动状态转化到“我要学”的主动状态，激趣很重要。特级教师李吉林曾经说过：“音乐是一种抒情性极强的艺术形式。它通过乐曲中力度的强弱、旋律的起伏变化以及节奏的抑扬顿挫，用直感的方式，使人获得比其他艺术形式更为直接、更为丰富、更为生动的感受。”利用现代信息技术图像清晰亮丽、色彩逼真的特点，创设情境，使学生身临其境，通过画面仔细品味课文中所描绘的意境。在教学时，如果给精美的画面配上合适的音乐，一定更能激起学生的学习积极性，取得更好的教学效果。

如苏教版小学语文第三册《秋游》是描写大自然的美丽景色的课文，为了使学生更好地感受大自然的美景，我把文中的插图制作成课件，并给静态的人物配上动作和表情，配上了一段优美的背景音乐。教学伊始播放课件：蓝蓝的天空中飘着几朵白云，一阵秋风吹过，从树上落下几片黄叶。一群少先队员排着队伍，唱着歌走过。然后插入导语："大自然的景色真美啊！让老师和大家一起到郊外尽情地饱览大自然的美景吧！"接着播放歌曲《郊游》。就在学生观察图片的同时，伴随着优美的旋律，教师开始有感情地朗读课文……画面、音乐，加上教师富有激情的朗读，一下子就激发了学生的热情和丰富的想象力。"小朋友想不想自己来读一读这篇课文？"我话音刚落，同学们就迫不及待地打开书本自由地读课文了。这样，利用现代信息技术给学生创设一种特定的情境，使学生在情境中产生强烈的朗读欲望，变"要我读"为"我要读"，课堂气氛轻松愉快，取得了较好的教学效果。

二、激发想象，使学生"会读"

黑格尔在他的《美学》中指出："最杰出的艺术本领就是想象。"如果在点拨导读阶段采用现代信息技术，把图像、音响同时引进课堂，根据课文内容，充分利用各种信息，创设再现与教材内容相应的情景，烘托渲染气氛，激发学生视觉、听觉的想象，再让学生读课文，一定能调动学生的情感，使大部分学生能较有感情地朗读课文。

例如，教学苏教版小学语文第三册《狼和小羊》一课，如何指导学生读出狼的狡诈、凶恶、狠毒和小羊的温和善良而又无力反抗呢？课文中的插图是静止的，对学生的启发不大。因此，在指导朗读时，我将插图制作成动画课件播放给学生看，伴随着阴森恐怖的音乐，学生的眼前出现了两只"活"起来的动物：面目可憎的狼和软弱无能的小羊……面对此情此景，学生纷纷进入情境，捧起语文书，模仿狼和小羊的语气，把课文读得声情并茂，惟妙惟肖。这种直观效果，是过去教学中单靠纯粹的示范朗读所不能及的。在小学语文教学中，尤其是低年级的阅读教学中，充分发挥现代信息技术的优势，将文中的插图适时显现出来，不仅有利于学生从感性认识上升到理性认识，而且提高了学生的想象能力。

三、加强训练，使学生"美读"

让学生有感情地读好课文，是朗读的又一层面的要求，教师要顺着课文的情感脉络，组织好朗读训练的内容。这些内容一般指描写事物具体而文字优美的句段，含有赞美语言的句段，描写或叙述人物语言、外貌、性格等方面的句段，含有寓意的句段等。利用现代信息技术，可以表现出生动、形象的动态画面，使学生获得更多的情感体验，加深对作品的理解。

交互媒体综合了视听与计算机的优势，借助现代化的声光手段、摄制技术、动画技巧、音响效果，为教学过程创造出轻松愉快的情境。这种教学手段的最大特点就是能向学生展示生活中较难观察到的事物或现象，创造出生动、活泼、有趣的教学情境。而最大的不足就是制作时间长、制作流程复杂。教育界的有识之士曾提出“要把课件用在课堂上最需要的时间和环节上”的观点。如果教师能发挥传统教育媒体方便、快捷、直观性强的优势，将一些没有必要用多媒体展示的内容用教学“常规武器”代替，一定能省时省力，节约教育资源，取得最佳的教学效果。

当教学进入反馈练读阶段，教师在解决学生自读中存在的生字、读音等问题的基础上，要有重点地对文中的长句或学生朗读时处理不妥的地方，进行朗读的重点训练。例如，在教学苏教版小学语文第三册《美丽的丹顶鹤》一课，进入“反馈练读”阶段时，发现由于学生停顿不准确，把“一群群美丽的丹顶鹤，唱着嘹亮的歌儿从遥远的北方飞来。”读成“一群群美丽的丹顶鹤，唱着嘹亮/的歌儿从遥远的北方飞来。”我就采用了交互媒体与传统媒体（小卡片）相结合的方法解决了这个问题。我首先用小卡片出示“嘹亮的歌儿”让学生读，读完以后问学生刚才那位学生什么地方读得不对。学生回答之后，伴随着清脆有力的声音，大屏幕上原有的句子“一群群美丽的丹顶鹤，唱着嘹亮的歌儿从遥远的北方飞来”。变成了“一群群美丽的丹顶鹤，唱着嘹亮的歌儿/从遥远的北方飞来”。小卡片和多媒体计算机同时进入课堂，大大提高了各种训练的效率，使语文教学更加多姿多彩，使学生的学习也更加扎实有效。

识字教学“四步曲”

对于刚进校的一年级学生，识字教学时如果不能让他们充分地“动”起来，那么他们将很容易对学习产生厌倦情绪，注意力难以集中。在教学中，我经常鼓励学生“手舞足蹈”，利用肢体、手势来提高学习兴趣。为适应教学改革的需要和教学大纲提出的“识字教学要教给学生识字的方法，培养识字能力”的要求，我针对过去识字教学教师教、学生机械学习的传统教法，进行教学研究，改革教学方法，从传统的“教”转移到“学”。教师不能只向学生传授知识，更重要的是要教给学生自学的方法，培养学生的自学能力，让学生能够自己去探索知识，获取知识。

识字教学是小学低年级语文教学的重点，因此，一年级教改实验重点应放在识字课的教学模式上，坚持以大纲为教学理论指导，以集体教学研究为有效途径，积极开展新教材、新教法的探索活动，全面提高教学质量。结合学生的实际，我总结出“扶中放—放中扶”的课堂教学结构，对传统的识字教学进行了探索性的改革。

一、课前预习，教给预习方法

小学低年级能学会预习吗？我进行了大胆的实验。

一年级第一学期，我先教给学生简单的预习方法与步骤，教学每课的生字时，我会对学生提出简单的预习要求。首先，读准字音。辨别 b、p、d、q，掌握平舌音、翘舌音，发好后鼻音。其次，自己分析字形。教学生认识合体字的结构特点、类型（上下结构、半包围结构、全包围结构），汉字的部位和各部位的名称（上“头”、下“底”、左“旁”、右“边”、内“心”、外“框”），让学生认识和积累汉字结构部件。

一年级第二学期，我进一步加强预习指导，重点教会学生用部件分析字形的两种方法：一种是书面表达法，一种是口头表达法。鼓励学生质疑问难，要求学生设“预习笔记”，除了要求他们书写生字外，还要求他们练习用生字组词。经过两年的预习训练后测试，学生通过预习认读生字的正确率达96%以上。事实说明，只要加强辅导，提出合理要求，低年级学生是能够做好预习的，而且，预习是提高学生自学能力的一条重要途径。

二、课堂交流，反馈预习信息

学生通过自学直接学习新教材。针对低年级学生缺乏自学能力，教师可以通过在课堂上分小组互查交流、汇报、讨论、评议，及时指导，掌握学生的预习情况，采用比赛的形式，调动学生预习交流的兴趣，如要求学生在限定时间内参与比赛，看哪一个小组能最快、最准确地掌握生字词，优胜小组可获得小红花。在这一学习活动中，学生的预习兴趣被有效激发，学生互相评价预习情况，及时反馈预习信息，有利于教师及时掌握学生的预习情况，调整教学过程。

三、辅导识字，发展思维能力

叶圣陶先生认为，“国文是语文学科，在教学的时候，内容方面固然不能忽视，而方法方面尤其应当重视”。还认为，“教是为了不教”。但在课堂上也要体现教师的主导作用，主要做法如下。

(1) 读。抽读、抢读、齐读，对一些生字的平翘舌音、前后鼻音做重点的示范指导，让学生能读准字音，落实“音”的认读。

(2) 看。看板书上生字的读音，回忆字形，分析字形结构，并说说记忆字形的方法，落实“形”的辨识。如教学“完”字时，学生有的说用“园”“玩”换部首来记住，有的说用“院”去掉部首来记住，有的说用“元”字加上部首“宀”来记住。这样，学生既能掌握“完”字，又对一些形近字进行了复习巩固，识字能力得到提高。在分析字形的同时，他们的分析、辨识、记忆等方面的能力也得到了锻炼，智力也得到了发展。但学生仅仅记住了生字的字形是远远不够的，更重要的是能把学到的生字灵活运用。

（3）说。教师对字义做适当的解释，然后让学生口头扩词，选词造句，落实“义”的运用。如教学“国”字时，学生说“国旗”，教师就问：“你能用国旗造句吗?”学生会说：“星期一早上，我们排着队伍在操场上升国旗。”这时教师立刻给予肯定、鼓励，并因势利导，进行思想教育。“升国旗时应该怎样做呢?”学生说：“要敬礼、肃立。”这一类训练，能充分调动学生学习的积极性，变被动的“要我学”为主动的“我要学”。在教学识字方法的过程中，教师同时也能促进学生观察力、综合分析能力、记忆力、口头表达能力等的提高。

（4）写。重点指导书写，加强字“形”，书写规范。

四、课堂练习，检查识字效果

课堂训练是讲完新课巩固知识的重要环节，也是检查学生能力最有效的方法，教师采用多种学生乐于接受的检查形式，能取得事半功倍的效果。如通过“找朋友”“摘苹果”等游戏把汉字与读音联系起来，通过口头扩词、练习说话检查学生对生字的理解和运用的情况。

另外，教师还要加强书写的指导，指导学生写字也是教学中的一个重要环节，这是巩固识字的手段。教师要训练学生把字写得规范，不增减笔画，不改变字形，笔顺、间架结构合乎一般的规则，培养学生认真书写的良好习惯。

识字教学是教育的基础内容，识字教学的质量直接影响学生今后的学习和生活。虽然其内容枯燥乏味，但书是死的，人是活的，我们每一位教育工作者和每一位家长携起手来，积极、合理地用丰富多彩的方法和手段来改变识字教学的枯燥，让乏味的识字教学也能成为欢乐学习的海洋。

引探教学法在阅读教学中的运用

自学能力是学生在已有的知识基础上，在教师的引导下，独立地进行学习的一种能力。在语文阅读教学的过程中运用引探教学法，能更好地培养学生的自学能力，提高学生的阅读水平，开发学生的智力，充分调动学生学习的积极性，发挥学生在学习中的主体作用，提高学生的整体素质。

一、运用引探教学法激发学生兴趣

引探教学法以思考题为教学主线，将自学研讨活动贯穿教学始终，充分发挥了学生的主体地位。教学中，我采用下列办法来激发学生自学的兴趣。

（1）以疑激趣。学生在学习过程中遇到疑问时，教师需因势利导，激起他们自学的欲望和兴趣。所以，在指导学生自学课文时，我强调学生要一边读一边想，尤其在“想”字上下功夫，学会设疑、释疑。

如教《一分试验田》一文，让学生根据教师设置的思考题设疑：谁种的一分试验田？为什么要种一分试验田？一分试验田有多大？怎样种？种的结果怎样？由于抓住主要的问题来设问，学生带着问题读课文，学习情绪极佳，很快便弄清了课文的大概意思，并把握了整篇文章的脉络。

（2）以境引趣。即教师带领学生进入课文所讲的境界中，引发学生自学的兴趣。如在教学《雪地里的小画家》《在金色的沙滩上》时，教师充分利用多媒体课件，再现书中所写的情境，视听结合，让学生从具体、鲜明的画面和生动、形象的语言描述中产生如见其人、如闻其声、如临其境的感觉。学生学习的积极性可高了。

二、在引探中树立学生自学的信心

要真正使学生成为学习的主人，就必须想方设法让学生摆脱“你讲我听”的思想束缚。教学中，我运用引探教学法，提出思考题之后，在课堂上安排充足的时间让学生自学。我要求学生查字典，解决字、词、句、篇的一些问题，阅读相关的课外书，补充一些必要的知识；让学生自己分析课文，理解课文，提出问题，再从反复的“读”中回答自己提出的问题，让学生主动、自觉地看书，积极动脑思考。在课堂上，对学生通过自学不能解决的问题，教师要适当加以引导；要让每个学生都有均等的学习机会，人人动手、动口、动眼、动脑；要创造条件，让不同程度的学生均有成功的可能；对在学习上取得成功的学生，及时加以肯定、表扬，让他们把成功的喜悦变成自学的动力，牢固地树立自学的信心。

三、运用引探教学法，要教给学生自学的方法

为了提高学生的自学能力，教师必须在阅读教学中适时地把“钥匙”——自学的方法交给学生，让学生自己手执钥匙，去打开语文的知识大门，读懂各类文章。

如《少年闰土》一文的教学，我设计了多种练习，让学生边读、边想、边做练习，通过外貌看特点、理解语言知特点、分析动作抓特点、体会心理明特点、对比之中想特点，最后归纳出闰土是个知识丰富、聪明能干、勇敢机智的农村少年。在此基础上，我及时引导学生归纳读写人的文章时要抓住人物特点的方法，即通过人物的外貌、语言、动作描写，来抓住人物的特点。

教学《飞夺泸定桥》一文，我让学生围绕“怎样飞”“怎样夺”这两个重点去读课文，了解事情的经过，读懂课文。通过这课的教学，让学生明确，读写事的文章时，应抓住事情的经过这一重点去品词、品句，精读有关片段，弄懂课文。

方法是能力的核心因素，要把学习方法转化成学习能力，就需要引导学生反复实践。所以我常常选择不同类型的短文，让学生运用所学到的方法，通过自学，读懂短文。在班里，我还积极开展课外阅读，定期交流学习经验，让学生互相学习，使学生通过长期的反复实践逐步形成较强的自学能力。

四、在引探过程中培养自学的习惯

在阅读教学中运用引探教学法，要着重培养学生认真读书、认真思考的习惯，预习和复习的习惯，独立完成作业和检查作业的习惯，看书报和听广播的习惯，勤动笔的习惯。

我常跟学生讲培养良好的自学习惯的好处，让他们明确要培养哪些好的自学习惯。我把培养学生的自学习惯纳入每节课的教学目标中，贯穿于平时听、说、读、写的训练之中，对学生进行严格训练、细心培养，持之以恒，直到学生养成好的自学习惯。

如为了培养学生认真读书、认真思考的习惯，我要求学生读书时要做到眼到、手到、口到、心到。其中，“心到”是指集中注意力，边读边想；“手到”则要求学生勤查工具书，边读书边圈点，做摘抄或做笔记等。教学《我的战友邱少云》一文时，我重点抓住描写“我”的内心及邱少云的外表这两个重点片段教学。在学习“我”的内心这一片段时，让学生边读边思考：敌人采用“火力警戒”后，“我”闻到了什么？看见了什么？想了些什么？为什么会这样想？学生通过看图、朗读课文、理解重点词句等深入到课文中，与作者想在一起，逐步体会到“我”当时内心的焦急、矛盾、难受、痛苦，从“我”的这一系列的内心活动中了解邱少云处境的危险。之后，我让学生细读课文后回答：在这生死关头，只有 21 岁的年轻的邱少云的表现怎样？为什么他能这样呢？让学生各抒己见，从邱少云的外表去了解其内心活动——他当时想的只是战友，只是战斗的全局，为了战斗的胜利，他宁可牺牲自己。通过教学，邱少云的光辉形象在学生心中深深扎下了根，学生不但受到教育，受到感染，还学到了读写人文章的一个十分重要的读书方法——边读边想，通过人物的外表体会人物的内心活动。

在阅读教学时运用引探教学法，能有效地培养和发展学生的自学能力，还能更好地促进学生阅读能力的提高。

如何践行一种新的教学方式

现在，“人本”“互动”等词越来越多地进入教育教学领域，“自主、合作、探究”的学习方式也逐渐成为课堂教学中的精彩亮点，“民主、平等、和谐”的师生关系使课堂充满着生机和活力，课堂成为学生个性张扬和生命涌动的舞台。很多一线的教师以学生的自主学习、合作学习、探究学习为准则不断地推出新的教育教学方式，并在各科课堂教学中不断进行尝试。

但因为不同的学生所处的社会环境不同，所具备的知识、能力与经验也各异，所以不同的学生有不同的思维方式和不同的解决问题的策略。一些新的教学方式充分关注了学生这一特点，教学时先让学生进行课前预习，再回到课堂上进行教学活动。在整个数学活动中，教师留给学生大量的相互交流与沟通的时间和空间，允许学生有自己的见解。学生相互间提出了各种各样的问题，并试着用自己知道的方法进行解答。这样的教学方式不但增强了学生的自信心，同时也使他们了解到别人的思维方法和思维过程，从而改变了自己在认知方式上的单一性。整个过程不但保护了学生的自尊，保护了学生的信心，而且使学生的创造潜力得到了极大的开发，促进了学生的全面发展。

一、要注重课前预习题目的精心设计

课前预习作为学习过程的起始阶段，在提高学习效率方面有着重要的作用。通过预习，学生可以了解学习内容的重难点，认识新旧知识之间的联系，找出自己的疑问和困惑，从而为接下来有的放矢地学习新课做好准备。预习题目设计得好，不仅可以大大提高课堂效率，还能为学生的可持续发展奠定基础。因此，教师在设计预习题目时，要紧扣课本内容，并在此基础上，从学生“学”的角度出发，设计一些能充分挖掘、拓展学生探索过程的题目。俗话说：“精彩的背后必然有艰苦卓绝的准备与付出。”预习正是学生精彩绝伦的展示课的背后动力，只有教师设计出好的预习题目来引导，才能真正达到预习的目的，才能够让学生在课堂展示中发挥自己的潜力，在获得知识的同时，思维能力、情感态度与价值观等诸方面得到进步和发展。

二、课堂教学情境设计不要过于牵强

在教学过程中，常会发生这样的情况，由于情境的设计不符合学生的认知特点，导致课堂上出现无言以对的冷场局面。这是由于学生对某一环节捉摸不透，对理解所学内容产生了困惑。因此，在教学活动中，教师有目的地创设一些情境是必要的，但情境的创设要以学生的发展为本，要考虑到学生的年龄特点和心理规律，从学生已有的生活经验出发去选择教学资源，把学生熟悉的、喜闻乐见的、有价值的教学题材呈现给学生，让学生感到亲切，并由此产生兴趣和动力。

三、要注重小组合作学习的有效性

很多课堂上的小组合作搞得很有气氛，但我们仔细观察就可以发现，其实很多的合作是这样的：几人一小组围坐在一起，教师一宣布小组讨论，整个教室都是嗡嗡的声音，每个人都在张嘴，可谁也听不清谁在说什么；有的小组长一人说，其余学生就只当听众；有的学生则茫茫然，不知所措；更有的学生干脆把此时当作玩耍的绝好时机……几分钟过去了，教师一声令下，全体学生立即安静下来：被叫到的学生一张嘴就是我认为怎样怎样，感觉不到合作的痕迹；想发言而没有被叫到的学生则只能唉声叹气；无言以对的学生则因没被叫到而暗自庆幸……这样的合作，效果并不好。合作学习是一种重要的学习方式，不能变成热热闹闹地走过场，要注重合作学习的有效性。

四、要让学生学会倾听

新型学习方式的构建，的确在课堂中营造了一种轻松愉快的氛围，让学生能大胆地发表自己的看法，展现自我，课堂中凸显了学生是学习的主人，教师是学生学习的组织者、引导者与合作者。学生自主意识增强，探究热情高涨，教室里常常出现人声鼎沸的现象，但在这“热闹”的背后，课堂往往成了没有秩序的“客”堂。我们常看到有的学生不顾他人地表达自己的看法，有的学生在混乱中不知道先听取哪一些信息而放弃了倾听。我认为，新的教学方式的引入，必须营造一个有秩序的课堂，教师要让学生学会怎样去发表自己的意见，要教会学生尊重他人的发言，学会认真地倾听。只有这样，学生的注意力才会集中，学习才会有较强的目的性。一个形式上有秩序而实质上凸显个性、追求思维发展的课堂才是我们想要的真正课堂。

实施新的教学方式不要模式化、表面化、绝对化，要防止步入形式主义的误区。掌握一种好的教学方式，不但要有热情，更要有理性。要想使新的教学方式在自己的课堂上真正发挥作用不是一朝一夕的事情，真正接受并能运用自如，要有一个过程。教师要先从理念上理解它、接受它，然后在实际中去运用它，只有用新的教学方式打造真实的课堂，才会向有效课堂方向发展。

语文，想说爱你不容易

我常常想：大千世界，无奇不有！树叶如云，却很难找到完全相同的两片叶子；学生如海，却找不到完全相同的两个人。世界上的每种事物都是独一无二的。每个孩子都是一个独立体，不属于父母，不属于老师，仅仅属于孩子自己。而我们的课堂是教学的命脉，教学的成败取决于课堂的收获。而这一收获是属于全班学生的。如何使每个个体都能得到充分的发展呢？如何利用同样的教材，在同样的40分钟里，让班里的50多名学生都能“吃得饱”？

一、教学中的困惑

为完成教学任务，课堂常常是优等生的课堂，许多教师见到举手发言的学生学会了，就接着进行下一步的学习，殊不知还有很多学生都是囫囵吞枣，不解其中味。我在课堂教学中就有这样的困惑。

人教版小学语文三年级下册《荷花》教学案例。

师：学习第2自然段，你有什么想说的吗？为什么一进公园就闻到一阵清香？

生：因为花开得茂盛……说明花满园。

师：“一池的荷花都在舞蹈”说明什么？

生：这里把荷花拟人化，写出了作者对荷花的喜爱，把一池荷花当大自然，比喻恰当，语句严谨。

师：你还能怎样学这段话？

（学生仿说这段话，结构要一样，用上拟人手法。）

生：荷花像仙子，美丽而温柔，瞧，她那嫩黄色的小嘴巴半闭着。

师：模仿得真美。谁能说说仿说的句子好在哪里？

生：把荷花比作仙子，说得准确、合理，栩栩如生。

【教学反思】

我对爱动脑、发言积极的学生非常满意，学生对《荷花》这一课学得非常深入，理解得准确到位，拓展丰富，看得出学生的理解能力和创造能力得到了发展。但是发言的学生不过只有10多位，而且都是学优生，还有40多位学生只是静静地听别的学生说，有的还不明白说的是什么，没有参与到学习中。我做了一下检测，用5分钟让全班学生仿写第一自然段，结果有六位学生能完全按照要求自己创作；有10位学生把仿说的句子写下来，不是自己的创作；其他的学生仿写没有按要求，有的只写一半就不知如何写，有的想了很久，但一个字也写不出来。我觉得这个课堂属于四分之一的学优生的课堂，还有四分之三的学生怎么学呢？

二、教学中的分层

全班50多位学生，语文基础、理解能力、领悟能力、创造能力各不相同。根据学生个体需要，我把全班学生分成三个层次，学优生为特长提高组，中等生为自主合作学习组，学困生为教师辅导学习组。课堂上，教师分层次对三组学生提出要求，异步施教。例如，预习课文时，要求特长提高组侧重预习课文的重点句子、难点段落的理解品味，自主合作学习组侧重预习根据课文内容提出问题、解决问题，教师辅导学习组侧重课文中生字组词，找出形近字，根据词语造句，收集与本课有关的多音字、近义词、反义词，背诵优美的句段。

以下是人教版语文四年级下册《和我们一样享受春天》的教学案例。

在教学的最后一个环节，我让每个层次组为自己组设计作业并完成，再展示出来。特长提高组确定以环保为主题仿写诗歌，并展示了两首。

(1)

绿油油的草地，
本来是昆虫的天下，
可是人们毁坏绿地，
昆虫无家可归，

这究竟是为什么？
清澈的小河，
本来是鱼虾的故乡，
可是一张张大网向它们扑去，
扰乱了它们的游戏，
这究竟是为什么？

茂盛的森林，
本来是野兽的乐园，
可是一声声枪响，
打破了它们的梦幻，
这究竟是为什么？

我们希望，我们期盼——
让苦难中的动物
有一个世界，美好的世界，
不被罪恶的双手破坏！
有一个家园，幸福的家园，
不受人为的攻击！
和我们一样好好生活……

（2）

茂密的树林，
本来是鸟儿的天堂，
可是许许多多的伐木人，
把鸟儿的家园变成了一个个树桩。
这究竟是为什么？

广阔的大地，
本来是小动物的乐园，
可是如今拔地而起的工厂，
夺走了它们的欢笑声，
这究竟是为什么？

清清的池塘，
本来是小鱼小虾的天下，
可是如今排放的千万吨污水，
夺走了它们鲜活的生命，
这究竟是为什么？

我们呼吁，我们倡导——
让无辜的动物们
有一个家园，美好的家园，
和我们一样过上安稳的日子，
和我们一样享受平静的生活……

【教学反思】

特长提高组每人都能做到小组制订的要求，突出环保主题，仿写的诗歌结构与《和我们一样享受春天》一样，这些悟性比较高、语言表达有自己特点的学生都能发挥出各自的特长，有的思想性比较强，有的语言表达比较有特色。这组的学生在这一学习环节中体验到了创作的快乐，收获了思维、思想、语言、情感的累累硕果。

自主合作学习组确定仿写一节诗歌，主题不限，自由发挥，并推荐四位学生展示。

（1）

蓝蓝的天空，
本来是白云的家园，
可是混浊的废气，
成了不速之客，
这究竟是为什么？

（2）

美丽的大自然，
本来属于可爱的小动物，
可是人类的捕杀，
打破了它们的梦幻，
这究竟是为什么？

(3)

美丽的地球，
本来属于大家，
可是飞速的炮弹，
把地球变得千疮百孔，
这究竟是为什么？

(4)

蔚蓝的天空，
本来是鸟儿的天下，
可是轰隆隆的战斗机，
毁灭了它们的自由，
这究竟是为什么？

【教学反思】

自主合作学习组虽然也选择仿写，但要求适合自己的程度，只仿写一小节诗歌。从展示看，主题可以不同，思维的空间更大，比起特长提高组的难度降低；结构也不是特别严谨，有的是踉踉跄跄地完成仿写，但是这组学生动起了脑筋，挖空心思仿写到最好，做了适合自己难度的训练，在这个环节中，这组学生不只是倾听，而且拥有自己的创作。

教师辅导学习组在教师的指导下设计练习题，共同完成，最后推荐三位学生展示。

(1) 在括号里填上合适的量词。

一（　　）海鸥　　一（　　）草地　　一（　　）战舰

一（　　）星星　　一（　　）鲜花　　一（　　）鲜花

一（　　）坦克　　一（　　）沙漠　　一（　　）圆月

(2) 从课文中找出下列词语的近义词。

原来—（　　）　　到底—（　　）　　梦想—（　　）

屡屡—（　　）　　安静—（　　）　　渴望—（　　）

(3) 按要求改写句子。

① 蔚蓝色的大海是海鸥的乐园。

缩写句子：____。

② 草地滚动着足球。

扩写句子：____。

③ 频频发射的导弹把星星的家园搅得很不安宁。

改成“被”字句：____________________________________。

【教学反思】

教师辅导学习小组在教师的点拨下，根据自己的实际情况，设计与本课有关的练习题。他们在练习的过程中巩固基础知识，训练写句子的能力，虽然没有前两组学生的创造力高，但提高了自己的语言能力，是自己踏踏实实能做到的。这组学生再也不是无所事事，而是收获了进步和自信。

课堂的改变，是学生的需要所促成。课堂中的分层教学，不仅解决了教师在课堂上的一些困惑，而且每个学生在课堂中做自己能做，学自己能学，从学习中获得了成功的体验。每个学生都在挑战自己，增强自信，对学习更有兴趣。转变应从差异出发，才能实现高效语文，只有充分了解差异、利用差异、善待差异，才能真正让各个层次的学生获得最大的收获，才能让学生在原有的基础上得到最大的发展和提高，才能转变教学方式，实现差异教学。

让每一个学生真正喜欢语文，深爱语文并走向成功，我义不容辞！

小组合作学习，我出招

小组合作学习是学生学习方式的重要组成部分，在教学实践中，我也真正体会到了小组的成功合作是教与学方式转变的基本保证。但是，在调查中我发现，现在许多课堂为了迎合教学方式的转变，虽然开展了小组合作学习，但形式单一、流于形式；组员没有明确的责任分工；没有明确的预习目标；缺乏合理的评价机制；教师片面追求小组合作学习的形式，没有关注学习过程。那么，在小学语文课堂中怎样才能提高小组合作学习的有效性，做到实际意义上的合作学习呢？开展小组合作学习又需要哪些策略？下面谈谈我的点滴体会。

一、制订预案，为小组合作指明方向

没有预习方案的课堂将是一盘散沙，学生的学习将缺乏共同的奋斗目标和方向。以往的教学，我没有预先设计方案让学生提前自学，结果学生在课堂上只是跟着教师走，基础好的学生跟得上，基础较差的就很吃力、很被动。

学生由于没有课前预习，完成每个教学步骤都要花较多的时间，虽然小组也有合作，但效果并不好，水平中下的学生较被动，出现了每组的优秀生唱独台戏的现象，学习气氛很压抑。

现在，我修改了预习方案，让学生进行课前预习并小组讨论：

（1）从文中你能获得哪些信息？（口述）

（2）找到问题，把这些信息按一定的顺序在练习纸上整理一下，整理好后，在小组内互相说说自己的发现和困惑。

（3）尝试解决这个问题，完成后在小组内说出你的想法。

学生利用预习作业进行学习时，心中有数，不明白的地方，有的预先做记号，有的先请教家长、教师或同学。这样，他们学习思路清晰，为课堂上的学习做好充分的准备。由于胸有成竹，学生在小组展示时省时、高效，互相补充，并把预习时的疑难提出来共同解决，气氛热烈，效果不错。

二、合理分组，为小组合作奠定基础

我在组织学生小组合作学习时，首先给学生合理分组。考虑到人数太多不利于学生个人才能的充分展示，人数太少又不利于学生间的交流和互助，我把小组成员定为 4～6 人。我在分组时遵循了“组间同质，组内异质，优势互补”的原则，按照学生的知识基础、学习能力、性格特点的差异进行分组，让不同特质、不同层次的学生优化组合，使每个小组都有高、中、低三个层次的学生。每组根据不同的学习层次分成 1～6 号，6 人结成学习对子。这样分组不但有利于学生间的优势互补、相互促进，而且为全班各小组之间的公平竞争打下了基础。

最初分组时，我采用固定的位置，学生积极性不高，组员配合不积极。后来，我根据不同的学习内容，按活动主题的需要让学生自由组合。这不仅使学生有新鲜感，提高了合作学习的兴趣，而且改变了学生在小组中长期形成的地位，给每个学生提供了发展的机会。

其次，每个小组内要有合理的分工，组员明确各自的职责。小组内设小组长、记录员、汇报员、监督员各一名，小组长选有较强组织能力和合作意识的学生担任，组织全组人员有序地开展讨论交流、动手操作、探究活动。我根据不同活动的需要设立不同的角色，并要求小组成员既要积极承担个人责任，又要相互支持、密切配合，发挥团队精神，有效地完成小组学习任务。经过一段时间的经验总结、调试，我发现学生的小组合作意识越来越强。

三、评价激励，为小组合作增添活力

在设立小组时，我把学优生和学困生进行较为合理的搭配，不歧视学困生；同时，我还鼓励学困生多发言、多动手、多表现，建立起“能行”的积极期望，提高他们的信心，及时发现这些学生的长处并加以表扬，从而使他们能主动参与，积极发言。我经常鼓励学优生帮助学困生，体现自己的价值。除了这些，我还制订了小组合作评价量规，对学生进行激励，效果也很好。

四、适时指导，为有效合作牵针引线

教与学方式的转变使得学生成为课堂的主角，在小组合作学习中，小组成员能够主动展示、质疑，积极探索。不少教师在组织合作学习时，往往是走到哪个小组跟前就指导哪个小组，这样的指导过于随意，缺乏目的性。在合作学习的课堂上，教师作为学生合作学习的指导者和合作者，应对各小组的合作学习进行现场的指导和观察，及时对各种情况进行调控。特别是当研讨学习的内容有较大难度时，教师应该对相对薄弱的小组进行指导，适度地给一些提示。实在感到困难的，教师甚至可以成为其中的一员，一起参与讨论，扩大本组成员的学习成果，增强本组学生的自信。教师这样指导，不但可以融洽师生关系，而且可以使组与组之间的竞争力也会不断增强，学生的学习能力和综合能力也能得到提高。

在课堂教与学方式转变过程中，有效的小组合作学习对提高学生的学习能力是有极大帮助的。作为推动课堂教学改革的一线教师，我们要敢于挑战，勇于探索，讲究教学策略，促进小组更好地合作。这既有利于增强学生的创新意识，激发学生的创新潜能，促进学生个性健康发展，也有利于提高学生各方面素质。

做孩子阅读的“点灯人”

阅读，是我们终身学习的基础、基础教育的灵魂、人生成功的基石。

不言而喻，一个会阅读的孩子就如同有了“幸福的种子”，而且这颗种子一定会生根、发芽、开花、结果。这就是阅读的力量。作为一线的教师或是身为家长，我们应该努力做好一件事，那就是做孩子阅读的“点灯人”。

首先，跟大家交流一个真实的故事。她，叫葛彦彤，是我们六（2）班一个普通的孩子。但她的不平凡，就在于从小与书结下了不解之缘。从两三岁开始她就一直在医院里，没有上过一天幼儿园，妈妈常给她讲《格林童话》《安徒生童话》、伟人故事与历史类的书。葛彦彤就这样开始了自己的读书生涯。疗养之余，她甚至开始给生病的叔叔阿姨讲故事，到后来自己看图画书、童话书、寓言、知识类图书……身体康复了，她的阅读兴趣也与日俱增，各种童话书已满足不了她的阅读需要，她开始喜欢上了儿童文学、科幻小说、探险故事、少儿百科全书等。从诗歌到散文，从各种科普书到现代小说，再到古今名著。小学四年级时，她已经读完四大名著及《四书五经》《大学》《中庸》《鲁滨孙漂流记》《福尔摩斯探案隽》等。虽然她因为身体不好不能经常到学校上课，但她的语文成绩在年级一直名列前茅。五年级时，她代表我们学校参加福田区中小学生现场作文竞赛，得了特等奖；代表福田区参加深圳市现场作文竞赛，获得了一等奖。今年，她第二次参加区现场作文竞赛，又取得了一等奖。演讲比赛、讲故事比赛、国旗下讲话……都是她自己写发言稿。阅读，丰富了她的思想，锻炼了她各方面的综合能力。她得到的机会比一般孩子多了很多……我们新沙红树林小记者去采访她，问她阅读有什么秘诀，她说：“我们家并不富裕，但我觉得我很富有，因为有一位读书给我听的妈妈……”

怎么做才能让我们的孩子爱阅读、会阅读呢?

一、做孩子的阅读伙伴

孩子是父母的镜子。让孩子爱上阅读最简单的方法，我觉得莫过于父母先成为爱读书的人。如果父母坚持每天都看一点书，让读书慢慢地成为自己生命的一部分，然后慢慢地，读书也会成为孩子生命中的一部分。

身教重于言教，只有热爱读书的家长才能培养出热爱读书的孩子。家长首先要喜爱阅读，懂得阅读的方法，了解书籍的内容，这样才能指导孩子阅读，用自己的行为潜移默化地带动孩子喜欢阅读。美国著名教育家吉姆认为，读书给孩子听的作用“仅次于拥抱”，在这样的“拥抱”下，孩子的读书兴趣上来了，热情高涨了，慢慢地，他们对读书的态度就变得主动了。

二、创设良好的家庭读书条件

一个家庭有没有书，孩子是不是经常能接触到书，这与孩子能否喜欢阅读有着很大的关系。如果条件允许，只要是对孩子阅读有益的书籍，家长都可以先买好，放在孩子每日能见到的地方。时间久了，孩子每天所见都是书，随意翻翻，慢慢就会对书籍产生兴趣。

三、持续为孩子读故事书

很多父母在孩子能够自行阅读后就不再和孩子共读了，事实上，虽然孩子已经能自己读一些简单的书了，但父母还是应该继续读书给孩子听，尤其是四年级以前。当然，阅读并不只是为了给孩子留下美好的回忆，也是为了让他们更容易适应学校生活。在家中经常听读书的声音，已经接受了听的训练的孩子们，也会很容易聆听老师的话，进而成为一个会聆听他人话语的人。今年我们福田区期末语文考试就开始考听力题了。这 10 分的听力题，对于那些经常听爸爸妈妈读故事的孩子来说，应该是非常顺手的。阅读给孩子听也是教会孩子阅读非常好的方法。

四、鼓励孩子读给你听

当孩子的阅读能力逐渐提升时，父母可以跟孩子以轮读的方式来阅读，也就是父母读一段或一整页，接着让孩子来读一段或一页。对于大一点的孩子，也可以是父母先读一本比较困难的书给孩子听，再让孩子读他最喜欢、最熟悉的那本书给父母听。别忘了事后给孩子掌声和赞美。孩子在学习一项新技巧时，最需要的是父母的回馈和鼓励。

五、与孩子讨论书的内容

亲子共读时，通过讨论可以让阅读更加生动，例如，在开始读一本书之前，可以先问孩子："你觉得这本书在讲什么呢?"在阅读的过程当中也可以问："你猜，接下来会怎么样呢?""你觉得小主角应该怎么做呢?"当然，与孩子的讨论应该是很自由的，不需要事先设定好问题，也没有一定的答案。这么做只是要帮助孩子理解故事内容，也给孩子机会练习表达自己的想法。

六、带孩子逛书店

"人是环境之子。"对于孩子来讲，书店就是培养孩子读书兴趣的好地方。常在书店逛，哪有不沾书香的?书店就像一个"气场"，孩子去的次数多了，也就产生了"场效应"。因为在书店里看书的孩子也很多，或坐或趴，都在翻看着自己喜爱的书籍。带孩子到这样的环境中逛逛，自然而然地就培养了孩子看书的习惯。

七、给孩子建立阅读表，激励孩子多读书

为了进一步激发孩子看书的兴趣，可以专门为孩子设计一张读书表，孩子每看完一本课外书，把书名填在表上。每看完 5 本课外书，可以给孩子一点小小的奖励。然后是 10 本、15 本、20 本……孩子每完成一个阶段的小目标，都会高兴。当然啦！如果朋友到家里来，当着朋友的面表扬孩子看的书多，欣赏孩子的那张阅读表，孩子一定会受到莫大的鼓舞。

八、设定家庭阅读时间

每周挑选出一段固定的时间作为家庭成员共同的阅读时间，例如，吃完晚饭后的30分钟。大家选择自己喜欢的书，各自安静地阅读，事后也可以安排一个小小的分享，轮流说说自己的读书心得。这样做可以养成孩子固定的阅读习惯，也让父母有一段清闲的时间可以读自己的书。

九、鼓励孩子多用文字表达

研究发现，读与写的能力是相辅相成的，也就是阅读与写作的能力是互相提高的，因此，父母可以透过一些日常的活动来提高孩子的读写能力。例如，用简单的词汇写小纸条给孩子，并鼓励孩子也用文字来响应；也可以鼓励孩子自己写故事，或把孩子讲的笑话写下来。这些都是促进孩子读写能力的好方法。会阅读的孩子学习兴趣更浓，语言表达能力更强，思维更敏捷，写作能力更高，想象更丰富。

爱阅读的人生一定更丰富、更快乐！会阅读的孩子更成功！

阅读推广有了腾飞的翅膀

——听张明舟老师讲“世界各地少儿阅读推广”有感

每一个读者都是如此，读什么样的书，就能变成什么样的人。这是听了国际儿童读物联盟（IBBY）副主席张明舟老师“世界各地少儿阅读推广”的讲座之后，印象最深刻的一句话。阅读推广的路很漫长，但世界却因阅读推广缩短了距离。因为阅读推广打开了一扇窗，让学生有了腾飞的翅膀。

张明舟老师从自己的人生经验出发，分享了自己是如何走上阅读之路，如何走向世界阅读推广的。张老师认为，阅读能给人以幸福，这一点不分种族，不分国别。这是我第一次近距离地聆听张老师的讲座，在这次讲座中，张老师用生动的语言让我知道了作为一名小学教师，应当成为一名儿童阅读的推广人。

当一名阅读推广人，要胸怀世界，才能腾飞。整场报告下来，气氛活跃，张老师先向培训班的学员讲述了《小种子旅行记》，接着讲述了阅读让他成长的好处。用张老师的话来说：“读书使人越来越漂亮!”那怎样在浮华的现实社会中让我们的孩子爱上读书呢？他提出了“营造环境”“影响友伴”“积极暗示”“大声朗读”“读后讨论”以及“无所不用其极”等六种策略，他还向大家介绍了班级读书会的四步操作，推荐了中外儿童文学的许多作家和作品，图文并茂地展示了他自己的个人成长历程。他的学识之渊博、底蕴之深厚、阅读量之大、读书面之广实在令人敬佩。

张老师妙语连珠、旁征博引，所说的话总能引起大家的共鸣，使我们受益颇深。

作为一名语文教师，除每天忙于一线的工作之外，还必须把阅读当作信仰，让课外阅读推广发挥重要作用。怎样引导青少年好读书、多读书、读好书，提高学生阅读质量，培养学生良好的阅读习惯，使他们健康成长，已成为全社会需要共同面对的问题。我陷入了沉思。在高新技术迅猛发展的今天，电脑、电视、手机等改变了青少年的生活方式和阅读习惯。网络阅读冲击着传统的纸质阅读，逐渐成为当代的一种阅读趋势，传统的平面阅读正在被新型的网络阅读替代。虽然科技迅速发展，但在实施素质教育的今天，青少年的阅读时间、阅读内容、阅读习惯等仍存在着较大的偏差。我深深地知道，教会学生懂得如何去阅读课外书籍，是我未来日子里义不容辞的职责与义务。

人们常说："兴趣是最好的老师。"若一个人对某件事情感兴趣，做起事情来自然事半功倍。同样，若孩子对阅读感兴趣，自然也会全身心投入到阅读中。在阅读的过程中，良好的阅读习惯相当重要，例如，不动笔墨不读书、圈点勾画、关键词概括、抒发感受等。除此之外，良好的阅读方法可提高阅读效率和阅读质量，所以在青少年阅读过程中，应传授有效的阅读方法。

人们不仅能通过读书获取知识，也能通过阅读成就自己的事业，实现自己的人生价值。牛顿曾把书比作"巨人的肩膀"，我们站在"巨人的肩膀"上，便能攫取比巨人还要高出一截的学识。我们不可能亲身经历世间万种实践去获取直接经验，但我们可引导孩子为自己设计一个科学的长远阅读计划和可操作性的短期阅读目标，培养他们的阅读持续性，让他们在特定的时间里、特定的场合中形成良好的阅读习惯，终身阅读，丰富人生积累。

如何培养孩子的想象力

学生并不是任何时候都能接受老师的塑造，他们有时会坚硬得像一块合金，难以雕刻。随着孩子年龄的增长，他们的想象力越来越不及幼儿时期。幼儿时期，孩子的想象是十分丰富的，而且敢想、爱想，似乎不受任何约束，他们的思维也不受什么限制，只要是生活经验中拥有过的，他们都敢想，都会去想，这也正是孩子们发明创造的极为宝贵的资源。

我们的传统教育模式基本上属于继承型的，无形之中向孩子们灌输的是：书本上的都是真理，老师讲的都是对的，父母说的不会有错。在这种教育模式下，孩子接受的知识越多，思维也越受限制，因为求同思维使得他们不敢越雷池半步，习惯性的思维定式束缚了他们的个性。在这种教育模式下，孩子把接受和继承前人的知识作为自己学习的终点，并在成长中形成不少错误观念，如“少干傻事”“别犯错误”“别异想天开”“办事要循规蹈矩”等，这些观念的形成对生活有一定的指导意义，但无形中却严重阻碍了他们想象力和创造力的发展与发挥。

身为人师，我们如何才能确保学生在 21 世纪的竞争中立于不败之地？

一、结合各科教学活动，训练学生的想象力

语文课上，在学生朗读课文、作文、自编故事及课外阅读后，教师可以引导学生用自己的想象来体会作品的内容，在头脑中“看见”或“听见”作品中所叙述的一切。音乐课上，教师可以引导学生根据歌词或乐曲，想象出一幅幅有声有色的画面。图画课上，教师可以引导学生通过绘画、雕刻及课外的科技活动等培养学生的创造才能。

（1）通过对静物做动态想象，变无声想象为有声想象，如出示一幅画面，要求学生围绕画面的主题，写出画面上人物的精神、动作、语言等。

（2）对抽象词做具体形象的想象。如教“骄傲”一词，要求学生以人物动作神态来表达——“老王在发言，老李却仰躺在椅子上，抽着烟，眼睛仰视天花板，将一口口浓烟向天花板喷去。”这段文字虽无“骄傲”二字，但形象表现了老李的骄傲神态。

（3）对物做拟人想象。如要求对“水”做拟人想象，有两个学生写出如下的短文：“我见过奔腾不息的江水，它穿峡谷，绕暗礁，向着大海，英勇无畏，一泻千里，勇往直前。”“无数的细流，汇成浩荡的大海。而汹涌在海面上的无数细浪，仿佛是无数的前仆后继的雕塑家，他们坚毅、踏实，长年累月、日日夜夜、坚持不懈地工作着，将无数岩石雕成奇状异态，给人类铺展了无数壮观的画面。”

此外，还可要求学生对无色的事物做有色的想象，对个别事物做概括的想象等。通过想象的形式训练，学生便能逐渐掌握静观默想、浮想联翩的本领。

二、创造条件、采用多种手段，丰富学生的表象和语言

表象是想象的材料，表象的数量和质量又直接影响着想象的水平。表象越丰富，想象就越开阔；表象越错误，想象也就越荒诞。在教学中，教师要充分利用直观教具和形象化的材料，并经常组织学生参观、游览、看电影等。在实际活动中，要引导学生广泛接触各种事物，并仔细、全面、准确地观察、比较、分析、综合各种现象和问题。有时也可用丰富的情感和生动形象的语言进行口头讲述，带领学生有表情地朗读，以增强学生的感受，使学生积累起丰富和准确的表象，保证想象活动的顺利进行。如语文课上，教师为了让学生写好《春天》一文，先组织学生“忆春天”，让学生通过回忆把头脑中关于春天特点的表象提取出来，然后在初春时带学生去“找春天”，回来后就让学生“写春天”。这是积累表象、发展想象的有效途径。

想象是通过语言形式加以表现的，因此，语言与想象的发展关系密切。只有语言达到一定水平，儿童的想象才可能从形象的水平提高到符号水平，使想象变得更加广阔、深刻，更加概括且富有逻辑性。结合课文教学，教师要指导学生大量阅读文艺作品，使他们积累起丰富的词汇，足以准确描述外部事件和内心世界。

同时，教师要重视用丰富、优美、正确、清晰、生动、形象化的语言描绘事物。这不仅可以唤起学生的想象，更为表现想象做出了榜样，能使学生具体地感受到如何使用语言来表现想象，对提高学生语言表达能力、发展学生的想象有潜移默化的作用。

三、正确引导学生想象

小学阶段，学生幻想正处在远离现实的阶段。因此，教师要引导学生把幻想与现实紧密结合起来。教师可以通过组织各种主题队会，如“我在 2000 年”主题队会，让学生把个人的幻想与祖国“四化”建设的实际需要结合起来；可以利用现实生活中各种富有感染力的典型事件对学生进行引导，如英雄模范、“十佳少年”等先进事迹的传颂活动，让学生在头脑中再现这些英雄人物的光辉形象，热爱他们、敬重他们，从而激起向他们学习的强烈愿望。

有些学生以看小说、电视消磨时光，逃避艰苦的学习活动，整天沉溺于幻想之中。教师对此必须予以重视。这种现象的产生，主要原因是在孩子学习阅读时，家长只提供大量文艺作品而缺乏明确的要求和正确的指导，久而之久，孩子对学业失去兴趣，而变得热衷于想入非非，不愿从事艰苦的学习，成绩逐年下降。教师要与家长密切配合，采取有效措施，使这些孩子正确对待现实，把精力集中到学习上来。

在一个充满竞争、日益开放的社会环境中，一个人的个性、情绪、意志力以及心胸等，都直接影响着他们想象力的发展。我们必须注意对孩子良好的心理品质的培养，帮助孩子从小形成良好的个性，如自学、自尊、自信、独立性，对目标始终如一的追求，学习和活动中的责任感，乐于助人的精神等。在日常生活和学习中，对于孩子们因好奇而提出的问题，要避免出现不听、不回答和轻视、厌视的态度。

总之，想象是创造的灵魂，不要用旧思想、旧经验和思维定式来束缚孩子的思想，而应鼓励和指导孩子用自己的眼光去看世界，去思考和想象周围的事物，千万不要人云亦云。

给孩子播撒一颗阅读的种子

——听王林老师讲“家校合力，帮助孩子爱上阅读”有感

俗话说：腹有诗书气自华，最是书香能致远。如果我们能与书为伴，每天都读书，将快乐阅读进行到底，那一定是快乐的人。一直以来，我常思考：如何让阅读成为一种生活方式？如何引导孩子们真正地爱上阅读，给他们播撒一颗阅读的种子呢？5月8日，我们有幸聆听了王林老师的讲座，收获颇多。倘若能在快乐中阅读，没有压力，只有兴趣，那孩子们还会不愿意去读吗？

听完王林老师的讲座整理笔记时，我瞬间找到了让孩子爱上阅读的好方法：要想培养孩子良好的阅读习惯，必须要想方设法激发孩子的阅读兴趣，通过正确地指导阅读方法，关注孩子独立阅读的习惯，并让孩子学会阅读，培养他们主动坚持读书的习惯，最终让阅读成为孩子生活的一部分。

作为从事一线语文教学的教师，我们应该怎样做才能给孩子们点亮一盏阅读的灯，使他们爱上阅读，迈进阅读的大门，走上终身阅读的大道呢？我觉得最重要的，就是想方设法让阅读成为一种习惯，成为孩子们生活中必不可少的一部分！为了实现这一目标，我们不仅要在课堂上进行有效的指导，更要把目光聚焦到课外，聚焦到每一个家庭，家校合作，共同促进孩子阅读习惯的培养。

一、为孩子创造一个良好的阅读氛围

我们的孩子就像一张白纸，有着无限可能，所以创造一种浓厚的阅读氛围尤其重要。首先，我们在班级建立了图书角，让孩子们在课余时间能够随时翻阅。图书角的书籍一方面来自孩子个人，经我亲自筛选后放置；另一方面是从学校阅览室借阅。图书角选出专人管理，每两个月更换一次。每天早读和每周一节校本课为阅读时间。其次，

我们向家长下发了“致家长的一封信”，要求家长在家中建立一个图书架，杜绝一切干扰，在孩子读书时不开电视、不打游戏、不玩麻将，为孩子创造一个安静踏实的读书环境。学校不仅开放了图书馆阅览室，而且在一楼大堂设立了十大童书阅读专用场地，并且开展了读书漂流活动，让孩子们随时随地就能触摸到图书，只要想读书就有书可读。为了保证阅读时间，学校利用中午时间，开设了20分钟的午读课堂，让孩子们每天中午可以安安静静地读书。因为有了这些阅读平台，孩子们阅读的热情也逐渐被点燃。

二、家校合力，双管齐下

1. 合理引导、达成共识

鼓励孩子去阅读课外书，家长的引领监督作用是不可忽视的。家长自己沉湎于电视或网络，却呵斥孩子去看书，孩子怎会心平气和地去读呢？要想让孩子爱上阅读，父母首先也要对阅读产生兴趣。只有自己以身作则，极力孕育“书香家庭”的氛围，孩子耳濡目染，自然而然会拿起书。最初，家长可以与孩子一起读一些有趣的书，引导孩子爱上读书。然后，引导孩子自己去读书，家长可以与孩子一起讨论书中有趣的问题，或者让孩子把书中的故事讲给自己听。如果有时间，家长可以多带孩子去书店或图书馆，让他感受读书的良好氛围。总之，家长要与孩子一起读出书中的乐趣，这是促使孩子独立阅读的关键。

2. 建议学校方面开展读书专题活动

学校可开展如好书推荐、同读一本书、故事会、读书交流、读书手抄报、读书演讲等活动。定期开展“读书知识竞赛”，把家长请进教室，一起开展班级读书会，展示孩子自己的阅读成果。家庭方面可以进行小型活动，如“家庭诗文朗诵比赛”“名人格言交流会”“成语接龙”“猜谜游戏”等。活动不仅能反馈孩子课外阅读的情况，而且能提高孩子的口头表达能力，使孩子对课外阅读保持比较持久的兴趣。总之，家校合作可以保证孩子每天阅读，而每天坚持阅读还可以培养孩子善于利用时间的良好阅读习惯。

3. 教给方法、激发兴趣

通过宣传，有不少家长理解并支持课外阅读，可在如何进行亲子阅读方面还缺少一些方法和技巧。我们通过“家长学校”“亲子阅读书会”“个别交流”等形式，向家长介绍怎样为孩子选择合适的课外读物、怎样参与孩子的阅读、怎样为孩子大声朗读、如何创编情节、如何联系生活实际进行讲解、如何进行阅读等。家校合力，双管齐下，孩子不爱上阅读都难。

三、激发孩子阅读的潜能，培养孩子读书的兴趣

为了激发孩子的阅读潜能，培养孩子的阅读兴趣，我们学校跟悦读家园网合作，组织孩子们进入悦读家园网，进行网络阅读，通过积分换取礼物的方式，激发孩子们阅读的积极性。

设立了“阅读银行”，每个孩子都有一个阅读账户，有一本阅读“存折”。学生每读一本课外书，“存折”里都有记录，每周或每月都由班长进行统计，阅读的书籍积累到一定数量就报告班主任，由班主任报告学校“阅读银行”行长，可以换取一份礼物。不仅仅有物质奖励，学校还为阅读表现好的孩子颁发奖状，在校大会上进行大力表扬，从精神上给以鼓励。通过这些强有力的措施，孩子们阅读的积极性越来越高，学校的阅读氛围也日益浓厚。

四、尊重孩子独特的阅读感悟，给孩子尽情展示的舞台

一千个读者就有一千个哈姆雷特。每个孩子阅读时都会有自己的视角，会有自己独特的阅读感悟，我努力给孩子们创设了一个尽情展示的舞台。我利用班会课开故事会，让孩子们进行讲故事比赛。或让孩子们写读书笔记，开展读书会活动，让孩子们可以彼此进行读后感悟交流。或是让孩子制作阅读小报，或是进行读后创作，续编故事、创作漫画等，然后进行评比展示。我还组织孩子们把阅读的内容编成剧本，或是编成文娱节目，然后进行表演……这些丰富多彩、形式多样的阅读解读和交流展示，激发了孩子们丰富的想象能力和非凡的创造能力。孩子们也尽情地享受着阅读的快乐，阅读已成为孩子们每天

学习生活中不可缺少的一部分。

张潮曾经说过："少年读书，如隙中窥月；中年读书，如庭中望月；老年读书，如台上玩月。皆以阅历之深浅，为所得之深浅耳。"让孩子爱上阅读，养成阅读的好习惯，把孩子引到终生阅读的大道上，是教师义不容辞的职责。阅读的意义还在于能够造就一个人完全的人格，为一个人的终生幸福奠定良好基础。努力吧！让阅读成为孩子生活中不可缺少的一部分，让阅读成为孩子的一种良好的生活习惯。

关于中西方儿童文学阅读的几点思考

2016年5月8日，我有幸参加第五期深圳市阅读推广人公益培训班学习，聆听了王若文教授“中西儿童文教比较”讲座。她从几方面介绍了中国和西方儿童文学阅读的不同：一是阅读的“政治的正确性”不同；二是对人的研究不同；三是对孩子的尊重程度不同；四是人格的教育方式不同；五是西方通过儿童文学开展人格教育；六是西方喜欢怎样的中国儿童文学。王老师对中西方儿童读物做了分析、比较，深入浅出地阐述了她对中外阅读的见解。王若文老师在授课过程中，给现场所有参加培训的学员讲了生动的故事，介绍了首批出版的专门为中国儿童学英文创作的《憨熊》系列、《妈妈给我的圣诞礼物》，还有《爸爸的爸爸的故事》《喷火龙》《荷花——一个秃女孩子的故事》等，形象地说明了中西方儿童读物在思想、结构与内容方面的不同之处。经过学习，我从中受到了许多启发，不仅明白了中西儿童读物的不同，还对中西方阅读进行了深入的思考，现说说几点体会。

一、阅读目的不同

西方阅读主要培养学生的个性，重视学生通过阅读所获得的独特感受。因此，西方的阅读节奏较慢，教师只是鼓励、激发学生的阅读欲望，不会强迫或要求学生达到这样那样的阅读目标。他们对学生阅读效果的评价主要是看学生是否从阅读中体验到快乐。国内的阅读主要培养学生的阅读能力。基于这样的认识，我们的阅读倾向于培养学生的阅读技巧，而更多地忽略了学生的阅读感受。

由于理念不同，西方的阅读允许学生在阅读后产生稀奇古怪的想法，教师也不会因为学生离奇的想法而否定学生的感受。国内的阅读则并非如此，学生阅读结束后，教师往往把学生引到主题思想或所谓的健康思想上来，很少允许学生产生相悖的想法。我们的阅读往往只关注学生是否读懂了文章的主要内容，获得了多少信息量，而忽略了学生个体的感受。因而，国内的阅读从某些程度上扼杀了学生的想象力。

我们的阅读更多的是迎合考试，而西方的阅读更多的是让学生在别人作品的基础上进行创造。

二、阅读倾向不同

阅读倾向是影响阅读活动的重要因素之一。西方国家，如美国，认为阅读是认知思维训练和语言训练，在阅读活动中主要培养学生的阅读欣赏品质，而阅读技巧与方法是学生在阅读积累中逐步形成并随着年龄、知识和智力的发展而逐步成熟的。西方的阅读主要突出人的发展，并没有明确指出学生该从书中学到什么，获得怎样的思想认知。国内阅读的政治倾向比较明确，即儿童阶段的读物大多是希望儿童读了之后成为“好孩子”，青少年的读物则明显地要求读者具备“爱国”的思想认知。比较两种阅读的政治倾向，西方的要求比较宽泛，我们常常也会发现西方儿童读物价值取向比较多元化。国内的儿童读物内容一般是向善的，无论多么曲折的故事，结局总是令人满意。

对比的目的并非要肯定哪种阅读的政治倾向，而是要从对比中选择最优化的方案。西方由于阅读要求宽泛，学生在获得阅读体验后能如实表达，我们听到的可能是五花八门的答案，却是他们由心而发；国内的阅读政治倾向比较明确，学生阅读之后所获得的体验即使有不同，表达时也几乎是千篇一律。如何让阅读中西合璧，使学生的阅读感悟中既有西方的自由又有爱国感情？我认为，引导学生阅读时，要多鼓励学生表达阅读的真情实感，还要让学生结合生活实际来理解。

三、人格教育方式不同

正如王若文教授所说，西方阅读是通过“感悟”来实现人格教育的，而国内的人格教育方式则接近“说教”。前者是儿童自我完善的过程，而后者是儿童被驯化的过程。相比之下，西方的人格教育方式给了儿童足够的尊重，国内的人格教育方式对儿童的扩散性思维有所限制。西方的人格教育方式相对自由，并非没有缺点。在西方，儿童从小就养成以我为中心的思想，因此我行我素的表现比较明显；而国内的“说教”方式对儿童的习惯养成具有显著的效率，但也往往造成儿童“很乖”，缺乏个性。如何在这两种方式中取长补短，今后我将继续探索。

爱上阅读　携手启航

——听周益民老师讲座有感

一本好书，每一页的字里行间都是阳光。周老师从自身的经验入手，给我们生动地讲述了儿童阅读的重要性，以及如何引导孩子阅读。

“读书百遍，其义自现”“读书破万卷，下笔如有神”等都在强调博览群书的好处。阅读能力对一个学生来说是一种十分重要的能力，同时也是学生应该具备的重要素质。阅读能力的强弱，与学生获取知识、提高学习兴趣、增长见识以及培养自学能力等方面都有密切联系。

周老师告诉了我们他在一个比较贫困的县城开展阅读的艰辛与成果。那里的学生均来自农村，家庭条件差，书源严重缺乏。为了解决这一问题，他在班级开辟了图书角，并经常从学校的图书室借阅图书，鼓励学生利用中午时间和课余时间借阅书报，并要求学生做好读书笔记，及时记下自己读书的感受和疑点。

身为语文老师，我想我应该以周老师为标杆，引导学生从爱上一本书开始，培养自身课外阅读意识，加强自身课外阅读能力训练。

一、营造阅读的氛围，资源共享

我们学校很多班级都建设有小书架，陈列着学生从家里带来的藏书，供学生借阅分享。

首先我从激发学生的兴趣开始，让学生喜爱上读书。学生有了兴趣，才能从内心深处对课外阅读产生主动需要。我常用生动形象的语言向学生介绍要读的文章的内容，也常利用故事中精彩、紧张、感人的情节创设悬念，让学生产生寻根究底的好奇心，以此激趣。

其次，我常告诉学生，读书可以使我们的精神获得满足。同时我会通过介绍历史人物、科学家等的读书事例，以榜样的力量激发学生课外阅读的兴趣，这种“名人效应”所产生的力量也是不能低估的。充分利用教材中好读书的例子把读书的益处展示在学生的面前，使学生明白，古今往来，凡有作为者，无不是博览群书之辈。

二、教给学生阅读的方法

不动笔墨不读书。这其实告诉我们，在阅读的过程中需要养成动笔的习惯。习惯的养成不是一朝一夕的事，是一个循序渐进的过程，在这个过程中需要教师不停地进行强化巩固。在具体教学中，我主要分以下几步来施行：在预习过程中，我让学生标出自然段序号，并圈出文中的生字新词，借助拼音读正确。这样做的目的主要是为了让学生在动口时也动手。长期的实践证明，这样做既可以让学生及早掌握生字，又有助于学生通读全文，了解大意。在初读课文时，让学生画出自己不理解的词句，在初读结束后进行交流反馈，可以帮学生尽早扫清阅读障碍。在精读文本的过程中，画出自己感受最深的语句，并反复诵读，可以帮学生在感悟的基础上积累语言。学完一篇文章后，让学生把文章中精彩的语句摘录在笔记上，可以帮学生积累自己喜欢的成语或格言警句等。

这样的四步落实下来，学生对文本的解读质量有了很大的提升，畏惧阅读的现象明显比以前少了，课堂上参与阅读的积极性也高了，这是很值得欣慰的事。读书的方法有三种：精读、略读、浏览。适合小学生背诵的古诗词、名人名言之类可精读，童话故事一类可略读，报纸可浏览。在阅读过程中，要让学生养成“不动笔墨不读书”的习惯。在平时的阅读训练中，可以让学生把一篇刚拿到手的文章读三遍：第一遍仔细读全文，圈一圈生字，标出自然段；第二遍快速地浏览全文；第三遍先把要完成的题目读一读，带着问题读。

三、以身作则，带头做阅读之星

为了让学生爱上读书，我自己课余时间也会阅读，提升自己的素质。早读课上学生读，我也读，我读给学生听，学生读给我听，这对学生是一种无声的教育。在与学生的交流互动中，教师所流露出的热情对学生有着强烈的感染力。语文课程标准中强调要让学生喜欢阅读、感受阅读的乐趣，并提到要激发学生的学习兴趣、好奇心、求知欲和进取精神。教师可以在课堂上合理利用教学评价，让学生充分感受阅读带来的乐趣，进而把阅读的热情延伸到课外。

阅读推广，我们一直在路上

从2014年起，我和工作室同人一起在深圳市少儿图书馆、光明新区图书馆等地方，开启了阅读推广梦想之旅。活动每月一次，以郑冬梅老师主持的课题“基于生命成长的大阅读研究”为基础，实施开放而富有创意的个性化阅读，在名师的指导下，采用讲故事、故事展演、角色讨论、故事沙龙、即兴创作、阅读绘画、美文诵读等形式，分享阅读，旨在提高家长、教师和学生的阅读能力、阅读品质和语文综合素养，进而提升他们的生命品质。帮助家长和学生解决阅读、学习和成长的问题，提升家庭教育的质量，为学生构建良好的成长环境，促进家庭、学校、社会教育的和谐共进。至今，活动已经举行了33期。

我从7月30日开始至今，按照阅读推广人培训班主办方的规定开始了实习观摩，并在市少儿图书馆、市图书馆少儿服务区和福田图书馆少儿馆、区属小学开展了8次“绘本阅读”读书会。与此同时，还我抽时间阅读了一些理论著作，希望能为这次实习交上一份满意的答卷。

我认真准备了四个绘本故事的读书会方案，并形成文字文稿，不断修改完善。每举办一场读书会，我都会先挑选自己喜欢的绘本，静下心来研读，确立主题，围绕主题设计读书会方案。

记得有一次在市少儿图书馆讲故事，我带去了绘本故事《小猪不会飞》：小猪总认为做小猪很无聊、很烦，于是它尝试着装扮成各种动物去生活，最后还是觉得做自己最快乐！我采用了与孩子们分角色朗读的方法，把他们请上舞台，以平等的姿态与他们一起完成故事的讲述，极大地调动了孩子们的积极性，活跃了整个现场氛围。家长和孩子们给予了本场活动很高的评价。

实习期间，我给孩子们介绍了《爱笑的鲨鱼》。关于“鲨鱼是什么样的”这个问题，孩子们无一例外地回答：凶猛的、庞大的、恐怖的，令人毛骨悚然的。这本书中的鲨鱼笑笑住在遥远的、深深的、波涛汹涌的大海里，是大海里最爱笑、最阳光、最有趣、最喜欢交朋友的鱼。我用温柔的话语、丰富的肢体语言引导孩子们理解笑笑从找不到朋友，到鱼儿们愿意与它交朋友的故事情节，让孩子们体验到拥有朋友的快乐情感，意识到要真心、微笑地善待每一位朋友。

《驴小弟变石头》的主题是“这个世界值得信赖——就算变成了石头，爸妈的爱也能把我唤醒”；《朱家故事》的主题是“爱是体贴、分担，爱是共同成长”；《赶牛车的人》的主题是“感受诗意、温情、美好的生活方式”；而《亚历山大和发条老鼠》的主题则是“因为有你，从此我不再孤单”。《我不想当小孩》这个故事讲完后，有个孩子大声说，我发现原来布莱恩就是我自己！感谢这个兜兜转转回到了原点的故事，让孩子们明白了孩子的幸福，学会了珍惜！

在呈现方式上，我一般会选用孩子们比较熟悉或贴近他们生活实际的话题进行谈话，慢慢引入到故事上来。如讲《赶牛车的人》时，我从孩子们熟悉的话题入手和他们谈话，问他们熟悉的交通工具有哪些，这些交通工具都能给我们的生活带来什么好处。这些问题一下子就把孩子们的积极性调动了起来。当我问到他们是否见过牛车、马车时，有的说在老家见过，有的说是在电视上见过，大多数孩子却没有什么印象。我提到正在播出的一档综艺节目中类似的场景，孩子们脑海中都出现了爸爸和孩子们乘坐牛车和马车的画面，对牛车也有了初步的印象。在讲述故事全文环节，我会对故事的脉络进行梳理，便于孩子们更清晰地了解故事的全貌，产生共情，体会故事中角色的心情变化及感受。如《驴小弟变石头》，我把故事分成了以下几个方面：(1) 家庭情况；(2) 找到神奇的小石子，帮他实现愿望；(3) 遭遇狮子，变成石头；(4) 爱的召唤，变回自己。在每个孩子感兴趣的环节，我都会让孩子提出问题并展开讨论。

在讲述《1 只小猪和 100 只狼》时，我在叙述文本的过程中没有停留在简单的文字朗读上，而是结合图画，融入了自己的解读，用讲故事的口吻把它叙述了出来。除了根据图画对故事内容进行补充、延伸、再造想象，我还借助多媒体资源将阐述的故事讲得惟妙惟肖。开始时我对孩子们说，树林里到底有什么，让我们绕到小猪的前面去看看吧！引导孩子们观察画面，让他们通过模仿活动进行角色体验，再引导他们观察、猜测狼之间的对话，步步深入，在猜测故事中达到高潮。在讲《我去找回太阳》的时候，我用猜谜导入的方式，将公鸡和太阳联系在一起，然后用合作读、边读边联想的方式讲述了两只小鸡卡梅利多和卡门为了维护父亲的权威而寻找太阳、勇于冒险的故事。孩子们的表现非常活跃，争相到台前来表演、朗诵，在读、想、说、演中，孩子们自然而然地体会到了一颗勇敢、坚持不放弃、体贴的心能够创造奇迹这一主题。

延伸活动的安排，我也尽可能做到贴近故事的主题来设计，目的是为了让孩子们享受阅读带来的快乐。

阅读推广，我们一直在路上！

会阅读的孩子更成功

阅读，是我们终身学习的基础，基础教育的灵魂，人生成功的基石。

不言而喻。一个会阅读的孩子就如同有了“幸福的种子”，而且这颗种子一定会生根、发芽、开花、结果，这就是阅读的力量。

作为一线的老师，也身为家长，我们应该努力做好一件事——那就是把阅读做到孩子们的心里去，做孩子们阅读的点灯人。

首先，我想跟大家交流一个真实的故事。

她，叫葛彦彤，是我们六（2）班一个普通的孩子。但她的不平凡，就在于从小就与书结下了不解之缘。从2—3岁开始她就一直在医院里度过。没有上过一天幼儿园，妈妈就给她讲《格林童话》《安徒生童话》、伟人故事与历史类的书。这就开始她的读书生涯。疗养之余，在医院的她，给生病的叔叔阿姨们讲故事，到后来自己看图画书、童话书、寓言、知识类图书等。书让她情绪变得稳定、变得坚强。身体康复了，她的阅读兴趣也与日俱增，各种各种童话书满足不了她了，她开始喜欢上了儿童文学、科幻小说、探险故事、少儿百科全书等。从诗歌到散文从各种科普书到现代小说，再到古今名著，小学四年级她已经读完四大名著，“四书五经”、《大学》《中庸》，笛福的《鲁滨孙漂流记》《福尔摩斯探案》等。上小学了，虽然她经常因为身体不好经常不到学校上学，有时候是一个月、两个月，但她得语文成绩在年级一直名列前矛。五年级她代表学校参加福田区中小学生现场作文竞赛得了特等奖，还代表区参加深圳市现场作文竞赛获得了一等奖。今年第二次参加区现场作文竞赛又取得了一等奖。演讲比赛、讲故事比赛、国旗下讲话都是她自己主稿。阅读，丰富了她的思想、锻炼她各方面得综合能力。她得到的机会比一般得孩子多了很多。我们新沙红树林小记者去采访她，问她阅读有什么秘诀？她说：

"我们家并不富裕，但我觉得我很富有，因为有一位读书给我听的妈妈。"

怎么做才能让我们的孩子爱阅读、会阅读呢?

做孩子的阅读伙伴

孩子是父母的镜子。让孩子爱上阅读最简单的方法，我觉得莫过于让父母先成为爱书的人。如果父母坚持每天都看一点书，慢慢地看书会成为自己生命的一部分，然后慢慢地看书也会成为你孩子生命中的一部分…

身教重于言教，只有热爱读书的家长才能培养出爱读书的孩子。家长首先要喜爱阅读，懂得阅读的方法，了解书籍的内容，这样才能指导孩子阅读，用自己的行为潜移默化地带动孩子喜欢阅读。美国著名教育家吉姆认为；读书给孩子听的作用"仅次于拥抱"，在这样的"拥抱"下，孩子的读书兴趣上来了，热情高涨了，慢慢的，他们对读书的态度就变成了"我要读"。

1. 创设良好的家庭读书条件

一个家庭有没有书，孩子是不是经常能接触到书，这与孩子是不是喜欢阅读有着很大的关系。如果条件允许，家长应不嫌"汗牛充栋"，只要是对孩子阅读有益的书籍，先买好，放在孩子每日见到的地方。天长日久，孩子每天所见都是书，随意翻翻，慢慢就会对书籍产生兴趣。

2. 持续为孩子念故事书

很多父母在孩子能够自行阅读后，就不再和孩子共读了，事实上，虽然孩子已经能自己读一些简单的书了，但父母应该继续念书给孩子听，尤其是四年级以前。当然啦！阅读并不只是为了给孩子留下美好的回忆，是为了更容易适应学校生活。在家中经常听阅读书籍的声音，已经接受了听的训练的孩子们，也会很容易聆听老师的话，进而成为一个会聆听他人话语的人。今年我们福田区期末语文考试就开始考听力题了。这 10 分的听力题，对于那些经常听爸爸妈妈念故事的孩子们来说，应该是非常得心顺手。阅读给孩子听也是非常好的方法。

3. 鼓励孩子读给你听

当孩子的阅读能力逐渐提升时，他的父母可以跟孩子以轮读的方式来阅读，也就是父母念一段或一整页，接着让孩子来读一段或一页。对于大一点的孩子，也可以是父母先念一本比较困难的书给孩子听，再让还孩子读他最喜欢、最熟悉的那本书给父母听。别忘了事后给孩子掌声和赞美，当孩子在学习一项新技巧时，最需要的是父母的回馈和鼓励。

4. 与孩子讨论书的内容

亲子共读时，通过讨论可以让阅读更加生动，例如，在开始读一本书之前，可以先问孩子“你觉得这本书在讲什么呢?”，在阅读的过程当中也可以问他：“你猜接下来会怎么样呢?”“你觉得小主角应该怎么做呢?”只是，与孩子的讨论应该是很自由的，不需要事先设定好问题，也没有一定的答案。这么做只是要帮助孩子更能理解故事内容，也给孩子机会练习表达自己的想法。

5. 带孩子逛书店

“人是环境之子。”对于孩子来讲，书店就是培养孩子读书兴趣的好地方。“常在书店逛，哪有不沾书香的。”书店就像一个“气场”，孩子去的次数多了，也就产生了“场效应”。因为在书店里看书的孩子也很多，或坐或趴，都在翻看着自己喜爱的书籍。带孩子到这样的环境中逛逛，自然而然地加固了他看书的习惯。

6. 给孩子建立阅读表，激励孩子多读书

为了进一步激发孩子看书的兴趣，可以专门为孩子设计一张读书表，孩子每看完一本课外书，把书名填在表上。每看完 5 本课外书，可以给孩子一点小小的奖励。然后是 10 本、25 本、30 本，每完成一个阶梯的小目标，都会高兴。当然啦！如果朋友到家里来，当着朋友的面表扬孩子看的书多，欣赏孩子的那张阅读表，孩子一定会受到莫大的鼓舞。

7. 设定家庭阅读时间

每周挑选出一段固定的时间，是家庭成员共同的阅读时间，例如吃完晚饭后的30分钟，大家选择自己喜欢的书，各自安静地阅读，事后也可以安排一个小小的分享，轮流说说自己的读书心得。这样做养成孩子固定的阅读习惯，也让父母有一段清闲的时间，可以读自己的书。

8. 鼓励孩子多用文字表达

研究发现，读与写的能力是相辅相成的，也就是，阅读与写作的能力是互相增长的，因此，父母可以通过一些日常的活动来促进孩子的读写能力，如用简单的词汇写小纸条给孩子，并鼓励孩子也用文字来响应；也可以鼓励孩子自己写故事，或把孩子讲的笑话写下来，这些都是提高读写能力的好方法。

会阅读的孩子学习兴趣更浓，语言表达能力更强，思维能力更敏捷，写作能力更高，想象更丰富。

会阅读得孩子更成功！

爱阅读的人生一定更丰富、更快乐！

细品“图画书”这杯茶

——聆听王林老师讲座有感

最近两年，绘本陆陆续续走入课堂，也让我对绘本产生了浓厚的兴趣。绘本以其形象的图画语言与深刻的寓意，赢得了儿童的喜爱。虽然我曾对绘本教学进行了不少尝试，但由于认识不深，在教学实践中常有困惑。

6 月 5 日，我聆听了王林老师以“来喝一杯图书”为题的关于绘本的专题讲座，收获颇丰。王林老师以其独到的见解给了我们全新的启发，让我对绘本有了更深的认识。下面我谈谈几点收获。

儿童由于阅历与识字量的限制，很难读懂文字材料，绘本阅读就成了儿童易接受的形式。好的绘本不仅在构图、色彩上能使儿童产生愉悦，也能把儿童带入美好的故事情节中，使儿童的情感得到升华。王老师给我们带来的“假装是鱼”的案例，讲述了儿童的“梦想”：当我们以草原为海的时候，草原就变成了海，当我们假装是鱼的时候，自已就变成了鱼。这种近似白日梦的想象，给儿童提供了广阔的想象空间，也给儿童幼小的心灵插上了腾飞的翅膀。

以往，我们苦于无法激起儿童的阅读兴趣，那是因为我们没有找到适合儿童阅读的途径。绘本故事横跨国界，穿越各种文化背景，透过文字与画面，可以使儿童进入不同的世界。儿童还可以根据绘本的整体意境对故事情节展开丰富的联想，使想象力无限扩大。基于这种认识，我相信，儿童绘本阅读不仅可以满足他们的阅读需要，更能成为他们养成阅读习惯的有效途径。

有人说：阅读绘本，有时候不需要识字。绘本阅读是训练儿童想象力的一种极佳方法。自从我将绘本引入课堂以来，发现孩子们的阅读兴趣了很大的改观。后来，我对绘本教学做了更多尝试，有了不少的发现，也有了不小的收获，最重要的是，绘本让我与孩子们找到了新乐趣。

为了提高他们阅读的兴趣，我打算以绘本作为载体，调动学生阅读的兴趣，鼓励他们边读边猜想后面将要发生的故事；鼓励他们将自己比拟成故事中的角色，让他们也自然地融入故事中；鼓励他们参与编写故事，想出与作者不同的更有意思的情节或续编结尾。

为了创设阅读环境，我打算用绘本创设阅读情境，营造良好的阅读氛围，通过环境影响，对学生产生潜移默化的影响。我将通过绘本让学生感受到“书香”和“墨味”，开启他们的阅读之旅。

为了培养书香家庭，拓宽阅读空间，我将以绘本为桥梁，搭建亲子阅读的平台。亲子阅读，是培养儿童阅读习惯的好途径，往往会取得意想不到的效果。教师应充分挖掘各种有益的教育资源，发挥家庭教育的作用，多争取家庭的配合，让孩子的课外阅读得到更多保障。家长与孩子共读一本绘本，收获的将不仅仅是一本绘本的内容。

我想，只要我们脚踏实地、锲而不舍地进行阅读引领和指导，学生一定会不断增加阅读兴趣，由衷地爱上阅读。

灵动课堂

灵动课堂是教学艺术的体现，是孩子们沐浴智慧阳光的天地，更是孩子们放飞梦想的舞台。

技艺高超之俗世奇人

——《刷子李》教学设计

【教材解读】

《刷子李》是人教版语文教材五年级下册第七单元的一篇略读课文，选自作家冯骥才的《俗世奇人》。短文以刷子李的高超手艺为话题，从徒弟曹小三的视角出发，通过曹小三的心理变化凸显刷子李粉刷本领高超。本文语言朴素，具有浓郁的天津风味，并且幽默传神，极富表现力，无论是人物语言，还是叙述语言，均情趣盎然，简洁传神。

本文在写法上有三个显著特点：第一，细节描写；第二，正面描写；第三，侧面烘托描写。为了烘托人物的形象，作者以徒弟曹小三的心理变化为暗线推进故事情节，吊足了读者的胃口。“奇在人物，妙在故事”是人们读了《俗世奇人》一书后的普遍感受。既然大家都有这样的感受，我为何不抓住“奇”和“妙”来组织教学呢?

【教学目标】

1. 认识6个生字。读读记记“刷浆、屁股、师傅、包袱、透亮、清爽、衔接、搜索、威严、露馅儿、发怔、发傻、半信半疑”等词语。

2. 通过朗读、默读，感受刷子李粉刷技艺高超，了解作者运用细节描写的方法刻画鲜活的人物形象的写作。

3. 通过揣摩、体会曹小三的心理变化的有关句子，明了作者运用侧面烘托的方法刻画人物的写作方法。

4. 激起学生阅读《俗世奇人》一书的兴趣。

【教学重难点】

1. 了解作者运用细节描写刻画鲜活的人物形象的写作方法。

2. 通过揣摩、体会曹小三的心理变化的有关句子，明了作者运用侧面烘托的方法刻画人物的写作方法。

【教学过程】

一、激趣导入

师：（谈话引入）同学们，有一句话，大家一定听说过：大千世界——

生：（齐）无奇不有。

师：詹老师第一次来咱们班上课，给大家带来了一份礼物，接下来我们一起来欣赏民间奇人绝活。（出示幻灯片）

师：看了这些图片，你们想说什么呢？

生：真是民间奇人啊！

（师板书“奇”。）

师：可谓井里巷里藏龙卧虎，他们都凭着自己的一手绝活赢得了满堂喝彩。著名作家冯骥才在《俗世奇人》这本书中就为我们记载了许许多多身怀绝技的民间奇人。今天，我们一起来认识其中一位，他就是——（板书“刷子李”）

（生齐读课题，师指导“‘刷子’读轻声”。）

（师出示探究目标。）

① 熟读课文，想想刷子李的技艺高超表现在哪儿？找出精彩语句，读一读，谈谈自己的体会，你最欣赏他的哪些地方？并通过朗读体会出来。

② 作家冯骥才是怎样写出他的技艺高超的？（文中有几处写到刷子李的黑衣服，为什么要多次写黑衣服？这样写有什么好处？在文中找出相关语句并说说曹小三的心理是如何变化的？——请抓住几个“然”）

二、小组展示

第一小组展示

（1）下面由班长来检查大家对生字词的掌握情况。

班长：（出示词语）请大家看投影。

师傅、刷浆、包袱、透亮、清爽、搜索、威严、露馅儿、发怔、发傻、半信半疑。

班长：哪个小组愿意来读一读？

（生齐读。）

班长：读得还不错。（指导儿化音——露馅儿）

（2）请同学选择一个或两个以上的词造句。

（3）请同学朗读下面两个句子，读的时候请注意句子中画线的词语。

啪啪声里，一道道浆，衔接得天衣无缝，刷过去的墙面，真好比平平整整打开一面雪白的屏障。

曹小三当然早就听说过师傅那手绝活，一直半信半疑，这回非要亲眼瞧瞧。

（4）指导朗读：谁知道画线的词语是什么意思？谁能用“天衣无缝”或“半信半疑”说一句话？

第二小组展示

（过渡语：“我是一个粉刷匠，粉刷本领强。我要把那新房子，刷得更漂亮。刷了房顶又刷墙，刷子像飞一样。哎呀我的小鼻子，变呀变了样。”）

小组代表：大家都听过这首儿歌吧？本文的主人公也是粉刷匠。别人都说他手艺高超，都叫他刷子李。刷子李的高超手艺体现在哪些方面？下面就由我们小组带领大家一起学习。

（1）体会“效果奇”。

李同学：请同学们看第一自然段。谁能找到体会刷子李技艺高超的句子？（点名）

（生朗读。）

李同学：我们组在阅读完课文后发现，刷子李手艺高超主要体现在三个“奇”中。

李同学：请看大屏幕，请同学们齐读下面的句子。（出示幻灯片）

他要是给您刷好一间屋子，屋里什么都不用放，单坐着，就如同升天一般美。

（生齐读。）

李同学：同学们，你们读这句话时想到了什么？

生：想到了升天的感觉。

李同学：升天的感觉就是——

生：如同飞升天堂，如同处在仙境中。

李同学：同学们，技艺高超的奇人设计的东西真的有这样绝妙的效果。刷子李粉刷的房子效果也是这么奇。（板书“效果奇”）

李同学：我们都住在粉刷过的房子里，可为什么没有过这样的感觉？接下来我们来欣赏两幅图。（出示仙境般的房子图片）

李同学：感觉如何？

生：很舒服。

李同学：刷子李的粉刷技术可真高超。我们来赞一赞他吧。谁愿意来读好这个句子？

生：（读）他要是给您刷好一间屋子，屋里什么都不用放，单坐着，就如同升天一般美。

李同学：请你加上自己的想象，一定能读出感情来。听我读一读。

（2）体会“规矩奇”。

梁同学：普通的粉刷匠不一定被人记住，但是刷子李总是让人印象深刻。原因之一就是他的规矩也很奇怪。（出示幻灯片）

最让人叫绝的是，他刷浆（jiāng）时必穿一身黑，干完活，身上绝没有一个白点。别不信！他还给自己立下一个规矩，只要身上有白点，白刷不要钱。

梁同学：来，我们竖起拇指夸一夸他——

（生齐读这句话。）

梁同学：这里的“刷浆”指用刷子在墙上刷石灰浆。“一穿身黑”“身上绝没有一个白点”，可用一个四字词语来概括——黑衣无瑕。“只要身上有白点，白刷不要钱。”刷子李给自己定下的规矩实在是太奇了。（板书“规矩奇”）

梁同学：你们见过粉刷匠吗？是什么样子的？（出示粉刷匠的图片）

梁同学：我想请一位同学来读下面这句话。

生：（读）干粉刷这一行，身上有白点，那是再正常不过的事情，可是刷子李就不一样。

梁同学：（总结）真是奇人一个，不得不佩服他技艺高超啊！

（3）体会“动作奇”。

郭同学：刷子李刷墙有这样的效果，有这样的规矩，是什么原因呢？难道他刷的时候跟别人不一样吗？请同学们留意课文第5自然段，并齐读下面这句话。（出示幻灯片）

屋顶尤其难刷，蘸了稀溜溜粉浆的板刷往上一举，谁能一滴不掉？一掉准掉在身上。可刷子李一举刷子，就像没有蘸浆。但刷子划过屋顶，立时匀匀实实一道白，白得透亮，白得清爽。

（生齐读。）

郭同学：什么叫“匀匀实实”？“匀匀”是非常匀称，非常均匀；“实实”是特别饱满，特别厚实。本文中的意思是刷子李刷出来的屋顶涂层既匀称又厚实，还极为饱满。

师：谁愿意上台来用粉笔画一道粗线，看看能不能达到匀匀实实的透亮清爽的效果。

（生1画线，其他学生评价。）

（生1朗读幻灯片上的那句话。）

郭同学：第5自然段中，还有哪些句子描写了刷子李的动作呢？（出示幻灯片）

只见师傅的手臂悠然摆来，悠然摆去，如同伴着鼓点，和着琴音，每一摆刷，那长长的带浆的毛刷便在墙面啪地清脆一响，极是好听。啪啪声里，一道道浆，衔接得天衣无缝，刷过去的墙面，真好比平平整整打开一面雪白的屏障。

（生齐读这几句话。）

郭同学：同学们想象一下刷墙壁时的动作，并自己做一做。

（生做动作。）

郭同学：刷子李的动作那么娴熟，他刷墙的动作是——那么优美、那么娴熟、那么神奇……（板书“动作奇”）

郭同学：我们小组展示完毕，请问同学们有没有什么补充？

师：刷子李不是在刷墙，而是在进行艺术创作啊！（指导朗读）

师：我们学学刷子李刷墙的动作。伸出右手，想象着我们手里有一把刷子，试一分钟。同学们试想，这是一份能让人悠闲得起来的工作吗？如果是你在刷屋顶，你会有什么感觉？腰酸、手酸、脖子酸，总而言之，又苦又累，刷子李却刷得那么悠然，享受其中，快乐无比，别人刷墙那么辛苦，他却把刷墙当成享受。同学们来跟着老师读这句“悠然摆来，悠然摆去”。

（生齐读，跟老师配合读。）

三、升华主题

师：读到这里，我们似乎感受到了刷子李的那份悠然，如果我们每一个人都能把工作、学习当作一种乐趣、一种享受，那么这样的人生一定是快乐的。平凡的刷子刷出一片神奇，学到这里，你们有什么话想送给刷子李吗？比如，“你是一个平凡的刷浆师傅，却刷出了一片精彩！”。

师：老师给同学们带来了一首献给刷子李的诗。（出示幻灯片，播放背景音乐）我们一起来读一读。

（生朗读。）

你从茫茫人海中走来，
朴实得如同你手中的刷子，
一袭黑衣，诠释了铮铮诺言，
一手绝活，演绎了永世精彩，
一番教诲，书写了人生传奇！
于是，我们明白了：
享受平凡生活，
可以
演绎精彩人生！

师：同学们，这篇课文就是从这三个方面（指着板书）写出了刷子李的“奇”，也就是他的技艺高超。对于刷子李的“奇”，本文作者——著名作家冯骥才也有自己的论述，我们来读一读这段文字。（出示幻灯片）

刷子李之“奇”在于做派奇，规矩奇。他手艺出众，挥洒自如，原本已在“奇人”之列，但是他为自己制定了近乎苛刻的“规矩”，更是奇崛之极，他以这样独特的规矩使自己远远超越了同行，成为粉刷行内响当当的奇人。

下面让我们一起走近作家，去了解作家是怎样把刷子李这个人物写得如此生动、传神的。哪个小组带我们一起学习一下？

第三小组展示

小组代表：课文以“刷子李”为题，不仅交代了故事的主人公，还暗示了他高超的手艺。课文是写刷子李的技艺高超，本该花大篇幅描写他是怎样刷墙的，刷得怎样好，可为什么文中多处写到刷子李的黑衣服？你们发现了几处？这样写有什么好处？下面请大家跟随我们去探个究竟。

（1）黑衣服。

小组代表：文中多处写到刷子李的黑衣服？你们发现了几处？谁来说说？

（生回答，谈体会。）

小组代表：从文中第1、4、6、7、8自然段就可以找到答案。

师：（小结）刷墙的描写是直接写刷子李刷墙的技艺高超，而黑衣服的描写虽然是间接的，可从这些描写中我们也体会到了他的技艺高超，我们可以称这种描写为侧面描写。无论是直接描写还是侧面描写，都是为了表现刷子李的技艺高超。

（2）曹小三的心理变化。

葛同学：请同学们找出带“然”的四个跟情节有关的句子。（板书“果然—居然—忽然—悠然—轰然”）

葛同学：“果然”表示意料之中；“居然”表示意料之外；“忽然”有一种豁然开朗、峰回路转之感；“悠然”是描写人物的；“轰然”是描写人物心理的。

葛同学：“果然”和“居然”能否互换？为什么？

（生回答。）

葛同学：从这几个词以及课文描写中，同学们能否看出曹小三的心理变化？

（生回答。）

葛同学：对的，半信半疑—佩服得五体投地—灰心失望—发怔发傻，令人拍案称奇。

葛同学：我们小组展示完毕。

师：（总结）作者说过“好故事就等于想不到”。一个小小的白点，为什么要做一篇大文章？小说的艺术就是情节的艺术，悬念、波折是小说的精彩华章！

细节描写对于塑造人物个性起到了重要作用。作者在塑造主人公形象的时候，就注重采用细节描写的方法。将曹小三对师傅“半信半疑”的态度和主人公“艺高胆大”的自信进行对比，充分表达了作者对刷子李这个具有超凡技艺的“奇人”由衷的赞叹和肯定。（板书“细节描写”“对比烘托”）

第四小组展示

小组代表：刷子李本领超凡，派头十足，是俗世中的一位奇人；作者冯骥才也是作家中的一位奇人。下面由我们组带领大家走近作者。

冯骥才写的《俗世奇人》共有18篇作品，每篇记述一位奇人的趣事。如正骨医生“苏七块”，看病前必先收七块银元，这一天，来了一位病人，病情严重，可是没有七块银元。“苏七块”给他看病了吗？——看了，但是规矩并没有破。这是怎么回事儿呢？又如大回，仅凭一根钓竿就把鱼钓绝了，那后来又发生了什么事呢？还有，泥人张从鞋底上取下一块泥巴，看也不看便可以单手捏出活人嘴脸。他又是怎样用这绝活整治了嘲笑他的恶霸呢？另外，快手刘在你眼前神出鬼没地变戏法，你却怎么也看不出破绽。有一回，“我”明明亲眼看到了，却……欲知详情如何，我们一起去看。（出示幻灯片）

在民间像刷子李这样技艺高超的奇人，我们就用他的行业加上他的姓来称呼他，这既是对他的肯定，也是对他的尊重。

在天津，有一个姓张的捏泥人捏得奇像，叫——泥人张。

还是在天津，有一个叫魏源泰的人，他的风筝做得奇棒，我们叫他——风筝魏。

依然是在天津，有一个姓刘的人，刻砖刻得奇好，咱们叫他——

刻砖刘。

师：我姓詹，如果我教书教得好，可以称我为——教书詹。真的可以这样叫吗？不可以。像这样独特的称号，詹老师是没有资格享用的，因为詹老师离奇人的距离太远太远了。明白吗？

（生回答。）

师：学了这篇课文后，你明白了什么道理？

（生回答。）

师：是的，只有付出艰辛的劳动，通过长期的学习和不断的实践，才能获得本领，掌握技术，赢得别人的尊重！须知：台上一分钟，台下十年功！

四、全文总结

师：希望同学们也能像刷子李这样，通过自己的勤学苦练和刻苦钻研，在自己平凡的生活中，演绎自己精彩的人生！是啊，人活着必须有本事，因为只有有了本事，才能有自己的尊严！

五、布置作业

观察生活中一个有专长的人，仿照课文的写法，以细节描写刻画一个人某一方面的高超技艺，100 字左右。

【教学反思】

一堂好的语文课，存在三种境界：人在课中，课在人中，这是第一种佳境；人如其课，课如其人，这是第二种佳境；人即是课，课即是人，这是第三种佳境。我努力尝试着使语文课能达到高境界，尽量淡化课的痕迹，让它终至无痕。

课文《刷子李》是一篇略读课文，文章语言朴素，具有浓郁的天津风味，并且幽默传神，极富表现力，无论是人物语言，还是叙述语言，均情趣盎然，简洁传神。本文细节描写对于塑造人物个性起到了重要作用。作者在塑造主人公形象的时候，就注重采用细节描写。这是课文在写法上的一个显著的特点。文中刷子李的黑衣黑裤，刷墙时娴熟的动作，还有那个让人吃了一惊的白点等细节描写都使刷子李这个人物活了，神了。为了烘托人物的形象，文中也采用了对比的手法。刷子李大胆承诺，充满自信，豪气千丈，同时又心细如发，对于小徒弟细微的内心活动体察入微。而曹小三开始听说师傅有手绝活时，“半信半疑”；师傅刷墙时，“最关心的还是刷子李身上到底有没有白点”；看见师傅身上出现白点时，以为师傅“名气有诈”。这样把曹小三对师傅“半信半疑”的态度和主人公“艺高胆大”的自信进行对比，充分表达了作者对刷子李这个具有超凡技艺的“奇人”由衷的赞叹和肯定。

本文教学的重点之一是刷子李的技艺高超表现在哪里。教学的时候我选择放手让学生先自由读、自由画有关句子，然后再交流。

在教学刷子李刷墙效果“奇”的这一部分，我采用范读、指读、齐读等形式，鼓励学生借鉴评书的特点，夸张地读好句子。学生由平淡无味到最后情绪高涨，朗读水平得到了提高。

在教学“只见师傅的手臂悠然摆来，悠然摆去，如同伴着鼓点，和着琴音”时，我启发学生说：“此时此刻你觉得刷子李还是粉刷匠吗？想想：他更像什么？”学生积极踊跃地发言，有的说像舞蹈家，有的说像指挥家，还有的说像书法家……我再请学生自己做“悠然摆来，悠然摆去”的动作，让学生体会刷子李动作的优美。

我在教学中紧紧抓住一个“奇”字，让学生在读中晓“奇”，在议中悟“奇”，从种种“奇”中感悟刷子李的技艺高超。如在引导学生感悟刷子李是一位“奇”人时，引导学生从以下方面品味——“规矩奇”“动作奇”“效果奇”。在体会曹小三一波三折的心理变化时，我借助图示帮助学生理解，学生接受起来更容易一些。

在小组展示环节中，学生能围绕刷子李的高超技艺展开。

课堂气氛浓厚，学生说得津津有味，文章描写的情景虽然离学生的生活实际较远，但语言幽默风趣、简单易懂，令学生喜欢，学生也就很容易抓住字词咀嚼其中的韵味，让学习更加有趣。

下课后，我也认真反思了这节课，觉得还有许多不足，如教学语言不够简练，个别地方过渡得不是很自然，而且有的地方进行得不够顺畅，最后如果能渗透一些细节描写的常识，我想对学生的写作会更有帮助。此外，给学生朗读的时间不够。在以后的教学中我会尽力改正这些不足，以利于自己更快地成长起来。

生命的本色

——《狼牙山五壮士》第二课时教学设计

【教学目标】

1. 通过引导学生学习课文第 4～9 自然段，体会五壮士为了掩护群众和主力部队转移所表现出来的抗日英雄气概和不畏牺牲的崇高精神。

2. 紧扣“壮”字，引导学生有感情地研读重点语句，感受五壮士的壮言、壮行、壮志，从而激发对五壮士的无限崇敬之情，弘扬民族精神，激发爱国热情。

【教学重难点】

理解描写五壮士痛歼敌人、英勇跳崖的动作和神态的语句，体会五壮士伟大的献身精神以及忠于党和人民的崇高品质，从中受到教育。

【教学准备】

准备多媒体课件及相关资料。

【教学过程】

一、引探准备——复习导入

(1) 复习谈话：通过上节课的学习，我们知道五壮士胜利完成了掩护任务后并没有马上转移，为了群众和连队主力的安全，他们毫不犹豫地把敌人引上绝路，做出了一番惊天地、泣鬼神的壮举。这节课，我们就一起去学习课文第 4～9 自然段，重点探究为什么称五位战士为“壮士”这一问题。

(2) 出示思考题：为什么称五位战士为“壮士”?

二、引探过程——品读悟情

1. 学习第 4、5 自然段。

(1) 自由读课文第 4、5 自然段，边读边想象，五壮士在狼牙山顶峰歼敌是一个怎样的画面？对此你有什么感受？你是从哪些词句中感受到的？请把它圈点出来。

（2）交流画出的句子，教师顺势而导。

重点品读下面的句子：

顿时，石头像雹子一样，带着五位壮士的决心，带着中国人民的仇恨，向敌人头上砸去。

① 读一读句子，你有什么发现或感受？

② 出示冰雹铺天盖地迅速地落下来的画面，再读读这句话，想象石头像雹子一样落下的情景，说说自己的体会。

③ 指导朗读。

2. 学习第6～9自然段。

（1）自由读第6～9自然段，想象壮士英勇跳崖的情景，看看哪些地方令你十分感动。

（2）交流读书感受，重点品读：

五位壮士屹立在狼牙山顶峰，眺望着群众和部队主力远去的方向。他们回头望望还在向上爬的敌人，脸上露出胜利的喜悦。

① 读句子，联系上下文想一想：面临悬崖绝壁，面对着来势汹汹的敌人，望着群众和部队主力转移的方向，壮士们可能在想些什么？

② 谁能把壮士们这些复杂的情感用朗读表达出来？（指名读—范读—男生、女生分别读）

③ 人最宝贵的是生命，生命属于人只有一次。可为了祖国，为了人民，为了抗日战争的胜利，五壮士情愿献出自己最宝贵的生命。

④ 播放五壮士跳崖的视频。

三、引探总结

回应课前提的问题：为什么称五位战士为“壮士”？（在学生发言的过程中，相机指导学生完成板书）

四、引探实践

（1）出示狼牙山五壮士纪念塔图片，请学生回答：站在纪念塔前，你想对五壮士说些什么？

（2）狼牙山五壮士用自己的生命谱写了一曲气壮山河的抗日颂

歌，让我们把英雄的名字牢牢刻在心里吧！全体学生起立，跟着老师齐读："狼牙山五壮士永垂不朽!"

五、布置作业

(1) 找一找抗日英雄的抗日故事，为班级召开"颂英雄，学英雄"故事会做准备。

(2) 读一读《老骥伏枥　一片丹心——记狼牙山壮士葛振林》。

常怀感恩之心，关注弱势群体

——“孝敬父母，关爱他人”主题班会

主持人：大家好！自从我们来到这个世界上，父母为我们付出了无私的爱，我们一点一滴的成长都浸透着他们的心血！面对父母的养育之恩，我们能做些什么呢？

一、创设情境，导入主题

1. 主持人深情并茂地朗诵。

母亲的爱是奔腾的河流，交织于日日夜夜。

父亲的爱是微笑的花朵，盛开于岁岁年年。

是父母——为我们缔造美好的家园。

是父母——为我们编织幸福的花环。

是父母——陪伴我们成长的每一天。

（过渡：在朗诵的过程中，小记者打断主持人。）

2. 小记者采访：对话引入，激发活动兴趣。

小记者采访：听说你们班正在举行“孝敬父母，关爱他人”的主题班会，我特地过来采访。请问队员们：

（1）你知道母亲节是哪天吗？在那一天，我们可以为父母做些什么呢？

（2）有谁帮爸爸妈妈做过家务活？

（3）当老师、同学生病或遇到困难了，你会怎么做？

（4）孝敬父母，关爱他人，我们能做些什么？

3. 小品欣赏。

主持人：父母的爱是寒冬里的一把火，是黑暗里的一盏明灯。父母的爱是崇高的、无私的、伟大的！同学们，我们的妈妈为了我们的健康成长操碎了心，可有些同学没有关心过她们。不信你

看，眼前就有这么一个。请欣赏小品《她长大了》。（播放音乐《鲁冰花》）

4. 欣赏录像。

主持人：妈妈的爱是遮雨的伞，妈妈的爱是清凉的风，妈妈的是甜甜的吻。请欣赏录像《妈妈的爱》。

二、真情演绎，感受亲情

主持人：有了泥土，嫩芽才会长大；有了阳光，花儿才会盛开；我们的成长离不开您呀——亲爱的爸爸妈妈、爷爷奶奶。请欣赏《我的成长足迹》。

1. 出示一组照片，讲述《我的成长足迹》。

看到图片，我们想起了：

开学第一天，妈妈……

想起了那个令人难忘的夜晚，风雨交加，自己突然发起了高烧，妈妈……

想起了自己捧着奖状回家时，我看到了妈妈脸上的……

小结：爸爸妈妈抚养我长大，扶我学走路，教我学说话，教我学做人。为了我们的健康成长，他们付出了所有的爱，对此我们一辈子也报答不完。

2. 说说心里话。

主持人：明亮的星星真美，但更美的是妈妈的眼睛；高大的松树真美，但更美的是妈妈的手臂；妈妈的眼神中流露出圣洁的爱，妈妈的身躯为我们阻挡风沙。人间最美是亲情，养育之恩永不忘。面对父母的养育之恩，我们一定有很多心里话想对爸爸妈妈说吧！请听诗朗诵《妈妈，我想对你说》。（配乐《烛光里的妈妈》）

3. 全班诵读《新三字经》。

主持人：活动举行到这里，我心潮澎湃，亲爱的爸爸妈妈，您辛苦了，感谢您的养育之恩！请大家跟我朗读《新三字经》。

（出示《新三字经》，学生齐读。）

为人子，方少时。
尊长辈，习礼仪。
能温席，小黄香。
爱父母，意深长。
亲养儿，多辛苦。
报春晖，寸草心。
孝父母，不能忘。
爱父母，生孝情。
存孝意，献孝心。
父母心，知体谅。
心里话，不隐瞒。
求上进，父母安。
孝父母，不能忘！

4. 齐种爱心树。

主持人：孝敬父母，关爱他人是我们中华民族的美德。父母的爱是一首唱不完的歌，父母的爱更是一首读不完的诗。为了表达我们中队对这次主题班会的支持，我倡议我们全班同学合种一棵“爱心树”。请同学们拿出课前准备的树叶，把此时此刻最想说的话，用一句话概括出来，并写在树叶上，然后贴在黑板的这棵大树上，伴着歌声与微笑，让小树茁壮成长吧！（背景音乐《采一束鲜花》）

三、巩固认知，情感升华

主持人：今天我们可以在宽敞的教室里学习，每天都快乐地生活着，可是我们的朋友——山区里的孩子们，他们是怎样生活的呢？我们一起来看一看。（出示课件）

他们交不起学费，吃不饱，穿不暖，甚至无家可归。他们的眼神里充满了悲伤与无助。

看完后，你有什么感受？拿他们的童年与你们的比一比，你有什么话想说？

不一样的环境，不一样的童年。世界上还有一些地方，还有很多

孩子生活很艰难。我们能做点什么呢？（请同学回答）

主持人：因为有爱，生活才如此多彩；因为有爱，世界才如此美妙。不要吝啬，伸出你友爱的双手，让世界充满爱。请欣赏舞蹈《让世界充满爱》。

师：是谁，总是清楚地记得我们的第一次？是谁，总是为我们祝福，挂念我们？是谁，总是愿意为我们倾注一切，毫不犹豫？感恩关爱，感恩牵挂，感恩扶持，感恩曾经给予我们帮助的人。让我们行动起来，从现在开始，从身边的小事做起——孝敬父母，关爱他人。今天的主题班会到此结束！

用真诚谱写友谊

——《纸船和风筝》教学设计

【教材解读】

《纸船和风筝》是一个感人至深的故事。纸船和风筝带着问候，带着祝福，带着谅解，带着浓浓的真情，在山顶和山脚之间架起了一座友谊之桥。纸船和风筝让松鼠和小熊成了好朋友，成了维系、发展他们友谊的纽带。

故事的动人之处在于，当松鼠和小熊因为一点小事吵了一架之后，他们表现出的内心的失落和难忍的痛苦，以及修补“裂缝”的独特方式和感人场面。只要我们带着一颗童心，带着对真挚友情的向往，去朗读这篇课文，就一定会受到深深的感染。

当我们的感情和友谊产生“裂缝”的时候，赌气只能使“裂缝”扩大，容忍和谅解才是最好的解决办法。敢于率先伸出友谊之手的人，是令人敬佩的。

【设计理念】

《义务教育语文课程标准（2011 年版）》（以下简称语文新课标）指出：“阅读是学生的个性化行为……不应以教师的分析来代替学生的阅读实践。”所以本课教学以读为主，引导学生在读中悟，给学生创设自主、合作、探究、评价的环境，充分尊重学生的感受、体验。

【教学目标】

1. 认识 8 个生字，会写 8 个生字。

2. 正确、流利、有感情地朗读课文，体会松鼠和小熊的友谊。

3. 对怎样交朋友和维护友谊有一定的感受。

【教学重难点】

1. 正确、流利、有感情地朗读课文，体会松鼠和小熊的友谊。

2. 对怎样交朋友和维护友谊有一定的感受。

【教学过程】

一、复习导入

（板书课题：纸船和风筝。）

师：好，我看谁最精神。老师说三句话，如果你觉得老师说得对，你就鼓鼓掌。

我是你们的好朋友！

你们是我的好朋友！

二年级（3）班的同学都是很能干的！

师：好，我来考考大家，看看大家是不是真的很能干。你们会读卡片上的生字吗？

（师出示生字卡片，学生齐读、开火车读。）

师：上节课，我们初读了《纸船和风筝》这篇课文，同学们还记得纸船和风筝让谁和谁成了好朋友吗？（小熊和松鼠）你们知道他们俩住在哪儿吗？（学生说完后画简笔画，山、小溪）谁帮老师把他们贴在黑板上？（贴图）

师：（出示纸船和风筝并贴在黑板上）纸船和风筝带着问候，带着祝福，带着浓浓的真情，在山顶和山脚之间架起了一座友谊之桥，让小熊和松鼠成了好朋友。现在我们一起再来感受一下他们的幸福和快乐吧！

二、学习课文，感悟内容

1. 再次感受友谊的幸福和快乐。

师：同学们还记得小熊第一次收到纸船时是什么样的情景吗？（出示幻灯片）他的心情怎么样？请仔细观察课文中的插图，大家能用一个词来形容当时小熊的心情吗？（手舞足蹈、高兴、兴奋、乐坏了）谁能把他高兴的样子演出来？

师：是啊，收到纸船的小熊乐坏了。（出示幻灯片）谁有信心能把这个句子读好？男女同学之间比赛读，看看谁是高兴的小熊。好，现在我们都是高兴的小熊，一起读读这一句。

师：小松鼠收到小熊的风筝时，怎么样了呢？（也乐坏了）（出示幻灯片）

师：谁相信自己读得比刚才好？（指名读）谁还能把小熊收到礼物时的惊喜读出来/谁还能更高兴些……

师：现在我们一起来重温一下，把松鼠和小熊的幸福和快乐读出来吧！（生配乐朗读课文，齐读）

师：是呀，纸船和风筝让小熊和松鼠成了好朋友，给他们俩带来了多少快乐呀！可是，正当他们沉浸在这幸福和快乐中的时候，突然发生了一件事。

2. 感受友谊破裂的痛苦和伤心。

师：下面听老师范读课文第 7～9 自然段，边听边想：吵架以后，小熊和松鼠的心情是怎样的？他们分别做了些什么？（师配乐读）

师：你们想像老师这样读吗？现在请你们四人一小组学习。首先像老师这样有感情地读读，边读边体会小熊和松鼠的心情。读后，小组讨论交流他们分别做了些什么。（小组合作学习）

师：刚才同学们都读得很投入。吵架以后，小熊和松鼠的心情是怎样的？（很难过）谁能带着难过、伤心、孤独的心情读读第 7 自然段。（指名读）下面请同学们先自己深情地读一读，再在小组里读一读。

师：刚才大家读得很感动，还有想把你的感受读给大家听的吗？（指名读）

师：你读得非常好，感情多深哪！还想读吗？愿意读的同学站起来一起读吧！

师：同学们读读这两个词（飘荡、漂流），这两个词有什么不同？哪一个与风筝搭配？为什么？（指名说）

师：你讲得真好！此时此刻，我们和松鼠、小熊一样难过，对吗？我们一起再来读读这一句吧。（生齐读）

师：再也看不到飘荡的风筝，再也看不到漂流的纸船了，他们是不是把对方忘了呢？那么他们在难过的同时做了些什么？（指名说）

3. 感受恢复友谊的幸福和快乐。

师：就这样，日子一天天地过去了，他们越来越难过了！有一天，松鼠实在受不了，他是怎么做的呢？（指名说）

师：是啊，松鼠先把一只纸船放进了小溪。如果你是松鼠，你会主动放这只纸船吗？（指名说）

师：多么真挚的友情啊！就因为这种真诚的友谊，小小的纸船又启航了，风筝也飞起来了。让我们带着高兴的心情再读读最后两个自然段。（全班配乐朗读最后两个自然段）

4．拓展思维，课堂互动。

师：老师知道，同学们都为小熊、松鼠的故事高兴着、感动着，尤其你们读最后一句时，老师也被深深地感动了。请同学们齐读最后一段。

师：此时此刻，松鼠每放一只纸船，就会默默地向小熊说一句话。请发挥想象，如果你是松鼠，你会对小熊说什么？

5．拓展延伸。

师：可以看得出，同学们都被松鼠和小熊的感人故事感动了。当我们再一次看到了那高高飘荡的风筝，那一只只传递友谊的小船，你想对他们说些什么呢？（指名说，教育学生应率先伸出友谊之手）

师：在我们日常的学习和生活中，你和朋友之间发生过矛盾吗？如果你和朋友发生了矛盾，你会怎么做呢？（指名说）

6．互相赠送礼物，传递友谊。

师：同学们，老师让你们带的纸船或风筝都带来了吗？老师给你们一个机会，向最要好的朋友或向曾经发生过争吵的伙伴表达心意，好不好？下面请你们在纸船上或风筝上写上一句话，等会儿把纸船或风筝送给你最想送的人。（播放歌曲《小纸船的梦》）

三、总结升华

师：同学们，真诚的友谊是来之不易的，我们要好好珍惜。老师希望你们手中的纸船和风筝，传递着你们的友谊和谅解，愿你们在生活中能交到更多的朋友。

四、布置作业

续编《纸船和风筝》的故事并写下来。

【教学反思】

根据语文新课标的要求，本节课以读为主，注重培养学生的语感，同时又体现了语文教学的人文性与工具性相统一。在教学中，我一方面创设情境，引导学生进入角色；另一方面引导学生把理解字、词、句与阅读有机地结合起来，这样既有利于学生对课文的理解，又能提高学生的朗读能力，达到了走进文本、与文本对话的目的。

（1）我紧紧抓住“情”字，设置感人的情境，给学生以情感上的熏陶。

课程改革提出关注学生的情感生活和情感体验，孔子说过“知之者莫如好之者，好之者莫如乐之者”，教学过程应该成为一种愉悦的精神和情感体验。我在教学中根据课文内容多次设置情境，使学生始终处于丰富的情感体验之中。本课是一个小小的童话故事，在教学一开始我就通过让学生画简笔画创设出了一个美丽的童话世界，极大地引起了学生的兴趣，使学生真正深入到课文中来，极大地增强了学生的参与意识，也为后面理解课文内容做好了铺垫。音乐的运用也是本课教学的一个突出特点，课文中的第1～6自然段写了松鼠和小熊成为好朋友的经过，是情绪欢快的部分，配上轻松欢快的音乐进行有感情朗读，能使学生充分理解友谊给人们带来的快乐。第7～9自然段写了松鼠和小熊吵架后各自的感受，是情绪忧郁的部分，欢快音乐戛然而止，代之以悠伤的乐曲，一下子感染了学生的情绪，在这种氛围中指导学生朗读并理解课文，一切都水到渠成。在学习课文的过程中，学生产生了丰富的情感体验，理解了友谊的重要性，对怎样交朋友和维护友谊有了一定的感受。

（2）注重朗读指导，用多种方式进行朗读训练。

低年级段朗诵训练是重点，我注意利用多种形式对学生进行朗读指导，使课堂上充满琅琅书声。在指导学生朗读第3自然段时，引导学生去找描写小熊快乐的句子，学生一下子找到了“乐坏了”这个词，于是我立刻抓住这个词进行朗读训练，让学生先用换词的方式体会“乐坏了”的意思，接着又提出情感的要求，如“再高兴点”“注意表情”等，使学生很快体会到了这种快乐的感受，朗读自然就到位了。在指导朗读第10自然段时，让学生当小老师教读，提出朗读的意见和要求，在师生共同探究的过程中，进行朗读训练，充分调动了学生的积极性，引起他们很大的兴趣。

（3）注重语文基本功训练，培养学生的语文能力。

在课堂上，我始终注重对学生进行扎实的语言文字训练。

在复习导入环节，注意纠正学生的读音，如“筝”字单独出现时读第一声，而与“风”组成“风筝”一词时读轻声。课文中出现了“飘”“漂”，一个是风筝飘在空中，一个是纸船漂在水里。我抓住这两个同音字进行语文训练，出示两个句子后，让学生自己发现问题，借机引导“飘”带风字旁，和风有关，是指飘在空中，而三点水旁的“漂”和水有关，指漂在水里。

学习完课文，我仍然没有忘记对学生进行语文训练，出示“小熊看到了许多纸船向他漂来，他……”，让学生补充完整，学生在充分理解课文的基础上，很容易想到小熊的表现，并用准确的语言表达出来，这是对学生综合能力的训练。

此次展示课教学，带给我的是更多的思考，我应该以谦虚的心态审视自身的不足，同时勉励自己继续努力学习，同时挖掘自己的特点，扬长避短。我相信，只要坚定前进的方向，沿着正确的方向迎难而上，在不断摸索中终能看到胜利的曙光。

敬畏生命

——《生命　生命》第二课时教学设计

【教学目标】

1. 正确、流利、有感情地朗读课文，背诵课文，积累好词佳句。

2. 理解含义深刻的句子，揣摩其中蕴含的深意。

3. 感悟作者对生命的思考，懂得珍爱生命、尊重生命、善待生命，让有限的生命体现出无限的价值。

【教学重难点】

抓住重点词语，联系上下文和生活实际，体会句子的含义，引导学生思考人生、感悟生命的意义。

【教学准备】

1. 制作多媒体课件。

2. 布置学生预习生字词，争取把课文读正确，读通顺；每人收集一两条有关“生命”的名言。

【教学过程】

一、揭题导入，走进课文

1. 板书课题，读课题。

师：同学们，大千世界，生命是什么呢？现在我们先一起来欣赏一组图片。（出示图片）

2. 欣赏图片，引发思考：什么是生命？生命的意义是什么？

师：你看到的生命是怎样的？

(生回答。)

师：很好。我们再来看一组图片。（出示图片）

师：你看到的生命又是怎样的？带着你对生命的理解，我们再读课文。这节课让我们跟着台湾作家杏林子走进生命。

3. 回顾课文，举了哪些事例说明生命的意义。

师：默读课文，画出自己感悟最深的句子。快速浏览课文，思考课文讲了哪几件事，把文中让你受到震撼的句子画出来。（生自学）

师：通过预习，谁知道课文讲了哪几件事？（生答，师板书）

师：想一想，三件事例分别带给作者，也带给你对生命的思考是什么？

师：同学们，通过预习，你们对生命一定有了自己的理解，希望同学们带给老师的是惊喜，把掌声送给自己。

二、导读品悟，感悟生命

1. 感悟事例1。

（1）重点品读“但它挣扎着……我忍不住放了它!”。

引导学生抓住重点词“挣扎”“极力”等词语，体会飞蛾强烈的求生欲望，通过激情导读让学生表达自己的理解。

（2）角色体验。

① 教师范读，学生静听默想，从而深化理解飞蛾强烈的求生欲。

② 如果你是作者，看到这小小的飞蛾，你会怎么想？

（3）学生带着自己的理解再读课题。

2. 感悟事例2。

（1）重点品读“那小小的种子里……仅仅只活了几天。”。

引导学生通过重读不同的词语，读出不同的理解，在个性化的朗读中，交流感悟，体会砖缝中的香瓜子顽强的生命。

（2）引读激情：“在没有阳光、没有泥土的砖缝中，不屈向上，茁壮生长。”

（3）学生带着自己的理解再读课题，感叹生命的顽强。

3. 感悟事例3。

（1）这沉稳的心跳又带给作者和你怎样的思考？

（2）交流感悟，相机理解“糟蹋”，联系生活说说哪些做法是糟蹋生命的表现。

（3）借助课件，简要介绍杏林子，了解这位身残志坚的人，激发情感，深化理解。

（4）引读第5自然段。

三、提炼升华，真情抒怀

1. 让学生带着对生命的思考，简短地写出对生命的感悟。

2. 引导学生联系上下文或生活实际，交流如何“好好使用生命”，并有感情地朗读。

3. 总结课文，齐读课题。

崇尚礼仪美德，学做文明新人

——“礼貌用语伴我行”教学设计

【教学目标】

1. 配合学校开展的文明礼仪教育活动，针对本班学生的实际，采用小品表演、讲故事、讨论等多种学生喜闻乐见的形式，对学生进行礼貌用语的宣传教育。

2. 以礼貌用语为切入点，使学生在参与活动的过程中，达到自我教育、自我提高的目的，鼓励学生争做讲文明、有礼貌的好少年。

【教学重难点】

针对本班学生的实际，采用多种学生喜闻乐见的形式，对学生进行礼貌用语的宣传教育。

【教学形式】

讲故事、情景剧、知识竞赛、相声表演、儿歌、礼仪展示、三句半表演等。

【教学过程】

活动一：感受礼貌用语的魅力

(1) 故事：《岳飞问路》。

师：同学们，你们喜欢听故事吗?

生：喜欢。

詹老师给你们讲个故事吧。(出示投影)

岳飞问路

牛皋向一位老者问路。他在马上吼道：“喂！老头儿，爷问你，小校场往哪儿去?”这位老大爷不但没给他指路，还生气地骂他是个冒失鬼。过了一会儿，岳飞也来到这里，他先离镫下马，然后很有礼貌地施礼：“请问老丈，方才可曾见一个骑黑马的？请问他往哪条路去了?”这位老大爷见岳飞很有礼貌，便给他指了路。

师：听了这个故事后，你们有什么感受？

（生回答。）

师：（总结）是啊！礼貌待人是我们中华民族的优良传统。常言道："良言一句三冬暖，恶语伤人六月寒。"同样一句话，你用生硬的方式说出来和用温柔的礼貌语言说出来，效果会截然不同。正确使用礼貌用语是多么重要呀！

（2）情景剧：《一个有魔力的字》。

师：这世界上有些字万分神奇，只要你和它们交上了朋友，你的生活就一定会变得更加美好。不信，请欣赏情景剧《一个有魔力的字》。

（学生表演情景剧《一个有魔力的字》。）

师：同学们知道这个有魔力的字是哪个字吗？（请）

活动二：了解礼貌用语的妙用

（1）礼貌用语知识竞赛。

师：对呀！一个"请"字就有这么大的魅力！礼貌用语像春天的细雨，滋润人们的心田；礼貌用语如和煦的阳光，使礼仪之花得以开放。现在到了礼貌用语知识竞赛环节了。我们全班分四个小组进行比赛。比赛内容分为必答题和抢答题。每个小组回答两道必答题。

（学生开展礼貌用语知识竞赛。）

（2）相声：《礼貌用语我会说》。

师：同学们掌握了很多礼貌用语，但真的会用了吗？如果说错用错，就会闹笑话。不信，请听相声《礼貌用语我会说》。掌声有请。

（学生表演相声《礼貌用语我会说》。）

师：（总结）看来，光记礼貌用语还不行，还得分场合用，分场合说。

（3）儿歌：《礼貌用语要牢记》。

师：为了让同学们更好地正确使用礼貌用语，老师把礼貌用语编成了拍手歌，我们一起来读一读吧！全体起立，齐读《礼貌用语要牢记》。

礼貌用语要牢记，见到长辈要用“您”。
谦虚助人没关系，添了麻烦“对不起”。
若求人，“请”字先，得了帮助用“谢谢”。
客人到来说“欢迎”，招手送别最知礼。
请人指点用“请教”，麻烦别人用“打扰”。
看望别人用“拜访”，中途先走说“失陪”。
从小培养好品质，人人夸奖数第一！

活动三：告别不文明用语

（1）寻找身边的不文明行为。

师：“不学礼，无以立。”当我们在唱响文明礼貌之歌的同时，也遗憾地看到了一些令人皱眉的事。在我们的日常生活中有很多小细节可以考验大家有没有礼貌，会不会正确使用礼貌用语。你们看！（出示投影）这是发生在我们身边的一幕幕，你们觉得他这样做对不对？为什么？哪位同学来说一说，如果是你，你会怎么说、怎么做？（学生可以边说边演示）

（2）告别不文明不礼貌的行为。

师：俗语说得好：“礼到人心暖，无礼讨人嫌。”不文明不礼貌的行为能不能一直跟随我们？

生：（齐）不能！

师：好！让我们从现在开始告别不文明，与礼貌待人交朋友。拿起你手中的笔，把你说过的不文明的话或不礼貌的行为用一句话写下来，丢到这个垃圾桶里，让它远离我们。

活动四：展示文明礼仪风采

（1）“文明礼仪之星”礼仪展示。

师：同学们，告别了不文明不礼貌的行为，相信我们一定会是现代文明的使者。“文明礼仪之星”们整洁大方的仪表、端庄优雅的举止、文明的语言、优雅的气质成为校园一道亮丽的风景线。现在请欣赏我们班的“文明礼仪之星”为我们做精彩的礼仪展示。

（“文明礼仪之星”做礼仪展示。）

（2）三句半：《小学生文明礼仪三句半》。

师：同学们，讲文明，讲礼貌，要重言，更重行。瞧，我们这边正看得起劲，那边的同学已经行动起来了。请欣赏《小学生文明礼仪三句半》。

我们四人台上站，要把礼仪常规谈！大家别嫌咱罗嗦。看看看！

好学生，要做到，讲文明，讲礼貌。礼貌用语要记牢。别忘掉！

称呼长辈要用您，与人见面问声好。分别再见别忘了。讲礼貌！

要人帮助先说请，得到方便谢谢你，向人道歉对不起。有道理！

分手告别说再见，向人道歉对不起。好学谦虚又有礼。别忘记！

人家说声麻烦你，你要回答别客气。相亲相爱真欢喜。喜喜喜！

同学之间要友爱，互帮互助树新风，不打架来不骂人。讲礼仪！

自尊自爱重仪表，贵在坚持习惯好，看谁平时做得好！妙妙妙！

文明礼貌用得好，好人好事真不少，礼貌少年在哪里？瞧瞧瞧！

（3）让礼仪之花盛开。

师：文明，让人举止文雅；礼仪，让人风度翩翩。请同学们拿出课前准备的礼仪之花，把礼仪之花贴在黑板上的这棵礼仪之树上，伴着歌声与微笑，让礼仪之树开出绚丽的花吧！大家行动起来。（播放歌曲《咱们从小讲礼貌》）

学生拿出亲手制作的礼仪之花，读出花上有关礼仪的名言警句后，把花贴在礼仪之树上。

（4）呼号、宣誓。

师：文明礼仪是一颗最有生命力的种子，只要你们在心灵深处播下这颗种子，它就会生根、发芽、开花、结果。全体起立，响亮、有力地喊出我们的口号：崇尚礼仪美德，学做文明新人。（学生手拉手齐喊口号：崇尚礼仪美德，学做文明新人）

因为有爱，所以温暖

——绘本《你看起来好像很好吃》教学设计

【作品解读】

《你看起来好像很好吃》是日本作家宫西达也的绘本，书中图画的线条格外简单，运用了几种非常鲜艳浓烈的色彩来构建画面——大红、明黄、深灰。故事非常动人，孤独的霸王龙在遇到小甲龙之后，小甲龙对“霸王龙爸爸”的无限信任、真诚关爱和全心崇拜让霸王龙埋在内心深处的“爱的种子”发芽了。虽然失去了“很好吃”的美味，霸王龙却尝到了被爱的滋味。在爱与被爱之间，小甲龙也不再孤独，霸王龙为他挡住敌人的袭击，教他各种本领，并帮助他回到了父母的身边。在一起的那段日子，对他们俩而言都是幸福的时光。这本绘本告诉我们：每一个人心里都有一颗爱的种子，人与人之间交往的真谛是——信任、关爱和鼓励。《你看起来好像很好吃》揭示了一个永恒的主题：爱需要我们用一生来追求，也需要我们用一生来呵护。

本课教学旨在让孩子们学会感受绘本画面的有趣，体验霸王龙和小甲龙之间的爱与被爱，让爱在孩子们的心里慢慢滋生，同时让孩子们学会并乐意讲述画面内容，在看看、猜猜、说说、演演、角色互动的过程中，体验多元的阅读形式，感受洋溢着温情的阅读氛围。

【教学过程】

一、激趣引入

师：孩子们，你们喜欢小动物吗？今天，詹老师给大家带来了几位动物朋友，我们先来看看吧！

（播放幻灯片。）

师：这是什么动物呢？（恐龙）

师：这节课，让我们一起走进一个绘本故事，去看看几亿年前的恐龙世界，去感受恐龙世界中那温馨而浓厚的爱。

二、初步了解霸王龙和甲龙

师：（贴图）这是霸王龙和甲龙。语文活动课上，我们了解了恐龙家族的种类和特点。还记得霸王龙是一种怎样的恐龙吗？

霸王龙是一种非常凶猛的食肉恐龙，成年霸王龙的身体比我们两个教室还要长，比两层楼还高，比两辆大货车还重，走起路来像地震一样。它嘴巴一张开，就会露出 50 颗像刀子一样锋利的牙齿。小动物们见了它都躲得远远的，从来没有动物愿意靠近它。

甲龙是一种怎样的恐龙呢？（它是吃草的动物，性格很温和，长得又小又可爱，只有霸王龙的脚趾头那么大）

凶猛的霸王龙和温和的小甲龙之间会发生怎么样的故事呢？现在让我们走进绘本。

（老师配乐讲故事，学生看图画想象、感悟情节。）

三、与绘本对话，深入绘本，加深印象

师：故事讲完了，刚才大家都在认真听、仔细看、用心想。下面我们进入下一个环节——与绘本对话。詹老师这里有几个问题，请各组组长来老师这里抽签捡序号。拿到序号后对着黑板上的问题，在小组内讨论。

（1）霸王龙除了教小甲龙本领外，他们在一起还会做什么呢？

当寒冷的冬天到了，大雪纷飞，小甲龙冻得瑟瑟发抖，霸王龙心疼地把小甲龙紧紧搂在怀里，呼出热气温暖小甲龙冰冷的双手。小甲龙躺在爸爸的怀里，感到既温暖又幸福。

当小甲龙累了的时候，霸王龙会把它背在自己的背上。

当小甲龙生病了，霸王龙会……

当霸王龙伤心无聊时，小甲龙会扮鬼脸来逗爸爸开心。

当霸王龙身上痒痒时，小甲龙会……

炎炎的夏天，霸王龙会……

（生想象画面，自由说。）

（2）霸王龙那么喜欢“很好吃”，为什么还要离开“很好吃”，让他跑到山那边去呢？（它也知道，小甲龙只有回到它亲人身边，它才能得到更多的爱/它想让小甲龙更幸福……）

（3）续编故事：霸王龙和甲龙宝宝分开以后，他们各自生活得怎么样？

① 小组讨论交流。

② 小组汇报。

四、解读绘本——在书中相遇

（1）师：孩子们，100 个人读《哈利·波特》，就可能读出 100 个不同的哈利·波特。我们 53 名同学读这同一本绘本，就会有 53 种感受，下面让我们一起走进绘本，在书中相遇吧！

要求：组长牵头，每个组员选择一个任务或共同完成投影上面的问题。在找到的地方贴上贴纸，并分享自己选择这一页的原因。

找到书中让你觉得最好笑的地方，贴上贴纸，并说说原因。

找到书中让你觉得最害怕的地方，贴上贴纸，并说说原因。

找到书中让你觉得最感动的地方，贴上贴纸，并说说原因。

找到书中让你觉得最幸福的地方，贴上贴纸，并说说原因。

找到书中让你觉得最难过的地方，贴上贴纸，并说说原因。

找到书中让你觉得最有爱的地方，贴上贴纸，并说说原因。

找到书中让你觉得最出乎意料的地方，贴上贴纸，并说说原因。

（2）小组合作学习。

（3）汇报展示。

师：（总结）同学们，真情无价，爱可以超越一切。我们都为霸王龙和小甲龙的故事感动着，为他们之间这份深深的父子之情而感动着。

五、升华主题——在诗中感受爱

师：每个人的心里都有一颗爱的种子，即使是粗暴的霸王龙。詹老师第一次看到这本绘本的时候，心灵深受震撼，我为这本绘本写了一首诗，我们一起来读一读。

（出示投影，配乐朗诵。）

爱

曾经，我不相信恐龙也会懂得爱，
直到有一天，
我的心灵深处停落了两条“龙”，
才发现，动物与动物之间也有真爱、信任和鼓励。

曾经，没有人信任它、关爱它，更没有谁为它骄傲。
直到有一天，它遇见甲龙，
深埋于心灵的那颗“爱的种子”生根发芽了。
虽然失去了“很好吃”的美味，
但它尝到了爱与被爱的滋味。
爱，让它们不再孤独，让它们永远甜蜜和幸福……

六、总结升华

师：孩子们，成长的道路不会一帆风顺，但爱一直陪伴着我们。这节课我们一直行进在霸王龙和小甲龙的爱与被爱之中，感受着他们之间的信任、关爱、鼓励。这就是日本作家宫西达也告诉我们的人与人交往的真谛。

【教学反思】

因为一直感动于宫西达也的绘本“霸王龙系列”，这次又选择了《你看起来好像很好吃》这本绘本来和孩子们分享交流。虽然我们能从绘本中读出许多富有价值的东西，但一节课上传达给孩子的只能是最适宜于他们理解的、最能促进他们身心成长的那一部分内容。绘本《你看起来好像很好吃》的教学价值在哪里？绘本大师宫西达也先生用富有深情的画笔和文字，向我们讲述了一个令无数听到它的人都会流下热泪的故事。不同的人会从这个故事中收获不同的感动。但对小学生而言，能从故事中感受到善良的伟大力量，知道每个人的心中都有一颗爱的善良的种子，这就足够了。

这个年龄段的孩子的思维是具体形象性的思维，是一种表象思维，图画表达的方式更符合他们的接受能力。几乎所有的孩子都非常喜欢绘本。对于年幼的孩子来说，阅读绘本可以激发他们的阅读兴趣，培养他们良好的阅读习惯。本次活动通过猜一猜、听一听、想一想、说一说等孩子喜欢的形式，让孩子们真正进入绘本阅读中，感受书中角色的内心活动，体验霸王龙的情感变化，进而充分发挥孩子的主动性，以孩子为主体，适时、适当地让孩子展开想象，培养他们的思维能力、想象能力。孩子能够在轻松的阅读氛围中感受到隐藏在每个人内心深处的爱的种子。孩子们专注的眼神告诉我，他们喜欢这样的课堂；孩子们不断举起的小手告诉我，他们想与我分享读书的喜悦与感动。当《再见》音乐声响起，当小甲龙可怜巴巴地抱住霸王龙，流着泪不愿爸爸离开的画面静止在那里，许多孩子泣不成声，哽咽失语……在这节课的最后，我将封面与封底对比，让孩子们说说霸王龙有什么改变以及是什么改变了他。孩子们脱口而出："是爱!"是的，爱是一种力量，它可以让粗暴可怕的霸王龙变得如此柔软、善良。我想这样的课堂给予孩子的绝不只是一个故事，更是一种孩子们自己阅读无法达到的状态，因为课堂上他们在听，在说，在读，在想。整堂课孩子们的心也随着小甲龙和霸王龙的交往而感动着。从孩子们的后期创作来看，本课阅读目标之一——感受小甲龙对"爸爸"的信任、关爱以及霸王龙对小甲龙的呵护与关爱，在课堂中落实得较好。孩子们对"保护不是真正的爱，让孩子学会自我保护才是真正的爱"理解得也很透彻，创编的故事均体现出小甲龙独立自主的勇敢形象。很多孩子写的是关于"重逢"的故事，长大的小甲龙保护和照顾年老的霸王龙，延续他们之间这种特殊的父子之情。

整节课下来，孩子们能根据画面想象、揣摩、感受隐藏在图画背后的内容。通过绘本导读，孩子们掌握了更多的阅读技巧，提升了阅读能力、语言表达能力、看图说话与写话的能力。

绘本阅读中，读的基础是想象力，能够运用想象力描绘出眼睛无法见到的故事，才算是真正会阅读。教师带领孩子们一起阅读时，可以把图画展示给孩子看，让孩子们仔细阅读图画，感受隐藏在图画背后的东西。在情节发展的关键地方适当停顿，让孩子们猜测一下故事接下来会怎样发展，这样就可以在阅读的同时培养孩子的想象力。以课堂为展示平台，开展多种形式的阅读活动，师生共同创设"书中有乐，读中有乐”的氛围，可以帮助孩子们在阅读中培养健康的审美情趣。

反思本节课存在的不足：

(1) 可能与听课人过多有关，学生在语言的表达上没有表现出真正的水平。我想，在今后的教学中要格外注意提高学生的语言表达能力。

(2) 因为时间关系（这是教者的问题），故事最后值得回味的地方结束得有些草率，故事续编也没能全部在课堂上展现。

(3) 课堂教学显得人文性过强，而工具性不足。

咀嚼课堂的“美味”

——“小鸟与榕树的对话”教学设计

【教学目标】

1. 感受大自然的美好，理解人与自然和谐共存的重要性。

2. 懂得动植物对保护生态的重要性，自觉保护动植物不受伤害。

3. 在日常生活中做到自觉爱护动植物，不做破坏动植物生存环境的事。

【教学重难点】

1. 懂得动植物对保护生态的作用，理解人与自然和谐共存的重要性。

2. 具有绿色环保意识，会合理利用能源，主动参与力所能及的环保活动。

【教学准备】

1. 了解环保知识。

2. 制作电脑课件，准备教具。

【教学过程】

一、情景导入，自然开题

师：同学们，你们喜欢旅游吗？今天天气晴朗，詹老师带你们去一个美丽的地方，好不好？

（欣赏视频：《美丽的大自然》。）

师：你们喜欢这个地方吗？为什么喜欢？

师：（小结）是啊！碧水蓝天、绿树成荫、鸟语花香的大自然真美啊！这美丽的景色不仅吸引了我，吸引了你们，吸引了榕树爷爷（贴榕树图），还把远方飞来的小鸟也吸引过来了（贴小鸟图），它们兴奋地交谈了起来……你们想知道它们在谈些什么吗？好，这节课我们就一起来听听小鸟和榕树的对话。（板书课题）

二、开展活动，探究问题

活动一：认识动植物对生态的关系

（1）一分钟竞赛：了解树的作用。

① 播放“小鸟和榕树的对话”录音：是啊！人们为什么要把树请来呢？我们一起先来寻找树有什么作用吧！

② 宣布竞赛规则：以四人小组为单位，拿出你们课前收集的资料，在小组里讨论交流，用简单的语言归纳出树的作用。比一比在一分钟内哪个小组找到的树的作用多，小组长做记录。准备好了吗？一分钟倒计时。

③ 分组竞赛。

④ 相互交流。

师：（小结）树从种下的那一刻起，它每时每刻都在为人类做贡献。一分钟太短了，我们怎么可能写得完呢？

（2）谈一谈：小鸟以及其他动物对生态的作用。

① 小鸟的作用。

树有这么多的作用，那小鸟又有什么作用呢？（请学生说）

师：（小结）小鸟它的作用可真大啊！不仅是小鸟，其实自然界的每一种动物都有它的作用。你还知道其他动物的作用吗？

② 其他动物的作用。

交流资料“鹿和狼”。

师：（小结）是啊！即使是凶猛残忍的狼，也在维持着大自然的生态平衡。动植物都是人类的好朋友，是它们给人类营造了一个舒适美丽、生机盎然的生存环境。

（3）读一读法律条文。

① 简单了解植树节和我国的“爱鸟周”。

② 读一读：小资料和知识卡。

师：有了这些法律条文，动植物是不是就安全了呢？我们继续听听它们的故事吧！

活动二：人类对大自然的破坏

（1）故事园：《去年的树》。

树被砍伐——小鸟遭殃。

师：树是小鸟的家，小鸟是树的朋友，有树有鸟的地方才是我们最美丽的家园。（播放音乐，配乐朗诵）

寒冷的冬天来了，鸟儿要飞到很远的地方去过冬，这对同甘共苦、不离不弃的好朋友，它们约好明年春天继续一起唱歌。可是当鸟儿历经千辛万苦回到这里的时候，它看到的却是这样的景象。

师：（出示小鸟找家图）鸟儿伤心绝望，四处寻找树的下落，树到底去哪儿了呢？就这样，残酷的人类把小鸟的家弄得支离破碎，小鸟们不仅失去了可爱的家园，还遭受着一次又一次的捕杀，它们有的被关进了——

生：笼子。

师：有的被活活地——

生：杀死。

师：就连刚出生的鸟宝宝们都成了人们餐桌上的——

生：美味佳肴。

（2）数字统计——动物被杀。

师：何止这些，其他动物伙伴也都难逃厄运。你们看！（播放捕杀动物的视频）

师：（简单提示）1970年以来，地球上有三分之一的野生动物消亡了。如我国一级保护野生动物如藏羚羊，它全身是宝，人类盗猎越来越猖獗，每年有2万只被猎杀。（出示幻灯片）有人统计过数据，在这个地球上，每一秒就有1只野生动物被扼杀，每一分就有（　　）只被扼杀，每一小时呢？

生：（计算）就有3600只。

师：照这样的速度计算，一天呢？

生：86400只。

师：一个月呢？一年呢？

生：……

师：10年？20年？……几十年后、几百年后我们的世界将变成什么样子呢？

师：（小结）再这样下去，不单单动植物失去家园，连我们人类也将受到威胁。

（3）图片展示人类破坏生态环境。

师：你们知道，现在人类还有哪些行为正在破坏生态环境呢？

（生回答。）

师：（出示幻灯片）废气污染、白色垃圾、工业废水等都在威胁着我们唯一的家园。

活动三：大自然对人类的惩罚

（1）视频——用事实说话。

师：正当人们无所顾忌地向大自然索取时，大自然母亲愤怒了，正以她自己的方式报复人类，人类的灾难正一步步地降临。瞧！（出示有关泥石流的视频）

师：2010 年 8 月，甘肃省舟曲县发生特大泥石流，房屋倒塌，庄稼被淹没，整个县城瞬间变成了“泥城”。此次灾害造成 1435 人遇难。

（2）数字统计。

（3）学生介绍自己收集的资料。

师：我们国家由于环境被破坏，引发的自然灾害还有哪些呢？哪位同学给我们介绍一下？

（生介绍。）

师：（小结）人类破坏环境所得到的利益远远比不上自然灾难导致的人员伤亡损失和财产损失。洪水、雪灾、干旱、泥石流，这些活生生的事实告诉我们：保护环境，迫在眉睫啊！（板书：保护环境）

活动四：环保知识大闯关

师：我们深圳是一座国际化的花园城市，作为深圳市的市民，我们应该做“环保小卫士”。据我所知，我们学校还是广东省的“绿色学校”。今天我亲眼看到了这满园秋色，真是名不虚传啊！这都是老师和同学共同爱护的结果。同学们掌握的环保知识肯定不少，下面让我们乘坐“环保快车”走进环保知识闯关大行动。

（1）第一关：考眼力（环保标志我认识）。

（2）第二关：我能选（绿色食品我知道）。

（3）第三关：比一比（看谁节水点子多）。

（4）第四关：分一分（垃圾分类我清楚）。

师：（小结）恭喜同学们顺利通过了环保知识闯关行动！我们不但要掌握环保知识，更要将保护环境落实到行动上。

活动五：保护环境——行动起来

（1）变废为宝——实物展示。

① 数字展示。

师：（出示幻灯片）塑料瓶——450 年，易拉罐——200～250 年，铁罐头盒——100 年，油漆过的木板——13 年……这一系列的数字告诉我们：让资源循环利用，变废为宝。

（教师拿出一个笔筒，介绍其是用什么制作而成的，有什么用。）

② 图片和实物展示——变废为宝。

师：（小结）很多看来不起眼的废旧物品，只要稍稍加工就可以成为漂亮又实用的物品，这不仅保护了环境，节约了资源，还给我们增添了许多乐趣。

（2）夸夸身边的环保卫士。

师：同学们，只要我们有一双善于发现的眼睛，就可以发现生活中有很多物品可以变废为宝，更能发现在我们的身边有很多环保卫士的身影。现在让我们来夸夸我们身边的环保卫士吧！

（生回答。）

师：（小结）是啊！他们都是生活中的环保卫士。

（3）我做环保小卫士。

师：我们的地球母亲实在太可爱了，同时又太脆弱了，它需要我们精心呵护。那么为了使这个美丽的地球变得更加美丽，为了保护我们的家园，我们还可以做些什么呢？

（生回答。）

师：我们不但要自己会保护环境、利用资源，还要发动全社会的人行动起来！老师建议你们成立一支“环保小队”，好吗？请拿出你们的树叶来，把你们想说的、你们的感受，用一两句话概括出来，并

写在“环保卡”上，等会儿把它贴在黑板上这棵“环保爱心树”上来提醒人们吧！（播放歌曲《大自然是我美丽的家》）

师：（小结）看到这一片片写满“环保感言”的小树叶，我仿佛看到了一个个环保小卫士的身影，看到了明天的希望。因为有你们的参与，小树又长出了嫩芽，小鸟又飞了回来。

三、巩固认知，情感升华

师：同学们，保护环境、保护地球，就要从我做起，从身边的小事做起，保护动植物不受伤害，自觉节约资源，做一个重视环保、热爱大自然的好学生！

师：让我们行动起来吧！请起立，举起右手。

生：（宣誓，齐读板书内容）保护环境，从我做起！

【教学反思】

在教学中，老师的导言、学习素材的选取和学习活动的安排，都应充分考虑学生的实际生活背景和趣味性。在本课教学中，我采用视频引入来渲染气氛，让全班学生听着优美的音乐，欣赏着一幅幅“大自然是我美丽的家”的精美图片，感受大自然的美好，理解人与自然和谐共存的重要性，知道大自然就是我们美丽的家。如此一来，学生的情感产生了共鸣，感到上思想品德课也是很有意思的事，激发了学生的学习兴趣。

在新教育理念下，通过开展实践活动来引导学生明白怎样做是十分重要的。为此我在教学中注重对学生实践能力的培养。如在教完“小鸟与榕树的对话”这一课时，学生都表示要为美化我们的家园环境出一份力，并开展一次植树活动。有的说要在生日时在家门前种一棵树，让小树苗和自己一同长大；有的说要回家跟父母一起在自己居住的社区或门前种上一棵树；有的说要在植树期间为校园种花种草。这些实践活动增强了学生的环保意识，使他们懂得了爱护环境的重要性。

反思这堂课，我认为成功之处首先在于采用的教学方法很适合学生的年龄特点。其次是激发了他们要表现的欲望。在他们主动积极地学习、展示的过程中，我作为一个指导者，有效地组织好课堂，达到了良好的效果。

古语云："教有法，而无定法。"是呀！如果我们能多从学生的角度思考问题，稍微改变一下我们的教学模式，课堂就会变得生动起来，学生就会变得主动起来，教学效果也会好起来。总而言之，课堂是属于学生的，教师只有根据学生的需要，引导学生学会质疑，大胆质疑，使"有疑—释疑"的教学过程成为学生自主参与、探求知识的过程，才能使学生具备创造的能量，点燃创造的火花。

爱的传递，公民素养

——“他们需要关爱”教学设计

【教学理念】

爱是人性中最基础的品质。本课中宣扬的爱就是由己及人，由身边的朋友延及陌生的群体的。这节课，我为学生创设了一个爱的环境，旨在让他们学会如何去感知爱、理解，从而在日常生活中对他人、对社会抱有爱心，为学生个性品质的全面发展打下扎实的根基。

【教学目标】

1. 知道如何关爱弱势群体，关爱他人，关爱社会。树立正确关爱他人的爱心意识与责任意识。

2. 通过调查、填写调查表、资料收集、情景剧表演等活动，懂得如何正确帮助他人，给予他人关爱。

【教学重难点】

将关爱父母、亲人、朋友的意愿延伸到关爱陌生人，真正树立关爱他人的爱心意识，培养关爱他人、关爱社会的责任感。

【教学准备】

1. 准备问卷调查，课前制作统计图。

2. 制作多媒体课件，准备教具。

【教学过程】

一、热身运动：唱一唱有关爱的歌曲

师：上课前，让我们先来唱首歌吧！

(全班一起唱《我爱我的家》。)

师：同学们，我们都在爱的怀抱中成长起来的，这个过程中充满着快乐和幸福。爱走到哪里，哪里就春意盎然。现在让我们一起坐上爱的列车，去寻找爱的足迹，传递爱的温暖吧！

二、激趣导入，引入新课

（教师讲故事，戴头饰，出示图片。）

星期六，有一个叫奇奇的小朋友去图书馆看书，他决定乘坐公交车回家。上了车，奇奇找了个空位坐下来。他发现前面坐着的是位盲人，后面坐着的是位满头白发的老爷爷。到站了，有个阿姨抱着个婴儿上了车，奇奇站起来，把座位让给了抱婴儿的阿姨。奇奇心里暖暖的，因为他觉得自己能帮助别人了。又过了一站，一位拄着拐杖的老人上车了，当车子开动时，他明显地踉跄了一下，然后马上抓住扶手，还好没有摔倒。奇奇觉得应该有人给这位老人让个座，他就看了看临近的几个位置，可是他发现那几个座位上坐着的都是需要照顾的人。奇奇感到很为难，怎样才能帮助这位老人呢?

师：在座的各位同学，你们都是有爱心的孩子，请你们帮奇奇想想办法。

（生交流互动。）

师：就在奇奇感到为难的时候，公交车上又发生了下面一幕。

抱婴儿的阿姨站起来，开口道："爷爷，您坐我这里吧!"老人笑着说："再过几站我就到了，你抱着孩子，多不方便啊！还是你坐吧。"这时，聪明的奇奇扶着老人说："您可以坐在阿姨的位置上抱小孩。"阿姨和旁边的人都向奇奇竖起了大拇指。

师：（总结）奇奇不仅仅有关爱他人的意识，更重要的是有关爱的智慧和方法。发生在公交车上的这一幕，只是我们生活中的一个缩影。在我们的身边，还有哪些人需要我们关爱?

师：（贴板书）老人、弱小儿童、病人、残疾人、孕妇、山区孩子、留守儿童等。（学生说哪个，贴相对的弱势群体名称）

活动一：调查问卷

师：原来在我们的周围，还生活着这样一群人，他们有的年老体弱，身边没有亲人照顾；有的生活十分贫困，无法享受到幸福的生活；有的肢体残疾，无法像我们一样尽情享受生活的乐趣！他们都需要我们的——

生：关爱。

师：课前，詹老师让同学们进行问卷调查，哪位同学愿意跟我们分享下你的调查表呢？（指名3～4位学生回答）

师：他调查的是老人和小孩，跟他调查的是同一个群体的请举手。

师：（评价）多贴心的孩子啊！

师：老师跟几个同学将你们课前的调查表分类整理成了一张统计表。有请××来为我们介绍下这张统计表。

师：（总结）我们用数据说话，从你们的调查中，我们不难看出：在众多需要关爱的群体中，老年人居首位，他们特别需要得到关爱。如果我们的身边就有这么一位孤寡老人，我们该如何细心地关爱孤寡老人呢？请看情景剧。

活动二：师生表演情景剧

师：（带上帽子，扮演老人）我是一个孤寡老人，特别寂寞。特别想有个人能陪我聊聊天，说说话。还好有个邻居小姑娘小红每周末写完作业都会过来陪我一小时。我每天都在盼啊，从周一盼到周五，盼星星，盼月亮，就盼着小红来陪我。今天是周六了，小红又要来陪我了，我要把水果洗一洗。（看时间）咦？都10点半了，小红怎么还不来呢？

（“咚咚咚”，有人敲门。）

师：咦，是不是来了？

生：奶奶，我来了。

师：小红，你终于来了，奶奶想你了。

生：奶奶，我也想您了。（抱在一起，给奶奶按摩）奶奶，昨天我们学了一首歌曲，特别好听，我唱给您听。”

师：别忙，先吃点水果。（慢慢端来水果，递到小红嘴里）

生：奶奶，您也吃。

师：红红这半年坚持每周末都来陪奶奶，奶奶真的很高兴！回家后好好学习，下周末再来陪奶奶，好吗？

活动三：师生共同制作《帮扶老人计划表》

（教师出示《帮扶老人计划表》。

（生交流。）

师：情景剧中的老人的具体困难是什么？（指名说）

师：情景剧中小红帮扶老人的方法是什么？

生：聊天、唱歌、陪伴……

师：除了这些办法，还有哪些办法可以帮扶这位老人呢？

师：我们再看看这张表，小红安排帮扶的时间是什么时候？大家认为小红的帮扶行动成功吗？

师：是呀，我们应在自己力所能及的范围内选择正确的方法，适时、到位地帮扶老人。（贴板书“学会分析、正确方法、适时、到位”）

师：（总结）像这样，一个微笑，一句话，一个简单的动作，举手投足间就可以表达我们的关爱。老人群体中除了孤寡老人外，还有什么样的老人需要我们的关爱？

三、小组合作——制订关爱帮扶计划

师：同学们，刚才我们用集体智慧制订出了《帮扶老人计划表》，其实我们身边还有很多需要我们关爱的群体，如孕妇、残疾人、同学、老师等，你们有没有帮助过身边需要帮助的人呢？（指名说）

师：让我们怀揣着爱心，伸出援助之手，在小组内讨论交流制订出一个关爱帮扶计划。

（师出示课件。）

（1）讨论出一个关爱的群体。

（2）分析他们具体的困难。

（3）针对困难制订关爱帮扶计划。

（小组合作制订关爱帮扶计划。）

（生交流展示。）

师：（总结）刚才上来展示的这几组，在制订关爱帮扶计划时，首先做出了分析，然后根据分析选择了正确的方法，给予的关爱与帮扶适时、到位。这是多么温暖而又贴心的行动！这是一份属于我们班的《爱的传递》。请看视频。

（师播放课件《爱的传递》。）

四、总结升华

师：爱是人世间最温暖的字眼，也是最伟大的力量。请各小组把制订好的关爱帮扶计划贴在黑板上。

关爱是一颗有生命力的种子，只要我们播撒爱，这颗爱的种子一定能够生根、发芽、开花、结果。让我们铭记：关爱他人，就是关爱自己。让我们把爱继续传播开来，让爱满天下。

【教学反思】

磨课的历程让我受益匪浅，不胜感激！是你们，让我感受了团队的力量。磨课中，我在不断否定自我、超越自我的过程中，抛弃了形式上的花哨，努力去追求课堂的简约、朴实、高效。你们的爱与鼓励，与我同在。真心感谢你们！

从教10多年了，省外上课，市里、区里各种各样的展示课、比赛课都上过了，为什么这次让我感到这么筋疲力尽？只因公民素养课程对刚加入的我来说仍有些陌生。

1. 牛刀初试显不足。

回忆这漫长又短暂的两个星期磨课，是历练，是煎熬，更是成长。磨课之初，山是山，水是水；课中有悟时，山不是山，水不是水；课后彻悟时，山不再是那山，水不再是那水。这真是“洗尽铅华显本色”！

第一次试讲，刘晓老师的批评无异于给我一记当头棒喝，一直都是自信满满的、飘飘然的自己被泼了一盆冷水。

2. 如履薄冰胜利通过。

当我陷入迷茫与困惑，想放弃的时候，王亮主任、吴玉凤老师、陈校长不停地给我鼓劲。还记得那晚上，吴老师匆匆从她所任教的学校赶来帮我一起备课，指导我如何重改教案。我告诉自己要忍耐，我应该心无旁骛、全力以赴地准备。

3. 智者声音沁人心脾。

第一次试讲，被批得体无完肤，然后进行了反复修改。不同教育观念和方式的交流与碰撞彻底地改变了我。

此次展示课学，带给我的更多的是思考，我应该以“谦谦”之心审视自身的不足，同时勉励自己，知不足，然后学；应该挖掘自己的特点，扬长避短，加以修饰，教出自己的风格；应该坚定前进的方向，沿着正确方向迎难而上。在摸索中，我似乎看到了胜利的曙光。

感恩、感激、感谢帮助过我的所有的朋友们！